*Tradición y modernidad
en el cine de América Latina*

FONDO
20+1

Paulo Antonio
Paranaguá

Tradición y modernidad en el cine de América Latina

FONDO DE CULTURA ECONÓMICA
DE ESPAÑA

Primera edición, 2003

D.R. © 2003:
FONDO DE CULTURA ECONÓMICA DE ESPAÑA, S.L.
Fernando el Católico, 86
28015 Madrid
e-mail: fondodeculturae@terra.es

FONDO DE CULTURA ECONÓMICA
Carretera de Picacho Ajusco, 227
14100 México, D.F.
www.fce.com.mx

Diseño de cubierta: Consegraf

Composición tipográfica: Pedro A. Molinero

ISBN: 84-375-0552-6
Depósito legal: M. 25417-2003

Impreso en España

A Simón,
que aprecia a Cantinflas,
Renato Aragão y Luke Skywalker

O tempo é versatil

RADUAN NASSAR,
Lavoura arcaica, 1975

Preámbulo

Las nuevas tecnologías representan un desafío para la diversidad cultural y para el conocimiento. La multiplicación de soportes y canales no ha redundado en una mejor visibilidad de las diversas cinematografías, ni siquiera en una mayor accesibilidad a las películas de distinta procedencia, como se dijo en los primeros momentos de euforia y deslumbramiento con los videocasetes. La diversificación de vectores ha desembocado en una concentración de contenidos, que se está repitiendo ahora mismo con los DVD. La antigua hegemonía de la producción norteamericana recobra una nueva dimensión, mientras las demás cinematografías tienden a una territorialización: presentes en determinadas regiones, no compiten realmente con la producción hegemónica, coexisten en esferas paralelas. Como en el apogeo de Hollywood, la tendencia es que una sola producción sea vista como universal y difundida realmente como tal, mientras las demás son expresiones locales, más o menos extensas, pero locales al fin y al cabo. En esta fase de la globalización, el nacionalismo y lo nacional adquieren así una nueva pátina de resistencia cultural, justo cuando las naciones parecen mantener su vigor apenas en el resbaladizo terreno simbólico, imaginario, mítico, religioso o étnico.

Si bien los historiadores colaboran ocasionalmente en festivales, programaciones televisivas, retrospectivas y otras manifestaciones, todas ellas escapan a criterios puramente historiográficos y responden a lógicas distintas, en el fondo a las leyes del mercado, aunque sea un mercado cultural en expansión y creciente sofisticación. Resulta azaroso investigar, trabajar y escribir en función de la historiografía realmente existente, publicada y legitimada, como si los circuitos de difusión del cine, de su pasado y su presente, no tuvieran incidencia. Sería mantener la ilusión de que controlamos el proceso de conocimiento, cuando en realidad se nos cuela entre los dedos, transformando lo nuestro en un trabajo de Sísifo, con escasa posibilidad de acumulación y superación. En muchas actividades humanas existe una confusión similar entre memoria e historia, incluso entre mitología e historia, pero en el cine los historiadores operan en una esfera radicalmente distinta, sin que las especulaciones académicas puedan contrarrestar en lo más mínimo los mitos generados en otros ámbitos. Aunque la historiografía integre las diversas dimensiones del fenómeno cinematográfico, el acceso a las películas sigue siendo percibido a la vez por los especialistas y por los simples espectadores como el medio privilegiado de conocimiento. Es más: para el investigador, el acceso implica no ya una sola visión, sino la disponibilidad para volver al mismo filme cada vez que sea necesario. Resulta un atrevimiento escribir en base a viejos recuerdos u opiniones de terceros. En lugar de una gira, como en tiempos de Georges Sadoul, exigimos repetidos viajes; en lugar de un pase, sentimos la necesidad de disponer de una copia, aunque sea en video. A pesar del eterno problema de la fiabilidad e integridad de las copias, que se mantiene vigente e incluso se agrava con el video o la televisión…

Si en la historiografía internacional los cines de América Latina son minorías oprimidas, marginadas por las mayorías, en la memoria cinematográfica son minorías suprimidas, desaparecidos sin derecho a velorio ni duelo, como tantos difuntos del continente. Por supuesto, habría que deslindar aquí las corrientes dominantes de la historia y sus márgenes, los cánones y las excepciones. Pero en regla general América Latina está al margen no solamente del *mainstream* cinematográfico (lo que se puede explicar) como del historiográfico (lo que es menos justificable). Los historiadores somos fantasmas sin derecho a voz ni voto, como tantos conciudadanos de América Latina. Aunque la historiografía latinoamericana haya superado los cuarenta años, la edad de la madurez, sigue siendo desconocida asimismo por disciplinas afines, por los especialistas en comunicación, los docentes de idioma y civilización, los historiadores en general. No cabe culpar a nadie sino a los mismos estudios fílmicos, demasiado endógenos y autosuficientes: el cine es un asunto demasiado serio como para dejarlo en manos de los cinéfilos. Tanto en América Latina, como en Estados Unidos y en Europa, existe una especie de soberbia académica, cuando no de llano nacionalismo, excluyente y xenófobo, que transforma a los demás en seres transparentes, invisibles, puras entelequias. A veces, el *otro* queda reducido a materia prima, a fuente primaria o secundaria, sin que merezca la consideración mínima de ver discutidos sus presupuestos y evaluaciones. La incesante reactivación del diálogo entre esos tres focos regionales empeñados en los estudios latinoamericanos es una manera de mantener la originalidad de una relación cultural compleja y evitar las confrontaciones binarias, propensas a polarizaciones maniqueas. Mientras el anticomunismo primario ha perdido virulencia después de la guerra fría, el antiamericanismo pavloviano sigue pataleando.

Sin diálogo no hay conocimiento, pero sin instituciones adecuadas tampoco hay investigación con un mínimo de continuidad. Aparte de la universidad, la filmoteca es el segundo requisito para el desarrollo de los estudios cinematográficos. En América Latina, la situación es sumamente precaria. El único laboratorio de restauración en funcionamiento permanente es el de la Filmoteca de la UNAM (Universidad Nacional Autónoma de México). En São Paulo, la Cinemateca Brasileira ha inaugurado en julio de 2000 la primera bóveda construida según las reglas formuladas por la FIAF (Federación Internacional de los Archivos Fílmicos), pero su laboratorio funciona en forma intermitente. Ni siquiera en esos dos países la situación es satisfactoria: si la Filmoteca salió aparentemente ilesa de la peor crisis de la UNAM (diez meses de huelga en 1999-2000), la Cineteca Nacional fluctúa según los sexenios presidenciales que pautan la vida institucional en México; en Río de Janeiro, la Cinemateca del Museo de Arte Moderno, reducida en personal y recursos, ha visto cuestionada su función de conservación. En Argentina, los archivos se han quedado estancados en el tiempo y la Cinemateca Nacional, creada por ley, no ha salido del papel. En Lima, La Paz, Bogotá y Barranquilla, La Habana, Montevideo o Caracas, faltan los recursos para conservar y valorizar las colecciones. En Santiago de Chile y en Centroamérica, ni siquiera existen filmotecas dignas de ese nombre.

Un dato muestra fehacientemente el déficit en que se encuentra el patrimonio fílmico latinoamericano. Para realizar el programa de restauraciones divulgado bajo la denominación *La memoria compartida*[1], la Filmoteca de la UNAM recibió de la Agencia Española de Cooperación Internacional la suma de 60 mil dólares. En Francia, el Servicio de los Archivos Fílmicos del CNC (Centro Nacional de la Cinematografía) contaba entonces con un presupuesto anual para restauración de 44 millo-

---

1. Valeria Ciompi y Teresa Toledo (coord.), *La memoria compartida, Cuadernos de la Filmoteca* n° 7, Madrid, Filmoteca Española, 1999, 56 pp., il.

nes de francos, independientemente de los gastos de personal[2]. La diferencia es del uno al cien. Aunque el Service des Archives du Film disponga del mayor presupuesto del mundo en este rubro y el patrimonio francés sea uno de los más ricos, la distancia no deja de ser significativa (además, el aporte de la AECI ha sido renovado, pero no constituye una partida anual). Francia termina antes de lo previsto su «plan nitrato» (el traslado del material a copias de seguridad), mientras América Latina sigue considerando a la piedra como casi único soporte de su patrimonio cultural. Dime qué has hecho para preservar la tradición y te diré qué tan renovador eres.

A su vez, la transmisión no significa reproducción o mera repetición, sino que implica interpretaciones y perspectivas adaptadas a las nuevas exigencias. Dime qué has hecho para renovar la tradición y te dire qué tan buen transmisor eres. Nuestro propósito no es actualizar el panorama cronológico del cine en América Latina[3], sino discutir los presupuestos de su evolución y exponer algunos nudos problemáticos. No obstante, en lugar de analizar la historiografía y debatir exclusivamente modelos o conceptos[4], nos apoyamos en la investigación sobre distintas expresiones del fenómeno cinematográfico. Una nueva historia supone cambios de enfoque y metodología, nuevos objetos y fuentes, nuevas articulaciones e interpretaciones. Lejos de reducir las opciones, el comparatismo las amplía[5]. Sin ánimos de exhaustividad, el espectro recorrido en estas páginas recubre el siglo del cine, desde el período mudo hasta la competencia con las telenovelas. No consideramos pertinente aislar el marco nacional, sin por ello confundir realidades disímiles. Tampoco privilegiamos la «política de los autores», que ha inspirado interpretaciones y ensayos nota-

---

2. Cifras comunicadas por Iván Trujillo Bolio (Filmoteca de la UNAM) y Eric Le Roy (SAF, CNC), en una mesa redonda sobre el patrimonio fílmico latinoamericano, en el festival de Biarritz, el 26 de septiembre de 2000.

3. *Cf.* Paulo Antonio Paranaguá, «América Latina busca su imagen», *Historia General del Cine*, Madrid, Cátedra, 1996, vol. X, pp. 205-393 (la visión que desarrollamos a seguir no contradice ese texto, sino que lo matiza).

4. Como hicimos en *Le cinéma en Amérique Latine: Le miroir éclaté, historiographie et comparatisme*, París, L'Harmattan, 2000, 288 pp.

5. Aplicamos las sugerencias de nuestro texto programático, «El cine latinoamericano frente al desafío de una nueva historia», *Para una historia de América II. Los nudos (1)*, Marcello Carmagnani, Alicia Hernández Chávez y Ruggiero Romano (coords.), México, El Colegio de México/Fondo de Cultura Económica, 1999, pp. 379-396.

bles, pero coarta la investigación histórica. Los aspectos enfocados están hilvanados por una preocupación recurrente, la de articular nociones como tradición y modernidad, nacionalismo o cosmopolitismo. La elección de determinados ejemplos evita voluntariamente a los títulos o personalidades sobre los que existe amplia bibliografía, en beneficio de otros que merecen revisión y revaloración. A menudo, hemos preferido detenernos sobre películas que no constan del panteón de las más distinguidas. Unas y otras merecen atención: la del historiador, desde luego; la del espectador, quizás; la del lector, ¡ojalá!

1. Deslindes

El cine latinoamericano no existe como plataforma de producción: el espacio donde se generan la casi totalidad de los proyectos es puramente nacional, a veces incluso local, pero hay corrientes transnacionales y estrategias continentales por lo menos desde el advenimiento del cine sonoro, sin hablar de antecedentes aislados aún más remotos. Una indagación somera entre los estudiosos de distintos horizontes arrojaría probablemente la siguiente valoración: la industria fílmica de México fue el principal fenómeno cinematográfico de América Latina en la primera mitad del siglo XX; al *Cinema Novo* de Brasil le correspondería tal primacía en la segunda mitad. Todas las jerarquías y clasificaciones tienen inconvenientes, sobre todo si se trata de reducir el puntaje a un solo puesto. En ambos casos, la injusticia mayor estriba en la subestimación de la Argentina, tanto en su fase de industrialización como en su etapa de renovación (en cuanto a Cuba, hace rato que salió de la escena). Y quizás la distancia explique la simplificación que termina por resumir la pluralidad del *Cinema Novo* a un solo nombre, Glauber Rocha, del que se mencionan pero apenas se ven las películas. El cine español ha sido víctima de semejante esquema reductor, sucesivamente encarnado por Bardem o Berlanga, Saura y Almodóvar. El reduccionismo se aplica sólo a cinematografías periféricas o dependientes, subordinadas y marginadas en la misma historiografía dominante: nadie tendría el desparpajo de reducir el cine francés a Renoir o Godard.

La memoria cinematográfica sigue insensible a los cuestionamientos metodológicos y a los replanteos de la nueva historia. Mientras la vieja ambición enciclopédica busca caminos de renovación a través de la convergencia del trabajo colectivo y la pluralidad de enfoques, la vulgarización parece estrechar el horizonte en lugar de ampliarlo. En la vulgata como en los festivales internacionales, la valoración circunstancial de tal o cual cine nacional disimula un presupuesto geopolítico: los distintos países integran un mismo bloque regional y para América Latina los puestos están limitados, lo mismo en la competencia que en la historiografía. Esa suma continental carece de vertebración o articulación entre las partes, como si el presupuesto fuera un *pre-juicio*, o sea, una apreciación a priori. Prevalece la visión nacional, aunque los puntos se sumen o resten en la misma columna. En cierto modo, la institucionalización bastante voluntarista y en buena medida ingenua del Nuevo Cine Latinoamericano, alrededor del ICAIC (Instituto Cubano del Arte e Industria Cinematográficos) y del festival de La Habana (desde 1979), ha contribuido al amalgama. Aunque, la verdad sea dicha, el bolivarismo *naïf* de los cubanos y sus aliados no ha tenido mucha influencia sobre la literatura cinematográfica, con la excepción de algunos académicos anglosajones. Los juegos historiográficos y geopolíticos estaban hechos. Nuestra crítica a la *doxa* no implica desprecio alguno a la vulgarización, a cuyas necesidades nos hemos plegado más de una vez. Supone, eso sí, un cansancio frente a una percepción en bloque incapaz de asumir las condiciones de su propia pertinencia: América Latina sólo adquiere sentido en una perspectiva comparatista, sin que el marco regional implique una homogeneización forzada o una subestimación de las diferencias.

La historiografía latinoamericana se ha desarrollado casi enteramente dentro de un marco nacional. En parte porque copia los modelos dominantes importados de Europa, donde los historiadores parecían antaño empeñados en compensar a nivel simbólico la derrota sufrida frente a la competencia norteamericana. Ya entonces la idea de que el cine mudo favoreció el florecimiento de distintas «escuelas nacionales» tenía una fuerte connotación ideológica. Antes y después de la Segunda Guerra Mundial, el nacionalismo se expresa, también, en el terreno del cine. En el caso de América Latina, la historiografía empieza a adquirir la autonomía de una disciplina a partir de 1959, cuando el populismo y el desarrollismo culminan en una fase de radicalización nacionalista, perfectamente simbolizada por la trayectoria política de Fidel Castro, el triunfo de la Revolución cubana y su prolongado impacto en el continente. En esa época salen a la luz los primeros trabajos del brasileño Alex Viany, el argentino Domingo Di Núbila y el mexicano Emilio García Riera[1]. Desde entonces, el esquema aplicado por los investigadores oscila entre dos modelos: uno, el de un desarrollo de la cinematografía nacional equipa-

---

1. Paulo Antonio Paranaguá, *Le cinéma en Amérique Latine : Le miroir éclaté, historiographie et comparatisme*, *op.cit.*, pp. II y ss.

rado a la producción local, sometido a la presión de las importaciones de Hollywood dominantes en el mercado. El segundo modelo, a menudo implícito, es una variante de la «política de los autores» que sobrevalora el papel de los directores en detrimento de los demás protagonistas del quehacer cinematográfico.

Tal esquema bicéfalo comparte una contradicción intrínseca: si el mercado está tan sometido a la hegemonía estadounidense, no se entiende como la historiografía puede valorar la esfera de la producción de manera casi exclusiva, cuando el fenómeno cinematográfico en América Latina está basado fundamentalmente en los dos otros pies del «trípode», la exhibición y la distribución. A lo largo del siglo XX, el espectáculo cinematográfico ha tenido un lugar importante en las sociedades latinoamericanas, ha contribuido a la evolución de las costumbres y las mentalidades, ha alimentado el imaginario colectivo, ha acompañado la urbanización y el surgimiento de una cultura ciudadana. Así ocurrió en prácticamente todos los países, aunque en algunos pocos, en ciertos períodos, la producción local haya intentado rivalizar con la importada, sin jamás llegar a neutralizar la supremacía extranjera.

Otra contradicción resulta de la condición misma de la expansión del cine, inseparable de su dimensión internacional. En Europa y Norteamérica, la invención del cine y luego la comercialización de la producción se hacen de cara a un mercado que rebasa las fronteras nacionales. No existe prácticamente desarrollo del cine en un solo país (salvo quizás como consecuencia del «socialismo en un solo país», pero ya se conoce el futuro de esa ilusión). Aun suponiendo que el mercado estadounidense fuera suficiente para mantener la producción y que toda la exportación fuera lucro, sin semejante incentivo la industria no hubiera conocido la misma pujanza, lo que transforma la contabilidad de ingresos nacionales e ingresos foráneos en una construcción a posteriori. En América Latina, esa dimensión internacional del público potencial siempre estuvo presente, aunque en la mayoría de las veces fuera pura veleidad. El discurso ideológico de los pioneros defiende invariablemente la necesidad de dar a conocer en el extranjero las bellezas, riquezas y adelantos locales. Las películas, como la fotografía del siglo XIX, comparten el espíritu de las exposiciones universales, aunque enseguida encontraran en la consolidación de las salas de exhibición un ámbito propio y duradero. Los primeros camarógrafos latinoamericanos, a menudo inmigrantes europeos, fueron también los primeros importadores, sin que existiera durante mucho tiempo la menor contradicción entre ambas actividades. Aunque el objetivo era satisfacer el deseo especular del público local, brindarle la cuota de proximidad necesaria para aclimatar la nueva atracción, muy pronto la producción implica una expectativa más amplia. Tanto la producción documental o de noticieros, como las primeras incursiones en la ficción, se inspiran en los modelos foráneos con la esperanza de participar en la incipiente circulación internacional de imágenes, de ingresar por ese y otros cauces en el «concierto de las naciones civilizadas». La perspectiva a principios del siglo XX era radicalmente opuesta a la ideología de quienes al final del milenio pretenden oponerse a la globalización. Asi como la naturaleza de la imagen es polisémica, el cine es esencialmente cosmopolita.

Si nos atrevemos a proponer una historia comparada es porque creemos que ello favorece articulaciones novedosas y fértiles, aparte de evitar las trampas del nacionalismo. El carácter nacional o incluso local de las principales instituciones (filmotecas, universidades, organismos de apoyo a la investigación) tampoco facilita el comparatismo, que encuentra en su camino las fronteras entre países o disciplinas y la defensa de territorios rígidamente compartimentados. Articular creación, producción, mercado, economía, sociedad, mentalidades, política, instituciones, supone evitar el mero paralelismo. La historia del cine primitivo en América Latina tiene lazos estrechos con la fotografía: en ambos campos los artesanos pioneros (a veces los mismos) buscaban imágenes adecuadas para su sociedad. El cine posee vínculos con los sucesivos medios de comunicación: prensa escrita e ilustrada, radio, televisión. El desarrollo del cine sonoro comparte con la radiodifusión géneros, estrellas y profesionales. En ciertos países latinoamericanos, el cine parece incluso un subproducto de la radio. Las películas reprodujeron aspectos significativos del teatro de variedades, del género chico criollo, del espectáculo musical. Si los lazos entre literatura y cine han servido de legitimación en los medios académicos, la presencia de la música en las pantallas encierra una riqueza mucho mayor.

Proponemos asimismo una historia comparada entre los diversos países de América Latina. Por supuesto, eso aumenta las dificultades de acceso a numerosas fuentes desperdigadas en distintos lugares. No se trata de reproducir el frustrado sueño bolivariano ni el voluntarismo de los intermitentes intentos de integración cinematográfica, sino de encontrar un marco para tomar en consideración las características del desarrollo dependiente. Desde la introducción de los inventos de Edison y Lumière, el cine es una importación, algo que viene desde afuera. La organización de la distribución y la estructuración del mercado superan las fronteras. A principios del siglo XX, aun una plaza fuerte como Argentina está insertada en el cono sur: a partir de Buenos Aires, Max Glücksmann crea una red de distribución en los países vecinos. En Centroamérica los filmes circulan de un país a otro. Lo permanente, la base de la actividad, está condicionado por la hegemonía de la producción extranjera, primero europea y luego norteamericana. Si no todos han sido productores, todos los países han sido consumidores, todos han participado del fenómeno, han visto las mismas películas. Incluso cuando surge una producción nacional importante, se exporta a los demás países del hemisferio. La distribuidora mexicana Pelmex compite con las *Majors* de Hollywood a escala del continente y despliega una estrategia comercial para el ámbito iberoamericano. Los estudios de Buenos Aires y México ejercen su influencia en determinados países (Perú, Chile, Venezuela, Cuba), durante los brotes productivos locales. Después de la Segunda Guerra Mundial, la cultura cinematográfica se desarrolla también en sintonía con influjos venidos desde afuera (el neorrealismo italiano, la crítica francesa, el documental anglosajón). Los nuevos cines de la década de los sesenta tienden a proyectarse como un movimiento, que coordina sus esfuerzos, rebasa las fronteras y aspira a cierto grado de estructuración.

Hay cuestiones que sólo adquieren relieve vistas a escala de América Latina. El impacto del neorrealismo puede parecer una vicisitud personal en la vocación o madurez de tal o cual cineasta, al verlo de manera aislada. No obstante, si rastreamos el debate en torno al neorrealismo en Argentina, Uruguay, Brasil, Colombia, Cuba y México, si comparamos diversas películas realizadas entre *La escalinata* (César Enríquez, Venezuela, 1950) y *Largo viaje* (Patricio Kaulen, Chile, 1967), disponemos de un corpus mínimamente significativo para observar la asimilación o transculturación del movimiento italiano de posguerra. En lugar de apreciar la cuestión en términos de una influencia europea, entre tantas otras, podríamos hablar de un neorrealismo latinoamericano. Asimismo, si comparamos al cineasta autodidacta de los años veinte con el estudiante universitario de los cincuenta, reducimos el problema de la formación de los profesionales a la anécdota individual. En cambio, si identificamos a ciento veinte latinoamericanos formados en las escuelas de Francia e Italia (a los que cabe añadir los que estudiaron en otros centros europeos), podremos valorar el papel de la Europa de posguerra en el cambio de mentalidades de la profesión en América Latina.

El estudio de los géneros también requiere un enfoque comparatista. El melodrama, por ejemplo, tiene varias fuentes que nos llegaron de afuera: la literatura y el teatro europeos del siglo XIX, el cine italiano de principios del siglo XX, el melodrama de Hollywood que sirve de matriz narrativa para los estudios de Buenos Aires y México. Gravitan además sobre el melodrama argentino y mexicano otros influjos contemporáneos: el radioteatro, la radionovela, el folletín popular, la fotonovela, la novela rosa, el tango y el bolero. La especificidad del género en los distintos países de América Latina supone una comparación con los modelos de referencia y parámetros afines. Producto de un intercambio triangular, el melodrama latinoamericano muestra lo enredada y compleja que resulta la madeja del mimetismo y la originalidad. México y Argentina no se limitan a copiar ciertos géneros, sino que los «nacionalizan» por así decirlo, los adaptan e integran a otros ingredientes, respetando los códigos narrativos. La música es un factor de aclimatación, incluso de transculturación: implica una absorción de la cultura de la canción popular. El tango, con sus orígenes prostibularios, y el bolero, vinculado al cabaret, favorecen cierta ambigüedad moral, a diferencia del melodrama hollywoodiense, empapado de puritanismo *WASP* (*White, anglo saxon and protestant*). En Argentina y en México el género adquiere características propias: clima, ambientes connotados, estereotipos, mecanismos de identificación y sobredeterminaciones psicológicas distintas, que no se confunden con sus equivalentes norteamericanos o europeos. Más allá de los problemas de clasificación que plantea el hibridismo de los géneros en las cinematografías periféricas y dependientes, el carácter subordinado de éstas a modelos hegemónicos sugiere una nueva problemática, refractaria a un estudio descontextualizado.

Uno de los desafíos que nos depara el enfoque latinoamericano es el de la periodización. Cuando la Unesco intentó impulsar la elaboración colectiva de una historia general del cine, los historiadores convocados se encontraron con problemas, habida cuenta de las discordancias entre cada país. Como lo señaló un participante de ese frustrado proyecto, las opciones monográficas proponen periodizaciones pertinentes que no coinciden con las de otros enfoques[2]. En un ensayo de reflexión metodológica, Jean-Claude Bernardet va más lejos aun y se pregunta si será realmente posible una periodización del cine brasileño con alcance nacional, después de haber demostrado el carácter ideológico, voluntarista, mítico, de los criterios utilizados hasta entonces y la permanencia de distintos polos locales de producción[3]. Los historiadores del cine no son los únicos que han adoptado una visión cíclica, al privilegiar la discontinuidad productiva. Verbigracia, la historia de Brasil ha sido analizada como una sucesión de ciclos –el azúcar, el oro y el café–, cuando todos ellos están englobados en un ciclo de varios siglos, el tráfico de esclavos, que era realmente el «alma del negocio»[4].

En el caso de América Latina como un todo debería prevalecer la identificación de las principales mutaciones sufridas por el *consumo* del cine, incluyendo los altibajos de la producción nacional (subordinada a la esfera de la distribución y exhibición) como parte de un cambio de actitud y diferenciación del público. El afán nacionalista por valorizar o inventar una tradición local, ha hecho perder de vista lo que ha alimentado la economía cinematográfica, al paso que nos privaba de una perspectiva a largo plazo, la *longue durée* de la nueva historia. Así, en el cine mudo, tenemos una primera fase de introducción de la nueva invención, caracterizada por la proyección en locales precarios junto a otras atracciones y el nomadismo (1894-1907). En vísperas de la Primera Guerra Mundial y durante el conflicto hay una consolidación de la exhibición y una primera expansión de la producción (1908-1919). En la década de los veinte, el nuevo auge del comercio cinematográfico coincide con la penetración norteamericana: a la sombra de Hollywood, apenas la producción local de noticieros alcanza alguna estabilidad, mientras la ficción permanece en un prolongado artesanato, en la atomización y la discontinuidad (1920-1929). Tanto es así que la transición al sonoro recubre una fase de tanteos y adaptación, incluyendo la producción norteamericana

2. Román Gubern, «Metodología de análisis de la historia del cine », *La historia y el cine*, Joaquim Romaguera y Esteve Riambau (eds.), Barcelona, Fontamara, 1983, pp. 40-47.
3. Jean-Claude Bernardet, *Historiografia clássica do cinema brasileiro*, São Paulo, Annablume, 1995, pp. 49-64.
4. Luiz Felipe de Alencastro, *O trato dos viventes: Formação do Brasil no Atlântico Sul*, São Paulo, Companhia das Letras, 2000, p. 353.

en español a la que responde una cierta efervescencia en algunos países (1930-1936). La industrialización argentina y mexicana representa no sólo una novedad a nivel de la producción, sino también en la esfera del consumo: por primera vez, el público de todo el continente ve en forma masiva y continua películas en su idioma o provenientes de una cultura considerada como propia o vecina, aunque la hegemonía de Hollywood no se vea amenazada (1937-1949). En la década de los cincuenta, aparte de la introducción de la televisión (todavía minoritaria), empieza a haber una diferenciación del público a través de los cineclubs y otras formas de cultura cinematográfica, con incidencia en la distribución y la recepción de los filmes, en la exhibición y finalmente en la producción local, justo en momentos en que el modelo industrial, el sistema de los estudios, entra en crisis y es cuestionado (1950-1959). La década de los sesenta, con el surgimiento del *Cinema Novo* en Brasil, el Nuevo Cine en Argentina, el cine posrevolucionario en Cuba e intentos de renovación en otros países, acentúa la división del público, sin que la exhibición logre adaptarse a sus distintos segmentos (salas vetustas y grandes carentes de reformas, pocos cines de arte y ensayo), a pesar de que la televisión empieza a hacerle la competencia (1960-1969).

En los años setenta y ochenta hay una relación estrecha entre la nueva hegemonía ejercida ahora por la ficción televisiva –que desplaza el anterior predominio de Hollywood junto al público–, la crisis y retroceso de la exhibición (confinada a una situación residual) y las adaptaciones de la producción latinoamericana, que recupera un buen número de espectadores a nivel nacional y no ya continental (1970-1989). No habría que subestimar tampoco en ese período el papel ambivalente del Estado (represión y fomento del cine, políticas de comunicación). En los noventa, el agotamiento de los modelos con apoyo estatal de las cuatro principales cinematografías (México, Brasil, Argentina, Cuba) llevó sucesivamente a una virtual extinción de la producción, seguida de una endeble recuperación (1990-2000). El siglo termina con una creciente imbricación y transnacionalización de la economía audiovisual y las nuevas tecnologías de la comunicación. En América Latina, el capital norteamericano invierte en la comercialización de videocasetes y DVD (Blockbusters) y en la exhibición (multiplexes) en una escala sin precedentes. La producción de las televisiones latinoamericanas circula asimismo dentro y fuera del continente. A su vez, los realizadores independientes esbozan redes de cooperación con Europa y Estados Unidos (Instituto Sundance), en un esfuerzo desigual por compensar el divorcio casi absoluto existente en América Latina entre la producción cinematográfica y la televisiva.

La perspectiva comparatista no debe homogeneizar a la fuerza los términos que entran en juego, creando la ilusión de un objeto único de estudio. Repetimos: no existe un cine latinoamericano en el sentido estricto; la inmensa mayoría de las películas se generan en el ámbito nacional, a veces incluso en el provincial o municipal, si bien existen fuerzas transnacionales y estrategias continentales desde la revolución del cine sonoro. Una primera distinción podría deslindar las cinematografías productivas de las puramente vegetativas. En el primer caso, tendríamos que incluir a los países con una producción significativa en volumen y sobre todo en continuidad. En función de ambos criterios, habría que considerar un primer grupo de países muy reducido, México, Brasil y Argentina. Ni siquiera estos tres producen en cantidad y continuidad mínimamente notables a lo largo de todo el siglo. En el período mudo, ninguna cinematografía latinoamericana logra consolidarse según los parámetros internacionales. Incluso adoptando una óptica distinta, que viera en el artesanato una alternativa a la industrialización, la actividad permanece inconsistente y discontinua, con la excepción de algunas pocas productoras de noticieros. Aun después del cine sonoro, en los tres países la producción conoció por momentos colapsos casi totales. Sin embargo, hay una diferencia enorme entre México, Argentina, Brasil y los demás países.

Un grupo intermedio podría ser constituido por los países con una producción intermitente, o mejor dicho, con brotes productivos más o menos largos. El caso del cine cubano posrevolucionario es el más ejemplar, no tanto por el volumen (modesto en largometrajes), sino por la continuidad, regularidad, padronización y penetración en el circuito exhibidor de la isla (un mercado cautivo). En el grupo intermedio o intermitente cabe situar todavía a Venezuela, Perú y Colombia, quizás también a Chile. Aparte de que esos cuatro o cinco países tuvieron sus tentativas o ilusiones industriales, todas ellas muy breves, los mecanismos proteccionistas vigentes a partir de los setenta favorecieron un despegue de la producción, siempre en un volumen modesto (incluso Venezuela), con un impacto en el público local mayor (Venezuela, Perú) o menor, puramente esporádico (Chile, Colombia).

El resto de los países latinoamericanos se caracterizan por una cinematografía vegetativa en lo que se refiere a la producción, con una continuidad reducida solamente a los noticieros en el mejor de los casos. Aquí encontramos a países muy distintos en cuanto a demografía, urbanización, estructura socioeconómica. Están los siete países de Centroamérica: Guatemala, Belice, El Salvador, Honduras, Nicaragua, Costa Rica y Panamá. Están todas las islas del Caribe, con la mencionada excepción de Cuba, o sea, Jamaica, Haití y República Dominicana, Puerto Rico, las Antillas francesas y los microestados antes colonizados por Gran Bretaña y Holanda. Están también Guyana, Surinam, la Guayana francesa, Ecuador, Bolivia, Paraguay y Uruguay.

Los tres grupos deslindados son absolutamente heterogéneos. En el grupo de las cinematografías productivas, México representa en volumen total de producción a lo largo del siglo algo equivalente a la suma de todos los demás países latinoamericanos. Además, el cine mexicano de la llamada «época de oro» fue el único con una estrategia de exportación que incluyó la formación de distribuidoras internacionales y la creación de una red de salas de exhibición en el exterior. En ese sentido, fue la única cinematografía latinoamericana que compitió con Hollywood en su mismo terreno y con sus mismas armas, aunque la desproporción era inmensa, insoslayable. Argentina no se le puede equiparar, empezando por el hecho de haber perdido justamente esa batalla con México durante la Segunda Guerra Mundial. Brasil se mantuvo en una posición aparte, en cierta medida por su propia singularidad lingüística, con una frontera impermeable durante décadas (con la excepción del Río Grande do Sul), aunque el meridiano de Tordesillas carezca de consistencia en el terreno cultural.

La capacidad productiva es el principal discriminante de los tres grupos mencionados. Sin embargo, la heterogeneidad del primero no se limita a la potencia respectiva de cada país. Tal vez el desfase entre las tres cinematografías mayores y su distinta inserción en el marco sociocultural sea aun más pertinente. México y Argentina comparten la fase clásica de los proyectos industriales de finales de los años treinta a principios de los cincuenta. En esa época, los intentos industriales en Brasil no cuajaron. En cambio, en los cincuenta, cuando los estudios estuvieron en auge en São Paulo y Río de Janeiro, los de Buenos Aires y México entraban en crisis. En los sesenta, Argentina y Brasil protagonizaron una renovación de la producción, mientras en México las aperturas permanecían marginales, a pesar de los dos primeros Concursos de cine experimental (1965 y 1967). Argentina volvió a perder la batalla, frente a Brasil en los festivales y frente a sus propias contradicciones en el ámbito interno. Sin embargo, los tres países compitieron nuevamente al final del siglo XX, mezclando en dosis disímiles un academicismo remozado y experiencias formales.

La heterogeneidad caracteriza igualmente al grupo intermedio e intermitente. La escasa tradición y destreza acumulada durante la primera mitad del siglo es probablemente lo único en común entre Cuba, Venezuela, Perú, Colombia y Chile. Incluso los efímeros intentos industriales –antes de la Segunda Guerra Mundial en Perú y Chile, después en Venezuela, esporádicos en Cuba y Colombia, con un poquito más de consistencia en los cincuenta– se sitúan en épocas y sobre todo en fases distintas de la historia del cine mundial. Si bien bajo formas específicas y en grados diferentes de intensidad, sobre todos ellos gravitan las influencias de México y Argentina, como si fueran un segundo círculo de dominación y dependencia, concéntrico al primer círculo de la hegemonía hollywoodiense.

La heterogeneidad caracteriza finalmente al grupo vegetativo, porque el fenómeno cinematográfico no adquiere las mismas dimensiones y características, en función de las fuertes diferencias socioculturales. Algunos territorios e islas fueron colonias durante la mayor parte del siglo XX, otros siguen siéndolo, lo que significa la absoluta falta de autonomía del mercado local, con una distribución subordinada a los circuitos de las metrópolis (Francia o Estados Unidos, en el caso de las Antillas y la Guayana o Puerto Rico). En el otro extremo, Uruguay representa un mercado altamente diversificado y denso, con una cultura cinematográfica sofisticada. El distinto grado de urbanización y la diversidad lingüística explican también la mayor o menor irradiación del cine norteamericano o mexicano. Tampoco son idénticas las incursiones en la producción de uno u otro país. Para comparar a dos que comparten la fuerte gravitación indígena en la cultura nacional, hay bastante diferencia entre Ecuador y Bolivia. La trascendencia del realizador boliviano Jorge Sanjinés y de sus sucesores, dentro y fuera del país, no se equipara al impacto de las esporádicas películas ecuatorianas.

Desde luego, no pueden tener el mismo significado las nociones de tradición y modernidad, clasicismo y renovación, en países con tantas diferencias en cuanto al volumen, continuidad y recepción de la producción local. En México y en la Argentina, las viejas películas mantuvieron su presencia a lo largo de los años gracias al contacto con los telespectadores. En Brasil, esto sólo ocurre hace poco, a través de un canal de difusión limitada. En Cuba, el cine anterior a la revolución estuvo negado y proscripto durante cuatro décadas. En cambio, la tradición mexicana tuvo indudable vigencia en otros países. La modernidad, a su vez, tiene un sentido distinto a principios del siglo y en la década de los sesenta, cuando era sinónimo de renovación formal. No obstante, independientemente del subsiguiente reflujo renovador, la novedad en ciertos casos radica en el mismo hecho de producir en un marco desprovisto de tradición. Entonces, como en el período mudo, cuando el cine en su conjunto era uno de los rasgos de la modernidad, la innovación está en la voluntad de romper con el círculo vicioso de la discontinuidad.

Si en vez de tomar como parámetro la producción nacional tuviéramos en cuenta la extensión de la exhibición, la densidad y variedad del consumo de películas, las diversas formas de diálogo entre el público y la pantalla, podríamos introducir una clasificación no menos pertinente. En lugar de ubicarse en el pelotón de cola, Montevideo pasaría al primerísimo grupo de metrópolis donde el espectáculo cinematográfico adquirió mayor relieve desde la primera mitad del siglo XX, junto a Buenos Aires, México D.F., Río de Janeiro, São Paulo y La Habana. Con la excepción de la capital uruguaya, no es ninguna coincidencia que las otras ciudades hayan monopolizado los principales estudios de América Latina. Lejos de contraponerse, la vitalidad de la exhibición estimuló la producción.

El segundo grupo en cuanto a las formas del negocio y el consumo cinematográficos lo constituirían otros polos urbanos, capitales de países o capitales de provincia, como Lima, Medellín, Bogotá, Caracas, Santiago de Chile, Salvador de Bahía, Recife, Belo Horizonte, Guadalajara, quizás La Paz, San Juan, Panamá, Cali, Rosario, Porto Alegre, las dos Méridas, Barquisimeto, Valparaíso, Cusco. Aparte del número y frecuentación de las salas, el cine adquiere en las ciudades de esta segunda categoría dimensiones que revelan una diversificación del público y el surgimiento de proyectos de distinta índole más allá del ámbito local. Lima, Medellín, Bogotá, Caracas, Santiago, Salvador, Recife, Guadalajara, generaron tentativas industriales o brotes productivos de menor entidad que los estudios porteños, mexicanos, *paulistas* o cariocas, pero aún así sumamente expresivos. Las capitales del Perú, Colombia, Venezuela y Chile, así como las de México, Argentina, Brasil y Uruguay, produjeron con regularidad noticieros, manteniendo de esta forma una infraestructura mínima, luego reforzada por el auge de la publicidad audiovisual. Casi todas las ciudades mencionadas en el segundo grupo editaron publicaciones especializadas, crearon centros de estudios e instituciones como filmotecas y cineclubs que tuvieron impacto en la cultura regional o nacional, rivalizando en este aspecto con las principales metrópolis latinoamericanas. Puede decirse que en esta segunda categoría, como en la primera, se entablaron formas de diálogo activo con las películas consumidas, que a menudo trascendieron los límites municipales. En el conjunto del espacio latinoamericano, tendríamos una veintena de polos urbanos de irradiación de la cultura cinematográfica y de la creación fílmica.

El tercer grupo se diferencia netamente de las urbes mencionadas en los dos anteriores y lo integran las poblaciones menores y las zonas rurales. La demografía, el grado de urbanización, la mayor o menor estabilidad de la exhibición condicionan una relación distinta con las películas. Para empezar, no todos los títulos estrenados en las otras ciudades llegan a proyectarse en las plazas de esta tercera categoría. Las proporciones y el contenido del consumo pueden variar enormemente entre cada uno de los tres grupos. Aunque data de un periodo desprovisto de control de taquilla y por lo tanto de estadísticas fiables, se dice que en la «época de oro» de los estudios de México y Buenos Aires la producción nacional llegaba a un tercio del público de la capital, mientras las películas estadounidenses mantenían una hegemonía equivalente a los otros dos tercios de los espectadores. En cambio, en el interior, la relación era la inversa, dos tercios para las películas mexicanas y argentinas, apenas un tercio para las norteamericanas. El mayor índice de analfabetismo en la provincia debía favorecer la producción en español. Pero en este esquema, resulta difícil trazar la frontera entre el mercado del primer tipo (capitalino o fuertemente urbano) y el del segundo tipo (suburbano, provinciano o rural). Además, la realidad era menos esquemática, puesto que los estudios de Buenos Aires y México desplegaron estrategias para diversificar su producción y conquistar a la clase media, con mayor o menor éxito. Desde luego, la competencia no se reducía tampoco a un simple duelo entre el Goliath de Hollywood y el David nacional, sino que tenía otros contendientes.

En todo caso, el diálogo con las películas asume formas distintas, menos creativas, discursivas o explícitas que en los grupos anteriores, lo que no implica que sea menos intenso en el ámbito de las emociones experimentadas, como lo muestra la obra literaria de Manuel Puig. A la par con este consumo más pasivo, la producción fue sólo esporádica, casi siempre durante el período mudo (Orizaba, Mazatlán, Zamora, Puebla, San Luis Potosí y Guanajuato, Barranquilla y Pereira, Cataguases, Pouso Alegre, Guaranésia, Pelotas, Blumenau, Curitiba, Campinas y Manaos, Iquique, Antofagasta, La Serena, Concepción, Valdivia, Puerto Montt y Punta Arenas, Córdoba y Santa Fe). Los noticieros llegaban de otras regiones o países.

Ni del punto de vista del consumo, ni mucho menos del punto de vista de la producción, existe homogeneidad entre los países o centros urbanos latinoamericanos. Todo estudio global del cine en América Latina debe tener siempre presentes las inmensas distancias heredadas de la historia, la demografía y la geografía, sin duda tan importantes como las afinidades culturales o sociales. El comparatismo pierde su razón de ser si desdibuja las diferencias entre los distintos polos considerados. Con la prudencia necesaria, podemos intentar ahora la operación inversa al deslinde recién expuesto.

Las cinematografías de América Latina pueden ser caracterizadas todas ellas –las productivas y las vegetativas– como dependientes. Aunque los empresarios y los capitales del negocio cinematográfico –en sus tres rubros, producción, distribución y exhibición–, sean nacionales, dependen todos ellos de insumos importados. La importación de películas para alimentar el nuevo espectáculo es el aspecto más evidente de la dependencia. Pero la importación de maquinaria o tecnología es común a la exhibición y a la producción. A pesar de algunos frustrados proyectos, la película virgen, tanto el negativo como el material para el tiraje de copias, siempre tuvo que ser importado. No ocurrió lo mismo con todas las cinematografías periféricas. Rusia y Japón no dependían de Kodak, aunque permanecieran en la periferia de la producción hegemónica. La dependencia no es una mera relación económica, aunque este sea su sustrato. La dependencia material genera una importación de modelos de producción y patrones de consumo. Tampoco ha sido este el caso de las demás cinematografías periféricas. Mas allá del sistema de los estudios, el cine ruso y el japonés, el árabe y el hindú, no se privaron de desarrollar fórmulas estéticas y géneros fílmicos independientes de los modelos hegemónicos, incluso en la producción comercial, industrial y masiva. En el caso de América Latina, aun en las expresiones más nacionalistas y renovadoras, existe un diálogo, explícito o implícito, respetuoso o conflictivo, con los modelos dominantes. No hay en América Latina expresión autárquica, completamente desvinculada de la evolución en los centros dominantes de la producción.

Al hablar de cinematografías periféricas, estamos postulando implícitamente la existencia de un centro (o de algunos centros). Europa fue la cuna de la producción y expansión del espectáculo. Enseguida después de la Primera Guerra Mundial, Estados Unidos le disputó y le arrebató la primacía. Sin embargo, en términos de circulación de la producción, a pesar de los altibajos, Europa se mantuvo en el centro del intercambio cinematográfico. En cambio, las demás cinematografías permanecieron periféricas, limitadas a una área de influencia en el mejor de los casos, por mayor que fuera su potencia productiva (India, Japón). Mientras la producción hegemónica tiende a ser universal, las otras no logran superar su carácter local. Así como las películas japonesas eran proyectadas sin subtítulos para la colonia nipónica de São Paulo, las cintas mexicanas circulaban en su idioma en el circuito «étnico» de Estados Unidos, tradicionalmente cerrados a los filmes en *foreign language*: sin competir en el universo hegemonizado por Hollywood, coexistiendo en mundos paralelos. Todas las cinematografías periféricas fueron «descubiertas» con cuentagotas en los festivales europeos de posguerra, adquiriendo así una mínima visibilidad en otros continentes. Después de la presentación de *María Candelaria* (Emilio Fernández, México, 1943) en el festival de Cannes de 1946, Francia importa algunas películas mexicanas, distribuidas a veces en doble versión, una doblada al francés y otra con subtítulos, lo que apunta a diferentes franjas del público.

Aunque el *Indio* Fernández fuera visto por la crítica europea como el parangón de una «escuela mexicana», su éxito entreabre las puertas del mercado a películas de distinto género y estilo. En Cannes fueron premiadas también *Pueblerina* (Emilio Fernández, México, 1949), *Los olvidados* (Luis Buñuel, México, 1951), *La balandra Isabel llegó esta tarde* (Carlos Hugo Christensen, Venezuela, 1951), *Subida al cielo* (Luis Buñuel, México, 1952), *O cangaceiro* (Lima Barreto, Brasil, 1953), *La red* (Emilio Fernández, México, 1953), *Raíces* (Benito Alazraki, México, 1953), *Araya*

(Margot Benacerraf, Venezuela, 1959), *Nazarín* (Luis Buñuel, México, 1959), *La joven* (Luis Buñuel, México, 1960), *Macario* (Roberto Gavaldón, México, 1960), *La mano en la trampa* (Leopoldo Torre Nilsson, Argentina, 1961), *O pagador de promessas* (Anselmo Duarte, Brasil, 1962), *El ángel exterminador* (Luis Buñuel, México, 1962), *Vidas secas* (Nelson Pereira dos Santos, Brasil, 1964), *Tarahumara* (Luis Alcoriza, México, 1965), *O Dragão da Maldade contra o Santo Guerreiro* (Antonio das Mortes, Glauber Rocha, Brasil, 1969). En Venecia fueron galardonadas *Allá en el Rancho Grande* (Fernando de Fuentes, México, 1938), *La perla* (Emilio Fernández, México, 1947), *La malquerida* (Emilio Fernández, México, 1949), *Las aguas bajan turbias* (Hugo del Carril, Argentina, 1952), *Santuário* (Lima Barreto, Brasil, CM, 1953), *Sinhá Moça* (Tom Payne, Brasil, 1954), *¡Torero!* (Carlos Velo, México, 1956), *Piel de verano* (Leopoldo Torre Nilsson, Argentina, 1961), *Los inundados* (Fernando Birri, Argentina, 1962), *Simón del desierto* (Luis Buñuel, México, 1965), *La primera carga al machete* (Manuel Octavio Gómez, Cuba, 1969), *Yawar Mallku* (Jorge Sanjinés, Bolivia, 1969) –limitándonos a los años cincuenta y sesenta[5].

La palabra subdesarrollo ha sido reemplazada por otros términos que parecieran tener en común la búsqueda del eufemismo más aséptico e indoloro. Como la terminología es un terreno privilegiado para la ideología, los modismos se suceden. Aunque sea por fidelidad al texto clásico de Paulo Emilio Salles Gomes (originalmente publicado en 1973), rescatemos la idea de que las cinematografías latinoamericanas se caracterizan por el subdesarrollo, que no es una etapa anterior del desarrollo, sino un estado, un círculo vicioso al que parecen condenadas, sin que los momentos de bonanza logren instaurar un círculo virtuoso[6]. Se ha señalado mucho, tal vez en exceso, la traba representada por un mercado sometido a la dominación de la producción importada. Tal diagnóstico corresponde a una fase en que se pretendían encontrar respuestas en medidas proteccionistas de tipo «cuota de pantalla» o «reserva de mercado».

---

5. El año mencionado en este párrafo corresponde a la presentación en los festivales y no a la producción o al estreno en el país de origen.

6. Paulo Emilio Salles Gomes, *Cinema: Trajetória no subdesenvolvimento*, Río de Janeiro, Paz e Terra/Embrafilme, 1980, 90 pp. Traducción española: «Trayectoria en el subdesarrollo», *Archivos de la Filmoteca* nº 36, Valencia, octubre de 2000, pp. 20-37 (la paginación citada se refiere a la versión en castellano).

Ni en teoría ni en la práctica se intentaba con esas medidas contener o limitar la distribución de películas extranjeras –lo que significa que no se enfrentaba realmente la hegemonía–, sino que se creaba un reducido espacio para la competencia o una coexistencia en esferas paralelas.

Antes de irnos por las ramas, busquemos las raíces.

2. Génesis

La dependencia estaba presente desde el origen. Aunque la fotografía haya sido inventada aisladamente en Brasil por el francés Hercule Florence (1833)[1], aun cuando la proyección en tercera dimensión con anteojos especiales pueda haber sido descubierta en México (1898)[2], por mucho que el primer largometraje de animación del mundo sea argentino (*El Apóstol*, Quirino Cristiani, Argentina, 1917)[3], el cine aparece en América Latina como una importación más. No fue solamente inventado en Europa y Estados Unidos: desde allí fue exportado y transformado en negocio, suficientemente ganancioso como para crecer y prosperar.

Al principio, la rapidez de expansión sugerida por la fecha de las primeras proyecciones públicas pareciera borrar las diferencias regionales. El kinetoscopio de Edison es presentado al público porteño en noviembre de 1894 por el mismo Federico Figner que lo presenta a los cariocas en diciembre. A la capital de México el invento norteamericano llega en enero y a Guadalajara en mayo del año siguiente. En 1896, el cine propiamente dicho, proyectado en pantalla, llega a Buenos Aires (6 o 18 de julio)[4], Río de Janeiro (8 de julio), Maracaibo (11 de julio), Montevideo (18 de julio), Ciudad de México (15 de agosto), Santiago de Chile (25 de agosto), Guatemala (26 de septiembre). En 1897, llega a Lima (2 de enero), La Habana (24 de enero), La Paz (21 de junio), Caracas (15 de julio),

---

1. Boris Kossoy, *Origens e expansão da fotografia no Brasil: século XIX*, Río de Janeiro, Funarte, 1980, pp. 18-23.

2. Aurelio de los Reyes, *80 años de cine en México*, México, UNAM, 1977, pp. 15-16.

3. Giannalberto Bendazzi, *Cartoons: Le cinéma d'animation, 1892-1992*, París, Liana Levi, 1991, pp. 89-91.

4. Guillermo Caneto, Marcela Cassinelli, Héctor González Bergerot, César Maranghello, Elda Navarro, Alejandra Portela, Susana Strugo, *Historia de los primeros años del cine en la Argentina*, Buenos Aires, Fundación Cinemateca Argentina, 1996, pp. 25-27. La investigación no aclara si la «función especial» del 6 de julio tuvo carácter público, como la del 18 de julio, hasta entonces considerada la primera.

Bogotá (1º de septiembre). En 1900, a Asunción de Paraguay (2 de junio) y a Puerto Plata, en la República Dominicana (27 de agosto). En 1901 a Guayaquil (7 de agosto).

En cambio, el final del período silente se arrastraría durante dos décadas si tomáramos en cuenta el año de producción del primer largometraje sonoro: 1929 (Brasil, México), 1931 (Argentina), 1934 (Perú, Chile, Puerto Rico), 1936 (Bolivia, Uruguay), 1937 (Cuba, Venezuela), 1941 (Colombia), 1949 (Panamá), 1950 (Guatemala, Ecuador)... En cuanto a la producción, las distancias entre los países eran mayores cuando ocurre el advenimiento del sonido que en el momento de la introducción del cine. Por supuesto, la exhibición se adaptó mucho antes, en función de la producción extranjera. El cine mudo latinoamericano tiene una duración y características distintas a las de Europa y Norteamérica. Aunque el cine representa la eclosión de la revolución industrial en el ámbito del entretenimiento público, al principio se desarrolló en la escala reducida de una actividad artesanal, tanto en la exhibición como en la producción. En Latinoamérica, esa fase artesanal se extiende durante un período mucho mayor que en las cinematografías desarrolladas, hegemónicas. En los primeros años, la historia del cine en América Latina es esencialmente la crónica de la exhibición. Imperceptiblemente, somos relegados a la posición de consumidores, espectadores de una producción importada.

Hasta 1906-1907, no hay un mercado estabilizado, predominan la carpa y la precariedad. La producción es esporádica y tan ambulante como la exhibición. Los camarógrafos son a la vez exhibidores. Durante los seis o siete años anteriores a la Primera Guerra Mundial, el comercio conoce una expansión y estabilización en las principales urbes: Buenos Aires, Río de Janeiro, São Paulo, México, La Habana. Se construyen salas dedicadas exclusivamente al cine, incluso las primeras que serán sinónimo de la nueva moda: el Pathé en Río de Janeiro, el Salón Rojo en México, el Polyteama en La Habana, mientras en Buenos Aires la calle Corrientes se llena de cines. Sigue habiendo una coincidencia entre los importadores, los exhibidores y los productores. Por primera vez, hay una producción de películas locales con relativa continuidad. A la curiosidad por el invento del siglo XIX sucede ahora la fascinación: hay incluso publicaciones de actualidad, sin vínculo alguno con las películas, que eligen la denominación «Cinema» como símbolo de novedad.

La guerra provoca una crisis, sobre todo a nivel productivo. El comercio no resulta afectado, aunque la importación sí, puesto que las películas estadounidenses reemplazan a los proveedores europeos tradicionales. El creciente volumen de la importación, paralelo a la ampliación de los negocios en la exhibición, refleja que el cine había dejado de ser una actividad artesanal, en manos de empresarios aislados como Méliès, para volverse una industria como Pathé. En América Latina, el mercado se estructura en función de la producción norteamericana, por obra y gracia de distribuidoras afiliadas a las *Majors* de Hollywood y de exhibidores dependientes de las películas importadas. Los empresarios latinoamericanos, que empezaron siendo a la vez importadores, exhibidores y ocasionalmente productores, consideraron más lucrativo consolidarse como burguesía comercial que como burguesía industrial[5].

Del nomadismo, la producción del período silente heredó la atomización, sinónimo de discontinuidad. El eterno retorno, el empezar de nuevo, la crisis cíclica son las figuras obligadas de esta prehistoria. No hay siquiera acumulación de experiencia, para no hablar ya de capital. Se suceden aventuras individuales, se prolonga la bohemia, se reproducen los autodidactas, se imita la farándula. Los cineastas latinoamericanos intentan crear condiciones de producción a nivel artesanal, pero pierden casi siempre la batalla al llegar al mercado, unificado a escala nacional solamente por y para el producto extranjero. Aun siendo un fenómeno típico de la nueva cultura urbana, se filma también en el interior, en lejanas provincias. Sucesivos ciclos regionales parten de la nada y terminan en meras nostalgias familiares. Prácticamente toda la producción silente es de consumo local, a veces ni siquiera nacional. Por supuesto, salvo escasas excepciones, no circulan en el continente, aunque algunos ilusos hicieran intertítulos bilingües, en español e inglés, apuntando hacia el norte. América Latina constituye un «mercado natural» sólo para Hollywood. Entre el francés Gabriel Veyre, que trae el cinematógrafo Lumière a México, Cuba y Colombia (quizás también Panamá[6]), y el brasileño Mário Peixoto, autor tal vez de la única obra maestra filmada en Améri-

---

5. Jorge A. Schnitman, *Film Industries in Latin America, Dependency and Development*, Norwood N. J., Ablex, 1984, p. 19.

6. Al menos según la carta del 14 de junio de 1897, fechada en Colón, publicada por Philippe Jacquier y Marion Pranal, *Gabriel Veyre, opérateur Lumière*, Arles, Institut Lumière/Actes Sud, 1996, pp. 87-88.

ca Latina en el período silente (*Limite*, Brasil, 1931), el cine se nos hizo ancho y ajeno, familiar e inaccesible...

Las pocas películas conservadas y los vestigios disponibles solicitan análisis e interpretación, a pesar de que la labor arqueológica todavía está en sus primicias. Casi todo el cine mudo producido en América Latina fue consumido por el fuego y el tiempo o transformado en peines... A menudo, los historiadores no han tenido más remedio que investigar la documentación no-fílmica, recomponiendo así el rastro de la producción a través de los títulos y comentarios rescatados en la prensa. Sin embargo, se ha dejado casi siempre de lado la articulación de tales fuentes con las escasas películas accesibles. Quizás el análisis fílmico permita esbozar la génesis de algunas tendencias ulteriores.

La única producción que alcanza cierta estabilidad y continuidad es la de los noticieros: Salvador Toscano, Enrique Rosas, los hermanos Alva y Jesús H. Abitia en México, Federico Valle en la Argentina, los hermanos Alberto y Paulino Botelho en Río de Janeiro y Gilberto Rossi en São Paulo, Arturo Acevedo e Hijos en Colombia. Pero al precio de un doble sometimiento: formalmente, al modelo de *Pathé Journal*, que le pone un corsé a las primitivas actualidades; ideológicamente, a los intereses dominantes. Solo durante los primeros años de la Revolución mexicana el documental goza de mayor autonomía. El historiador Aurelio de los Reyes ha considerado incluso que esa fue la verdadera «edad dorada» del cine mexicano[7]. Desde el mismísimo Gabriel Veyre, que filmó al dictador Porfirio Díaz y su corte, el documental nace a la sombra del poder. Sin embargo, por más que traten de respetar las convenciones y ensalzar las bellezas naturales y el progreso del país, los camarógrafos también cometen sus lapsus. El terrible estigma del subdesarrollo se desliza lo mismo en *Recuerdos del Mineral El Teniente* (Chile, 1919), encargado a Salvador Giambastiani por la multinacional Braden Copper deseosa de enaltecer su presencia en el país, que en *Beneficiencia de Cundinamarca* (Noticiero Acevedo e Hijos, Colombia, 1931-42), donde una institución religiosa trata de educar con ejercicios militares a locos, miserables y gamines... El choque cultural transparece asimismo en las imágenes de un mayor del Ejército brasileño, el camarógrafo de la Comisión Rondon: durante una expedición a la Amazonia, los militares distribuyen

7. Aurelio de los Reyes, *op. cit.*, p. 46.

uniformes de talla única a indios e indias acostumbrados a menos aparato (*Ao redor do Brasil*, Mayor Luiz Thomaz Reis, Brasil, 1932).[8]

Los primeros documentales filmados en México por Gabriel Veyre, un francesito joven y aventurero que no desdeñó el traje de charro, esbozan una puesta en escena. En poco más de medio minuto, con planos fijos y únicos, siempre hay una acción, incluso un desarrollo. No se trata del mero encuadre heredado de la fotografía, ni tampoco del arte de la instantánea, de ese momento fugaz captado por el ojo de la cámara. La acción está prevista, cuando no está provocada. *Baño de caballos/Baignade de chevaux* (Gabriel Veyre, catálogo Lumière n° 357, México, 1896) y *Desayuno de indios/Repas d'indiens* (Gabriel Veyre, n° 351, México, 1896) muestran el esfuerzo hecho para desplegar el movimiento frente al camarógrafo. *Troupeaux* (Gabriel Veyre, sin n°, México, 1896) logra estilizar aun más la irrupción de los peones entre el rebaño, gracias al contraste entre sus blusas blancas y el color oscuro de las reses. Al principio el documental basta para satisfacer a los maravillados espectadores. Los primeros títulos catalogados como ficción debieron ser simples reproducciones de representaciones teatrales: tanto el *Don Juan Tenorio* filmado por Salvador Toscano Barragán (México, 1899) como *Os Guaranys* filmado por el portugués Antonio Leal (Brasil, 1908). Pero quizás esbocen un deseo de ficción que encuentra una expresión más cabal en un género relativamente prolífico, que tampoco tenía un argumento propiamente dicho: la ilustración de canciones, aires de ópera, zarzuela o opereta, iniciada en Argentina por el francés Eugenio Py (a partir de 1907, incluyendo varios tangos) y explotada en Brasil por el español Francisco Serrador (a partir de 1908).

El cine provoca ilusiones, sueños y fantasías en un buen número de aspirantes a director y artista, así como en millones de espectadores. Durante este período constituye un fenómeno social con un impacto creciente. La construcción de nuevas y mejores salas en Río de Janeiro origina la zona céntrica conocida como Cinelandia (1925-28), mientras en otras capitales se inauguran los primeros cines monumentales, con capacidad para más de mil espectadores. Las publicaciones especializadas, destinadas a estructurar el gremio de los distribuidores y exhibidores,

---

8. *Cf.* Paulo Antonio Paranaguá (ed.), *Cine documental en América Latina*, Madrid, Cátedra/Festival de Málaga, 2003.

pronto se multiplican y se proponen también promocionar sus productos y estrellas para un amplio número de lectores: *Selecta* (Río de Janeiro, 1914), *Teatro y Cine* (Caracas, 1915), *Imparcial Film* (Buenos Aires, 1918), *El Film* (Santiago de Chile, 1918), *Palcos e Telas* (Río de Janeiro, 1918), *La Semana Cinematográfica* (Santiago de Chile, 1918), *Para Todos* (Río de Janeiro, 1918), *Cine Universal* (Buenos Aires, 1919), *A Scena Muda* (Río de Janeiro, 1921), *La Novela del cine* (Buenos Aires, 1922), *Bobby Film* (Buenos Aires, 1924), *Cines y Estrellas* (Lima, 1925), *Cinearte* (Río de Janeiro, 1926), *Hollywood* (Santiago de Chile, 1926), *Astros y Estrellas* (Buenos Aires, 1928), *Ecran* (Santiago de Chile, 1930). A menudo repetían la fórmula de *Cine Mundial* (1916) y *Cinelandia* (1927), los voceros de Hollywood en español, demostraciones del interés de la industria estadounidense por conquistar el público del hemisferio.

En la Meca del Cine triunfan Ramón Novarro y Dolores del Río, pero se afanan centenares, quizás miles de latinoamericanos, algunos pocos destinados a hacer carrera en sus propios países, después del advenimiento del sonido. Aun antes de que los productores norteamericanos inventaran el filme «hispano», o sea, las películas habladas en español filmadas en Estados Unidos (1929-39), hubo quienes soñaran con un cine «latinoamericano» *made in Hollywood*: el mexicano Miguel Contreras Torres (*El relicario*, 1926), el argentino Julián de Ajuria (*Una nueva y gloriosa nación/The Charge of the Gauchos*, 1928), el brasileño Olympio Guilherme (*Hunger*, 1929), filmaron en California. La tendencia al mimetismo no resulta siquiera de una imposición, sino más bien de la sensación de neutralidad, transparencia, evidencia, mero reflejo de la realidad, que el cine hereda de la fotografía. La misma ideología del progreso y el culto de lo moderno, compartidos por toda clase de positivistas, idealistas y materialistas primarios, conducen al mimetismo. La *Belle Époque* del cine es parte de una cultura urbana que gira en torno a modelos foráneos, es una época de cotidiana imitación de Europa, es una fase de frenética asimilación de todo lo nuevo, sin sombra de prevenciones, a pesar de las protestas ultrajadas de las cavernas conservadoras. Además, el cine es entonces efímero, como el género chico en las tablas: no merece mayor consideración, no dispone de tradición, no produce todavía su propia memoria. Una película pasa por la cartelera como un cometa, la mayoría de las veces se proyecta un sólo dia en una sala: si el nacionalismo cultural latinoamericano está en fase de afirmación y estridencia en el campo de la literatura, las artes plásticas y la música, no sorprende que en el cine estuviera en pañales. Por más que algunos hablaran de séptimo arte, entre los intelectuales predomina el desprecio, o a lo sumo una complaciente y displicente curiosidad.

> No somos europeos ni americanos del Norte, pero desprovistos de cultura original, nada nos es extranjero, porque todo lo es. La penosa construcción de nosotros mismos se desarrolla en la dialéctica enrarecida entre el no ser y el ser otro...[9]

Aunque aplicada a Brasil, la reflexión de Paulo Emilio Salles Gomes sobre la receptividad hacia la alteridad no deja de tener validez para los demás países –incluso aquellos en los que el etnocidio de la Conquista y la colonización desdibujó las culturas originales en la memoria colectiva. A partir de la Primera Guerra Mundial, el continente cambia progresivamente de metrópoli, se modifican los términos de la dependencia: la dominación hasta entonces ejercida por Londres y París (la bolsa y la moda) cede ante Wall Street y Hollywood. Si la producción silente empieza en América Latina como un remedo de *Belle Époque*, al llegar el sonoro el mercado está completamente saturado por los filmes estadounidenses.

El primer género ficcional ambicioso y característico fue probablemente el filme de reconstrucción histórica. Una corriente patriótica anima las primeras puestas en escena más elaboradas, a menudo obra de inmigrantes deseosos de integrarse a su nueva sociedad y dispuestos a asimilar los valores de la historia oficial: en México, el francés Carlos Mongrand; en Argentina los italianos Mario Gallo y Atilio Lipizzi, además del mencionado Eugenio Py; en Brasil, el italiano Vittorio Capellaro; en Bolivia, el italiano Pedro Sambarino. Bajo la dictadura de Porfirio Díaz, *El grito de Dolores* (Felipe de Jesús Haro, México, 1907) entraba en cartelera el día de la independencia de México, como ocurriría con las pasiones de Cristo en Semana Santa. *La batalla de Maipú* (Mario Gallo, Argentina, 1913) contó con la colaboración de un regimiento de granaderos, de la misma manera que *El Capitán Mambí o Libertadores y guerrilleros* (Enrique Díaz Quesada, Cuba, 1914) dispuso del apoyo del general Menocal. La notable *Alma do Brasil* (Líbero Luxardo, Brasil, 1932) evoca un dramático episodio de la Guerra del Paraguay a partir de ceremonias militares y desfiles

---

9. Paulo Emilio Salles Gomes, *art. cit.*, p. 24.

conmemorativos situados en el Mato Grosso. Sin embargo, la indigenista *La profecía del lago* (José María Velasco Maidana, Bolivia, 1925) resultó prohibida en su país. Aun así, sería dudoso contraponer el nacionalismo romántico de esas películas a las tendencias ostensiblemente miméticas, ya sea en la comedia (donde abundan imitaciones de los cómicos franceses, de Chaplin y hasta de Maciste), en el melodrama (donde las reinas de belleza provincianas se disfrazan de divas italianas) o en las películas de aventuras (donde se copia el *serial* y al *cowboy*). Las reconstituciones históricas tampoco se proponen innovar o distinguirse en relación a la producción foránea. Participan en el fondo de una idéntica actitud mimética, adaptando el *Film d'Art* europeo a las referencias locales.

Asimismo, las adaptaciones literarias comparten la búsqueda de legitimación ante el público de clase media que persigue el *Film d'Art*: para eso valen lo mismo autores latinoamericanos como José Mármol (*Amalia*, Enrique García Velloso, Argentina, 1914), José de Alencar (*O Guarany*, Vittorio Capellaro, Brasil, 1916 y 1926; *Iracema*, del mismo Capellaro, Brasil, 1917), Federico Gamboa (*Santa*, Luis G. Peredo, México, 1918), Jorge Isaacs (*María*, Rafael Bermúdez Zataraín, México, 1919; *María*, Máximo Calvo y Alfredo del Diestro, Colombia, 1922), Amado Nervo (*Amnesia*, Ernesto Vollrath, México, 1921), José María Vargas Vila (*Aura o las violetas*, Pedro Moreno Garzón y Vicente Di Doménico, Colombia, 1924), el Vizconde de Taunay (la mencionada *Alma do Brasil*, inspirada en la *Retirada da Laguna*), o peninsulares como Joaquín Dicenta (*Juan José*, Enrique Díaz Quesada, Cuba, 1910), Ángel Guimerá (*Tierra baja*, Mario Gallo, Argentina, 1912), Carlos Arniches (*El pobre Valbuena*, Manuel Noriega, México, 1916), Camilo Castelo Branco (*Amor de perdição*, José Viana y João Stamato, Brasil, 1917).

A pesar de un pleito judicial por los derechos de autor, la *María* colombiana empezaba con la bandera nacional y la efigie de Jorge Isaacs[10], explicitando así la identificación entre la patria y el patrimonio literario. Ese primer largometraje filmado en Colombia también resulta emblemático por la confluencia de esfuerzos entre un sacerdote franciscano, Antonio

---

10. Leila El'Ghazi, «*María*», «Las 10 películas del siglo XX en Colombia», *Credencial Historia* n° 112, Bogotá, abril de 1999, p. 4. Las escasas imágenes conservadas fueron reproducidas en el cortometraje *En busca de María* (Luis Ospina y Jorge Nieto, Colombia, 1985).

José Posada, productor de la película, un camarógrafo español afincado en el Valle del Cauca y otro peninsular, el actor Alfredo del Diestro, entonces de gira en la región, junto con su esposa Emma Roldán (ambos serán figuras conocidas del cine mexicano). Así se va estableciendo una dicotomía duradera entre una forma supuestamente universal (pura técnica, según algunos) y contenidos locales que se inscriben en ella sin contradicción aparente. Como dijo Antonio Candido acerca de la literatura colonial brasileña, «las peculiaridades americanas son un dato complementario que no indican autonomía intelectual»[11].

Dos películas que pueden inscribirse en el género histórico se apartan de ciertos clichés. *El último malón* (Alcides Greco, Argentina, 1916) se inspira a la vez en el western y en el documental, al describir la violencia y los malos tratos de los blancos hacia los indígenas, que ya visten casi como gauchos. Una «amorosa pareja», compuesta por uno de estos y una mestiza, logra escapar de la policía hacia el Gran Chaco, la «patria del Indio». Vale la pena citar la moraleja: el indio aprovechó de la civilización lo que tiene de más dulce, el beso, que hasta entonces desconocía… En todo caso, el enfoque indigenista del filme está muy alejado de la disyuntiva de Sarmiento, «civilización o barbarie», que dominaba la historiografía liberal. En *El húsar de la muerte* (Pedro Sienna, Chile, 1924), la diferencia es una cuestión de tono: el protagonista Manuel Rodríguez escapa a la pompa de las escenas en que aparece San Martín gracias a la picardía y viveza criollas. Manuel Rodríguez se burla de los españoles como lo haría un personaje de tira cómica contemporánea. El prócer chileno resulta más ingenioso que heroico, como lo atestan sus fugas, disfrazado de conductor de la carroza del cura o gracias a un muñeco montado a caballo. El maniqueísmo inherente a la lucha independentista es temperado por su romance con la criolla realista que lo cuida durante su convalecencia: aunque invertido, el mismo esquema sentimental, propicio a la reconciliación nacional, perdura en *La guerra gaucha* (Lucas Demare, Argentina, 1942), mientras el primer episodio de *Lucía* (Humberto Solás, Cuba, 1968) opta por una polarización irremediable, en un contexto conmemorativo –los 100 años de lucha por la independencia– marcado por el síndrome de la nación sitiada. Más cercana a una película de aventuras que al *Film d'Art*

---

11. Antonio Candido, *Formação da literatura brasileira*, Belo Horizonte-São Paulo, Itatiaia/Editora da Universidade de São Paulo, 1975, vol. i, p. 74.

(salvo en los momentos solemnes en que aparece el Libertador argentino), *El húsar de la muerte* juega a la historia así como los niños juegan a la guerra: no por casualidad uno de ellos, el Huacho Pelao, se destaca a nivel protagónico. A pesar de reconstituir otra época, Pedro Sienna filmó mucho en exteriores e incluso exploró algo de la geografía humana contemporánea entre los campesinos. La simpatía y frescura que se desprenden de los personajes compensan los típicos defectos en materia de encuadre, puesta en escena, interpretación y narración (sobre todo el desenlace demasiado rápido).

Los pioneros no desdeñaron los contrastes, empezando por la consabida oposición entre el campo y la ciudad. En la exitosa *Nobleza gaucha* (Eduardo Martínez de la Pera, Ernesto Gunche y Humberto Cairo, Argentina, 1915), un ingenuo gaucho con traje tradicional descubre Buenos Aires acompañado por un inmigrante italiano: los dos comparten el asombro frente a adelantos modernos como el tranvía y provocan la hilaridad del espectador. Imperceptiblemente, ambos confirman así la ascendencia de la burguesía porteña, adaptada al ambiente urbano, al contrario del hombre de la pampa y del hombre de campo de la lejana Italia. *Nobleza gaucha* ha sido a menudo interpretada en forma casi literal, anacrónicamente «clasista», a partir del enfrentamiento entre el estanciero secuestrador de una muchacha y el gaucho maltratado que emprende su rescate. Si analizamos la versión restaurada (y musicalizada) en 2001, encontramos otros conflictos inscritos en la misma narración fílmica y no solamente en la interacción entre los protagonistas. La contraposición entre el campo y la ciudad se desdobla en una oposición entre tradición y modernidad, ambas englobadas a su vez en la divergencia entre criollismo y extranjería. Los dos espacios fundamentales, el rural y el urbano, son introducidos mediante un tratamiento semidocumental equivalente. Las primeras imágenes describen las faenas del campo, ennoblecidas por intertítulos tomados del *Martín Fierro*. Independientemente de la referencia literaria al poema de José Hernández, la idealización de las tomas iniciales tiene un antecedente en la pintura pampeana del argentino Prilidiano Pueyrredón (*Descanso en el campo*, 1860, Museo Nacional de Bellas Artes, Buenos Aires) o el uruguayo Juan Manuel Blanes (las alegorías románticas *Aurora*, *Crepúsculo*, *Amanecer*, *Atardecer*, s.f., Museo Municipal Juan Manuel Blanes y Museo Nacional de Artes Plásticas, Montevideo). Los pioneros de la cinematografía argentina pudieron encontrar una idéntica sublimación en la fotografía de Benito Panuzzi, Samuel Boote y sobre todo Francisco Ayerza, que procede a una puesta en escena de las figuras gauchescas e incluso ilustra el *Martín Fierro* hacia 1885-1900. Los fotógrafos primitivos no se limitaron a documentar la sociedad de la época, sino que esbozaron formas de ficción adaptadas a la era de la reproducibilidad técnica. No sorprende, por lo tanto, que la faena de *Nobleza gaucha* culmine en danzas folclóricas y luego en banales peripecias argumentales. La caracterización del gaucho estaba tan incorporada al espectáculo popular que la música ciudadana por antonomasia, el tango, fue interpretada durante muchos años con el traje típico de la pampa. Asimismo, las primeras imágenes de Buenos Aires insertan a los actores en escenarios naturales: a la salida de la estación de Constitución, la muchedumbre mira a los dos personajes y a la vez participa en la escena. La sorpresa de los involuntarios figurantes contribuye a resaltar la extravagancia del gaucho y del «gringo» respecto al entorno. Luego, los dos compadres pasan revista a los aspectos monumentales de la capital. El choque cultural se evidencia en el tranvía, alcanzado después de una burlesca carrera. A pesar de haber vivido varios años en la ciudad (probablemente al llegar de su tierra), el inmigrante desconoce las reglas de urbanidad que prohíben escupir y fumar en el transporte público. El conflicto con la modernidad había sido adelantado en forma paradigmática, en pleno campo, puesto que el secuestro se realiza con un automóvil: la frustrada persecución del vehículo por el gaucho a caballo simboliza en el primer tramo de la película la transición entre la tracción animal y el transporte automotor, característica de la revolución industrial. Quizás también pueda interpretarse en clave simbólica la irrupción de un futurista Buenos Aires nocturno en la secuencia en que la cautiva recurre a la religión. En todo caso, la *Nobleza gaucha* del título y la misma película son producto de una cultura ciudadana en formación. Confirman a su modo las palabras de Borges:

> Derivar la literatura gauchesca de su materia, el gaucho, es una confusión que desfigura la notoria verdad. No menos necesario para la formación de ese género que la pampa y que las cuchillas fue el carácter urbano de Buenos Aires y de Montevideo.[12]

---

12. Jorge Luis Borges, «La poesía gauchesca», *Discusión* [1932], *Obras completas*, Buenos Aires, Emecé, 1974, p. 179.

Sin embargo, el único personaje de *Nobleza gaucha* invariablemente cómico del principio al final es el inmigrante. Los intertítulos subrayan su incompetencia en el manejo del idioma, mientras los giros gauchescos que se apartan de la normativa de la lengua tienen el noble estatuto de la cita literaria. El «gringo» desentona en el campo y en la ciudad, frente a la tradición y frente a la modernidad. El inmigrante es por lo tanto el «otro», el extranjero, mientras el gaucho y el estanciero, el campesino y el burgués, participan del mismo universo criollo: el desenlace los reúne en el mismo encuadre, en el mismo marco, más allá de la vida y la muerte. El nacionalismo de *Nobleza gaucha* muestra la hilacha en el tratamiento del inmigrante, rechazado hacia el oprobio de la sátira. Lejos de revelar una conciencia antioligárquica, *Nobleza gaucha* recupera las tradiciones icónicas o literarias en provecho de una concepción excluyente de la nacionalidad y la modernidad, que margina a los nuevos sectores urbanos o rurales provenientes de la inmigración. Para tener un punto de comparación, basta recordar el género burlesco norteamericano, uno de los máximos exponentes del cine mudo, que elabora sus personajes y se dirige a un público igualmente formado por inmigrantes, pero no los margina respecto a sectores tradicionales, ni siquiera en relación a las venerables instituciones.

Aunque la polarización entre el puerto de Buenos Aires y las provincias tuviera una temprana dimensión social y política en los conflictos del siglo XIX, la Argentina no es el único país latinoamericano cuyas películas mudas reflejan la dualidad campo-ciudad. La comedia *Don Leandro el Inefable* (Lucas Manzano, Venezuela, 1918) lleva esa contraposición hasta el punto de oponer la comida criolla al menú francés[13]. Pero la oposición entre lo autóctono y el progreso urbano rebosa ambigüedad por la caracterización grotesca de los personajes, empezando por el hacendado que va a ver la estatua de la india desnuda en Caracas, hasta los capitalinos empeñados en engañarlo... *Almas de la costa* (Juan Antonio Borges, Uruguay, 1923) contrapone los pescadores, «gauchos del mar», a la alta sociedad de Montevideo. *Alma provinciana* (Félix J. Rodríguez, Colombia, 1925) también identifica a Bogotá con la disipación de la ju-

---

13. La película ha inspirado una exhaustiva y brillante investigación de Ambretta Marrosu, *Don Leandro el Inefable: análisis fílmico, crónica y contexto*, Caracas, Fundación Cinemateca Nacional/Ininco, 1997, 312 pp., il.

ventud dorada y al campo con una reserva de virtudes, aunque las peripecias del melodrama exijan culpas para que pueda haber redención y final feliz. *Bajo el cielo antioqueño* (Arturo Acevedo y Gonzalo Mejía, Colombia, 1925), filmada para lucimiento de la burguesía de Medellín, presenta en paralelo el cultivo del café y refinados jugadores de tenis, folclore rural y señas de modernidad. *El pequeño héroe del Arroyo de Oro* (Carlos Alonso, Uruguay, 1929), sugiere una norma de civismo, donde los escolares desfilan y los notables muestran su satisfacción, transgredida por una irrupción de violencia, melodramáticamente narrada en *flash-back* por un niño maltratado y masacrado con la familia.

Películas como *Tepeyac* (José Manuel Ramos, Carlos E. González y Fernando Sáyago, México, 1917), *Canção da primavera* (Cyprien Ségur e Igino Bonfioli, Brasil, 1923) y *Los milagros de la Divina Pastora* (Amábilis Cordero, Venezuela, 1928) sugieren la existencia de un género o subgénero, el filme religioso. La mexicana mezcla el pasado y el presente, los milagros y apariciones de la Virgen a Juan Diego y una visita a la basílica de Guadalupe. La brasileña, filmada en Belo Horizonte, tiene al cura párroco como eje de los líos amorosos cruzados entre dos familias rurales. La venezolana, filmada en Barquisimeto, está dedicada a las autoridades civiles y religiosas, presentes en pantalla, sin olvidar al pueblo. *Los milagros de la Divina Pastora* explicita su carácter de propaganda o promoción del culto, al culminar con el inventario de las iglesias locales y una procesión fechada el 14 de enero de 1928, después de haber evocado viejos portentos y visiones con recursos de un auto sacramental.

Pero la religión, la intervención de la providencia y lo sobrenatural son elementos dramatúrgicos que impregnan otras películas silentes y luego van a darle un sello especial al melodrama latinoamericano. Ejemplos de ello son *Fragmentos da vida* (José Medina, Brasil, 1929), realizada en São Paulo, a pesar de su moderna ambientación urbana y su final desesperanzado, o *La Virgen de la Caridad* (Ramón Peón, Cuba, 1930), ingenua exaltación del terruño. Así como la literatura, la religión es un ingrediente de los arrebatos nacionalistas: *Yo perdí mi corazón en Lima* (Alberto Santana, Perú, 1933, restaurada por la Filmoteca de la UNAM), filmada en pleno conflicto fronterizo con Colombia, mezcla romances juveniles, desfiles patrióticos y la paz del convento.

La estructura narrativa de *Tepeyac* muestra una indudable voluntad de modernizar la tradición, no en el sentido de renovarla, sino de adaptarla a la era de la modernidad encarnada por el cine. Las dos terceras partes del filme, su meollo central, están dedicadas a la evocación de las apariciones de la Virgen de Guadalupe en el siglo XVI. El otro tercio, repartido antes y después, está situado en el siglo XX y tiene un claro objetivo de cara al público: conferirle al culto de la Guadalupana un doble carácter, nacional y contemporáneo. *Tepeyac* carece de cualquier sofisticación en la puesta en escena o la narración: los sobreabundantes letreros a menudo reiteran lo que la imagen explicita, la cámara deja su inmovilidad solamente para alguna tímida panorámica, los encuadres están desprovistos de mayor variedad, apenas se puede hablar de montaje, la gesticulación es elemental. Frente a tanto primitivismo, narrar la historia de Juan Diego a partir de un *flash-back* es una opción no sólo consciente (evidentemente), sino además cargada de intención: naturalizar el mito religioso, enraizarlo en la misma contemporaneidad que circunda al espectador.

Tepeyac empieza con una cita del escritor Ignacio M. Altamirano, destinada a recordar que la Virgen de Guadalupe es un símbolo de México. Acto seguido, los actores proceden a saludar al respetable público, como si estuvieran en el escenario antes del principio de la función. El intérprete de Fray Bernardino de Sahagún se ve comparado a un cuadro que representa al insigne franciscano. Aun antes de empezada la película, *Tepeyac* se sitúa bajo la advocación y la tutela de tres artes mayores, la literatura, el teatro y la pintura. Como si fuera poco, la acción empieza en el Castillo de Chapultepec, sede del Supremo Gobierno (Emiliano Zapata y Pancho Villa todavía estaban vivitos y peleando, pero en el México de *Tepeyac* no hay revolución sino respeto a la tradición). Un emisario de la presidencia viaja a Europa. En la compungida despedida, la novia le brinda una medallita para la travesía y un beso. La noticia de un periódico nos informa enseguida del hundimiento del transatlántico por un submarino alemán (México estaba en paz, mientras el mundo estaba en guerra). La inefable Lupita le reza a la Virgen. Al no lograr conjurar el insomnio, emprende la lectura de un libro religioso que le dejó su madre: «el divino soplo de la tradición conmueve el alma de Lupita», dice el letrero, abriendo paso a la evocación de Juan Diego.

Sin embargo, entre tanta devoción *Tepeyac* inserta un auténtico inventario de señales de modernidad: automóviles, trenes, diario, submarino, buques. La inserción, así como la construcción en tres partes, enmarcando el pasado entre las secuencias del presente, pretende mostrar la compatibilidad entre la tradición popular y el progreso industrial, entre la fe religiosa y el positivismo vigente. Quizás sea excesivo decir que reconcilia al depuesto Porfirio Díaz y a la Revolución mexicana, pero peca por omisión (y ya se sabe, tanto la doctrina como el inconsciente admiten el pecado de intención). En los viejos melodramas, las noticias llegaban en providenciales cartas. En *Tepeyac*, la providencia se expresa por medio de telegramas, pero el *coup de théâtre* y el pathos siguen siendo los mismos.

La historia filmada de Juan Diego tiene la ingenuidad de una leyenda popular. De los interiores capitalinos de 1917, *Tepeyac* nos traslada a una cueva donde se rinde culto a Tonatzin, en 1531. Media docena de conquistadores y un fraile pasan cerca. Un rezagado se salva de ser sacrificado. El fraile se interpone con su cruz para evitar la venganza. Gracias a la conversión y a la prédica, surge el héroe del filme, pobre pero bueno (como manda el cine mexicano A. B., o sea antes de Buñuel). Juan Diego corre a la casa del obispo de México a contar la aparición. El escepticismo de los hombres de fe lo obliga a idas y vueltas, hasta que la Guadalupana logra la cura milagrosa de un tío enfermo y miserable, además de resistente al herbolario tradicional. La Virgen pintada en el ayate (manto) de Juan Diego se vuelve la Imagen Mexicana con mayúsculas, ahora proyectada en pantalla. Debidamente autenticado el milagro del siglo XVI, *Tepeyac* regresa al siglo XX, reincidiendo con la milagrosa llegada del novio sano y salvo. La madre de Lupita media por segunda vez entre cielo y tierra, entre pasado y presente, y les propone una visita al santuario de Guadalupe, con visita a la capilla y a la basílica. En la feria, objetos y bailes recuerdan sobrevivencias ancestrales. Algunos incrédulos fieles miran a la cámara. Mientras un letrero recuerda la enseña del movimiento por la independencia, los jóvenes se besan fuera de campo. Sigue una majestuosa panorámica final sobre el santuario, invocando así otra de las artes mayores de México, la arquitectura.

Durante mucho tiempo, la única cinta mexicana silente visible, conocida, comentada y homologada fue *El automóvil gris* (Enrique Rosas, Joaquín Coss y Juan Canals de Homes, México, 1919), curioso *serial* en torno al banditismo posrevolucionario, parcialmente filmado en escenarios naturales y con imágenes documentales de una ejecución capital a modo de mórbido desenlace. *El automóvil gris* tuvo un éxito prolongado hasta después del advenimiento del cine sonoro, pero carece de verdadera descendencia. En cambio, *Tepeyac* es una especie de escena primitiva

del cine mexicano: ahí están la Revolución mexicana puesta entre paréntesis, el matriarcado doméstico como contrapartida del paternalismo
institucional, los pobres recompensados por su resignación (Juan Diego
y Cantinflas, ¡un solo corazón!), los chiches de la modernidad sin contradicción con la perpetuación de la tradición, la evolución de costumbres sin cambio de mentalidades, el cosmopolitismo mimético al servicio
del nacionalismo oficial, las bellas artes cargadas de solemnidad pública
opuestas a una cultura popular reducida a adorno privado. Las nacientes
industrias culturales, el cine, el disco, la radio, las revistas ilustradas y la
prensa, no se limitan a la reproducción, intensificación y aceleración de
la circulación de imágenes, narraciones y melodías, sino que provocan
una metamorfosis, nuevas combinaciones e hibridaciones.

La provincia no se diferencia de la capital en el tratamiento de la dualidad campo-ciudad. *Aitaré da Praia* (Gentil Roiz, Brasil, 1925) y *A filha
do advogado* (Jota Soares, Brasil, 1926) integran el ciclo de Recife, uno de
los focos de producción regional característicos del período. La primera
sitúa su historia de amores contrariados por viejas rivalidades familiares
y prejuicios sociales en el litoral, entre los *jangadeiros* que veinte años
después llamarían la atención de Orson Welles (*It's All True*, RKO, 1942).
No obstante, la caracterización idealizada de los personajes coexiste con
versos de manual escolar y peripecias de melodrama. El desenlace ocurre
en un Recife moderno y opulento, con la increíble metamorfosis del pes-
cador Aitaré en ciudadano elegante. El exotismo de las palmas y playas,
la descripción de la faena con la primitiva *jangada*, contribuyen así a
realzar el progreso urbano de la capital de Pernambuco. *A filha do advogado* exalta desde el inicio a Recife como «cuna de héroes e indomables
guerreros», aunque luego despliegue el drama mundano de una «elite re-
cifense» capaz de conciliar la casa chica con los discursos moralizantes
sobre el trabajo y el honor.

Si el nacionalismo de *Nobleza gaucha* puede ser interpretado como excluyente, el nacionalismo de *Yo perdí mi corazón en Lima* se esfuerza en
ser interclasista, para responder al clima de movilización patriótica provocado por el conflicto fronterizo. La intriga romántica está protagoni-
zada por señoritas del barrio elegante de Miraflores, pero la proliferación
de uniformados así como las noticias de la guerra en los diarios llegan a
todos los estamentos de la sociedad. El interclasismo nacionalista encuentra su límite en la escala de valores dramatúrgicos implícita: en *Yo*

perdí mi corazón en Lima a la burguesía le corresponde la parte romántica y melodramática, mientras al pueblo le caben las secuencias cómicas
y deportivas. El lagrimón es femenino y burgués; la carcajada es masculina y plebeya. A su vez, el nacionalismo épico de *Alma do Brasil*, producto de la radicalización de los militares y de la Revolución de 1930,
tiene una infrecuente dimensión interracial. Desde luego, la solidaridad
humana entre blancos, negros y *caboclos* no va hasta a humanizar al enemigo paraguayo: *Alma do Brasil* permanece fiel a la historiografía oficial.
Aun así, la singularización de algunos personajes en la retirada masiva a
través del Mato Grosso destaca la composición multirracial de la tropa
brasileña con una insistente fraternidad.

En la mayoría de las películas, la diversidad racial brilla por su ausencia, aparece relegada a un escurridizo segundo plano o se infiltra en la
pantalla casi involuntariamente. En *Yo perdí mi corazón en Lima*, los cho-
los, indios y negros surgen en las imágenes documentales de los desfiles
militares (en algún momento calificados como «apocalípticos»). En *Aitaré da Praia*, el negro del trío musical es un blanco con la cara pintada y
termina a trompadas con otro músico. En *A filha do advogado*, el disipa-
do seductor y casi violador compra fácilmente la complicidad del jardi-
nero negro: en la comisaría y en el tribunal, este actúa como testigo de
cargo de la protagonista, hasta que el remordimiento termina por darle
vuelta, corroborando su debilidad de carácter. En *Aitaré da Praia*, cuando la acción se traslada a Recife, el protagonista se ve rodeado por niños
de la calle. En *A filha do advogado*, uno de ellos corre sin motivo en dirección al público, hasta que sin duda alguna voz detrás de la cámara le
da la orden de echarse a un lado. Si la ciudad moderna se singulariza por
la presencia de negros, automóviles y tranvías, el negro es un transeúnte
indeseado. Aunque la producción pernambucana sea casi contemporánea
del movimiento regionalista liderado por Gilberto Freyre, está lejos de
compartir el *aggiornamento* promovido por *Casa-Grande & Senzala* (1933).

La reformulación de los binomios tradición y modernidad, nacionalismo y cosmopolitismo, local y universal, favorecida por las industrias
culturales, no es exclusividad de grandes metrópolis como Buenos Aires
o Río de Janeiro, Ciudad de México o La Habana. A finales del período
mudo, se imita al cine norteamericano por igual en Recife o Barquisimeto, Orizaba o Cataguases. «Pobrecito México, tan cerca de Hollywood y
tan lejos de Dios», podríamos decir, parafraseando una máxima atribuída

a Porfirio Díaz. *El tren fantasma* (Gabriel García Moreno, México, 1927, restaurada por la Filmoteca de la UNAM), filmada en Orizaba, en el estado de Veracruz, comprueba con creces los efectos de tal proximidad, salvo que la influencia resulta altamente estimulante. En México, el tren no fue sólo un símbolo de modernidad, sino un auténtico emblema de la Revolución mexicana, con sus prolongadas luchas de facciones a lo largo y a lo ancho de la República. Ambas significaciones están implícitamente presentes en *El tren fantasma*, una película de ágiles aventuras donde los métodos del banditismo están inspirados en los métodos de los recientes conflictos políticos. La administración y la infraestructura ferroviaria es uno de los principales ambientes naturales de la acción, en coexistencia con ambientes tradicionales como el rancho y la plaza de toros. La caracterización de los personajes responde a idéntico eclecticismo: el enmascarado parecido a Fantômas coexiste con el charro y su sombrero típico, el traje de *smoking* con el overol, los naipes con el jarabe tapatío. Como en el viejo *serial*, la acción prima sobre las motivaciones psicológicas o las rivalidades amorosas, las persecuciones son espectaculares, las escaladas acrobáticas, el suspense redoblado, las peleas mejores que las escenas románticas. La solvencia narrativa lograda en Orizaba era incomparablemente superior a la que se podía llegar en Barquisimeto, aun inspirándose en los mismos modelos. *La cruz de un ángel* (Amábilis Cordero, Venezuela, 1929) mezcla ambientes pastoriles y *cowboys*, malhechores y monjas, vacas y automóviles, faenas rurales y amores contrariados, pero las deshilvanadas peripecias dan saltos de varios años. De pronto, entre las cursiladas de los letreros y las puestas en escena frontales, desprolijas y conformistas, irrumpen la bestialidad y las lacras del subdesarrollo, encarnadas en un empleado deforme y medio retardado o un mendigo miserable.

Una de las figuras más simpáticas de *El tren fantasma* es la de un chico que empieza fumando cigarrillos y termina mareado con un habano... El mismo actor infantil reaparece en *El puño de hierro* (Gabriel García Moreno, México, 1927), igualmente filmada en Orizaba. Detective aficionado, el muchachito lee las aventuras de Nick Carter, explicitando así una de las fuentes de inspiración de la breve producción veracruzana. Las ambiciones de los productores también quedan explícitas al recurrir a letreros bilingües, en español e inglés (lo mismo ocurre en *La Virgen de la Caridad*, cubana). No obstante, *El puño de hierro* tiene un discurso moralizante igualmente explícito, aunque no desprovisto de ambigüedad. Los malos de la película son traficantes de drogas. La descripción de un antro del vicio sorprende por cierta crudeza (inyecciones en plano de detalle), que alimenta el morbo y la curiosidad del espectador. La dudosa acción de profilaxis incluye imágenes de niños con problemas motores y débiles mentales, muy propia de cierta iconografía médica.

La eficacia narrativa y la frescura de *El tren fantasma* muestran el camino recorrido desde *El automóvil gris*. Asimismo, revelan la hibridación de tradiciones locales frente a la fuerte atracción del modelo hollywoodiense, hibridación de la que saldría la comedia ranchera. En comparación con *Tepeyac* y su larga descendencia, *El tren fantasma* representa no solamente un intento de modernización, como también una preservación de referencias nacionales en un medio esencialmente cosmopolita como es el cine. En cambio, *El león de Sierra Morena* (Miguel Contreras Torres, México, 1927), filmada en España y Francia, refleja una tentación mimética que va mucho más allá de las inevitables influencias e intercambios del cosmopolitismo fílmico. *El león de Sierra Morena* comprueba que la españolada es un subgénero internacional, al ambientar en Andalucía una historia de banditismo de honor, con fiesta flamenca, cante, baile y zapateado. Contreras Torres, antiguo oficial revolucionario, encarnación del nacionalismo oficial de por vida, opta por la tradición y pureza representada por Europa, mientras sectores modernizadores miran hacia Estados Unidos en su afán de crear un cine mexicano, con su cuota de hibridación: paradojas del mimetismo y la originalidad.

Los aciertos y limitaciones de la producción de Buenos Aires al final del período mudo pueden inferirse de dos comedias dirigidas por Edmo Cominetti, *La borrachera del tango* (Argentina, 1928) y *Destinos* (Argentina, 1929), precariamente conservadas en 16 mm, como buena parte del patrimonio fílmico argentino. La primera es un sainete moralizante, ambientado en una mansión y una familia burguesas, casi enteramente filmado en interiores (ambas opciones caracterizarían la «edad de oro» de los estudios porteños). La segunda es una farsa estudiantil, igualmente urbana y moralista. A pesar del título, *La borrachera del tango* carece de tendencias costumbristas. Los orígenes teatrales no obstan cierto parentesco con la comedia ligera al gusto de Hollywood, interpretaciones a veces sobrias o matizadas y algunos gags eficaces. Uno de los jóvenes bohemios es un amoroso patológico, un lunático a ratos parecido con un cómico del burlesco norteamericano, que a cada declaración frente a la «mujer ideal» evoca la casita de sus ensueños, con vaquita y chanchitos: el decorado pintado, típico telón de teatro, carga de ironía la evocación campestre. En realidad, *La borrachera del tango* contrapone el trabajo a la bohemia, los padres a los hijos, la familia a la vida ligera, el matrimonio a la libertad sexual. Un corto *flash-back* recuerda la travesía de los inmigrantes y el orgullo del *self-made man*. La referencia confiere legitimidad social a la moraleja del sainete, mientras el escenario satírico reduce la ensoñación rural a pura caricatura. Al principio, la película parece compartir la vivacidad de los jóvenes frente a la severidad e inmovilismo de los ancianos (la madre está confinada a la silla de ruedas). La diferencia femenina entre la huérfana criada en la mansión, aficionada al baile de moda, y la coqueta liviana, pronto se desdobla en la oposición entre el hijo dedicado a milongas y copetines frente al hermano mayor ingeniero, que regresa para inaugurar una usina hidroeléctrica. La muchacha de la casa queda embarazada del primero, pero se vuelve novia del segundo. A estas alturas, una secuencia de disipación coquetea con el voyeurismo y el sainete se vuelve melodrama. El desenlace va a acumular una aclaración del quiproquó, la regeneración y vuelta del hijo pródigo, la inauguración en gran pompa nacionalista de la obra construida y el milagro materno: cuando la energía eléctrica prende la lámpara, la madre se levanta de la silla y camina… Para justificar el perdón paterno, la escena final adopta un tono celebrativo: el «sol de los campos es milagroso, borra la humedad angustiosa que trae el hombre de las ciudades», con vacas, campesino y ovejas. ¡La comedia urbana culmina en idealización rural!

La pensión para estudiantes de *Destinos* se llama La Provinciana, pero las escasas escenas de exteriores celebran las calles y las luces de Buenos Aires y su Luna Park, con imágenes semidocumentales. El cine intenta emular las trepidantes emociones de los parques de diversiones. El drama se insinúa en medio de la farsa por motivos que se repiten de generación en generación y de película en película: un embarazo prematrimonial. La sombra del incesto, pura peripecia destinada a aclararse en el obligado *happy end*, sirve de pretexto a la sórdida exhibición de criaturas anormales o deformes, supuestas consecuencias de relaciones consaguíneas. La industria cultural moderniza y metaboliza el mismísimo temor del infierno.

Los exteriores otorgan un insólito realismo a *Juan Sin Ropa* (Georges Benoit y Héctor Quiroga, Argentina, 1920). Los fragmentos conservados muestran escenas de protesta obrera, huelga, manifestación, mitin, pedradas y represión, en paralelo a la patronal de un frigorífico porteño. La cantidad de figurantes confiere autenticidad a ciertas imágenes, a pesar de la excesiva pulcritud de los intérpretes de ambas clases en conflicto. No obstante, *Juan Sin Ropa* no parece escapar a la vieja dicotomía entre el campo y la ciudad, cargada de connotaciones morales. El protagonista masculino, presentado en su ambiente original, es un campesino que recibe una carta y acepta un empleo en la industria de la carne. La descripción de la faena en el matadero tiene un carácter semidocumental que contamina las siguientes secuencias de agitación y contribuye al verismo del conjunto, gracias al montaje paralelo. En franco contraste, otras escenas evocan los tópicos del drama mundano, con la rica heredera que rechaza a su desagradable pretendiente burgués y conoce al idealista proletario. La película pretende desmentir «la indolencia criolla»… Incompleta, *Juan Sin Ropa* plantea interrogantes sobre la naturaleza ideológica de la producción silente, predominantemente conformista, aunque la inmigración europea reflejara cierto pluralismo del movimiento obrero. El francés Georges Benoit, como su compatriota Paul Capellani, no eran inmigrantes, sino profesionales de paso, contratados por la conocida actriz Camila Quiroga y su esposo, deseosos de pasar del teatro al cine. Claro que entonces el presidente argentino Hipólito Yrigoyen representaba a una nueva clase media, identificada con la Unión Cívica Radical. En todo caso, la recuperación del pasado todavía puede reservar sorpresas. La Fundación Patrimonio Fílmico Colombiano rescató una copia de *Garras de oro* (P.P. Jambrina, Cali Films, Colombia, 1928), curiosa película de aventuras, con detectives, periodistas, amantes, escenas coloreadas a mano y demás ingredientes, que denuncia el desgarramiento de Panamá respecto a Colombia por obra del pueblo «yanquilandés» (*sic*).

La intuición creativa es lo que comparten dos personalidades del período silente y el sonoro. Autodidactas ambos, el argentino José Agustín Ferreyra y el brasileño Humberto Mauro representan polos opuestos: el *Negro* Ferreyra encarna la cultura popular de una gran ciudad forjada por la inmigración, Buenos Aires, mientras Mauro permanece fiel a su Minas Gerais provinciano, rural y familiar (*Thesouro perdido*, Brasil, 1927). Ferreyra incorpora a la pantalla la mitología del tango y le imprime un sello autóctono al melodrama porteño (*El organito de la tarde* y *Muchachita de Chiclana*, Argentina, 1926; *Perdón, viejita*, Argentina, 1927)[14]. Al superar sus limitaciones narrativas iniciales, Mauro interioriza su sensibilidad lírica y su mirada nostálgica, aunque trate de adaptarse al gusto urbano (*Braza dormida*, Brasil, 1928; *Sangue mineiro*, Brasil, 1929)[15]. A pesar de sus diferencias, el porteño y el *mineiro* comparten una pareja ambigüedad hacia la tradición y la modernidad, que no coinciden necesariamente con la dualidad campo-ciudad. La fascinación de Mauro por la maquinaria lo lleva a introducirla en paisajes alejados de la urbe, mientras el cuadro costumbrista de *Perdón, viejita*, lleno de chorros, malevos, mujeres livianas, cafishios y madres dominantes salidos de una milonga plañidera, concluye en una escena campestre idealizada por la religión: Ferreyra está adelantado a su tiempo y por eso abraza el cine, pero sin dejar de moralizar como Dios manda.

Las primeras filmaciones de Humberto Mauro transcurren en Cataguases. En relación a otros ciclos regionales, podríamos decir que Cataguases progresa con velocidad comparable a la de Orizaba y sin el lastre moralizante de Recife y Barquisimeto. Aunque no sea la primera película de Mauro sino la primera conservada (en precarias condiciones), *Thesouro perdido* todavía peca de cierto primitivismo. Al pié de la Sierra de Caparaó (Minas Gerais), el cineasta retrata tipos rurales y lazos de familia en ambientes naturales. Un flamante automóvil último modelo, un viejo Ford o una revista ilustrada comprueban la penetración de los adelantos urbanos en el campo. No obstante, *Thesouro perdido* refleja la permanencia de un estilo de vida tradicional, idealizado y tamizado por los recuerdos de la infancia. Abundan vacas, becerros, caballos, gallinas, perros, toda clase de animales domésticos. El filme abre con un grupo de niños en plena travesura: han puesto un cigarrillo en la boca de un sapo, que echa humo como el negrito que fuma y los acompaña. La elección de escenarios, exteriores o interiores (la cantina), la utilización de *flash-backs*, expresiones del rápido aprendizaje de Mauro, coexisten con una intriga ingenua, digna de un cuento infantil: tesoro dejado por un antepasado, mapas rasgados por la mitad, chica raptada, sujetos malencarados... El director se ha reservado uno de los

---

14. Jorge Miguel Couselo, *El negro Ferreyra, un cine por instinto*, Buenos Aires, Freeland, 1969, 152 pp. + 8 pp. il.

15. El primer período del cineasta *mineiro* ha sido magníficamente estudiado por Paulo Emilio Salles Gomes, *Humberto Mauro, Cataguases, Cinearte*, São Paulo, Perspectiva, 1974, 478 pp., il.

papeles de malhechor. El otro es un embustero buscado en la capital, como lo muestra una fugaz escapada con imágenes de buques y calles agitadas.

Aunque la oposición entre el campo y la ciudad nunca sea inocente, quizás la religiosidad sea un mejor discriminante para tratar de deslindar la posición frente a la tradición y la modernidad. Hacer cine en el primer tercio del siglo XX implica una adhesión a la nueva cultura urbana, aun cuando se filma en el interior del país, como es el caso de Mauro en Cataguases. El voluntarismo y el nacionalismo de tal actitud no se oponen necesariamente ni al mimetismo, ni al conformismo, ni al conservadurismo. Para constatarlo vale la pena comparar *Braza dormida* y *La Virgen de la Caridad* (único largometraje silente conservado por la Cinemateca de Cuba). El primer letrero de *Braza dormida* presenta a Río de Janeiro como «la gran metrópoli brasileña, maravillosa colmena humana en que el ruido del trabajo está enlazado con la bulla de los placeres». Una panorámica descubre a la capital, con sus primeros rascacielos. El protagonista aparece enseguida a través de un plano de detalle, en una actitud representativa de las nuevas costumbres, sentado mientras le lustran los zapatos. Las tomas callejeras en picado revelan el típico empedrado carioca con sus diseños curvilíneos. La secuencia del hipódromo introduce uno de los bulliciosos escenarios de los placeres contemporáneos, con un toque burlesco en el público. Arruinado por su propia disipación, el protagonista va a encontrar el camino de la regeneración por el trabajo y el amor. El ámbito laboral es un ingenio azucarero, auténtica imbricación entre la industria y la ruralidad. La plantación no aparece por ningún lado. En cambio, el protagonista empieza sus servicios arreglando el columpio de la hija del propietario y la maquinaria del ingenio. Diversas imágenes documentales muestran la molienda, pero ignoran las labores previas. Asimismo, el desenlace ocurre entre las instalaciones destinadas a la refinación del azúcar. Esquematizando, la modernidad representada en el interior del país por la maquinaria, el tocadiscos o el automóvil, no se contrapone a la naturaleza, escenario por excelencia del romanticismo. Cuando la pareja protagónica vive su romance, está al borde de un río apacible; cuando sus almas están atormentadas porque el padre de la muchacha pretende alejarla del galán, a sus espaldas corren las aguas de un rabión. No obstante, la joven canta y baila en un paisaje bucólico al son de un tocadiscos; durante la serenata, el mecanismo de un reloj de pared se funde literalmente con las cuerdas de una guitarra y un violín.

En *Braza dormida*, no hay contradicción aparente entre la máquina y la naturaleza, ni tampoco entre el campo y la ciudad, refugio contra el noviazgo reprobado. Aunque exista gente mala, vengativa e incluso sádica, como el gerente despedido, no hay tampoco pecado en la relación amorosa (si bien el final se encarga de deshacer la hipoteca clasista). No faltan besos para comprobarlo. A pesar de la cruz en el cuello de la chica, la serpiente en el árbol no llega a ser una metáfora bíblica, sino una irónica peripecia, como tantas otras del risueño Mauro: en la misma *Braza dormida*, un mirón se fija en las piernas de una figurante que se arregla las medias y se quema los dedos con el fósforo recién prendido. Al fin y al cabo, el director, con sus numerosos planos de detalle, asume plenamente su voyeurismo y lo comparte con el espectador.

Aunque la caña de azúcar tuviera una extensión mayor en Cuba que en Brasil, tampoco aparece ninguna plantación en *La Virgen de la Caridad*, donde el interior enfocado es una zona ganadera. El principio podría inducir a engaño, pues describe la redacción, la tipografía y las rotativas de un periódico moderno. El argumento se presenta como el desarrollo de una noticia del diario. Más allá del efecto de realidad buscado, la introducción es el probable resultado de un intercambio publicitario: la novelita de Enrique Agüero Hidalgo adaptada fue premiada por *El Mundo*. En todo caso, *La Virgen de la Caridad* no tiene ningún afán modernizador, sino todo lo contrario. De las páginas del diario pasamos directamente, sin transición, a una estampa de la patrona de Cuba. Un *flash-back* la identifica al combate de los mambises por la patria (así como la Virgen de Guadalupe en *Tepeyac*). En *La Virgen de la Caridad*, como en *Braza dormida*, un padre austero se opone al romance de la hija en nombre de prejuicios sociales y la gente baila al son de un tocadiscos. Pero en lugar del hipódromo, los placeres están representados por una riña de gallos y un torneo a caballo en la fiesta de la patrona del pueblo. Ni sombra de un automóvil: con la excepción del tren, los personajes viajan a caballo, en jardinera o en carro de bueyes. Los hombres usan el arado de bueyes, vigilan el rebaño de vacas u ovejas. Las mujeres se ocupan de la casa y pasean en grupo por el pueblo. El tren trae al malo de la película, que llega por lo tanto desde afuera de la comunidad rural.

En *La Virgen de la Caridad* tampoco hay sombra de referencia a una ciudad, aunque pueda suponerse que de allí provenga el siniestro personaje. En cambio, hay una unánime reverencia al uniforme y a las instituciones, empezando por la justicia. Curiosamente, la misma dramaturgia se encarga de diluir tanto civismo. El recién llegado farsante logra con increíble facilidad falsificar las escrituras de una finca, conseguir el desalojo y obtener la mano de la bella muchacha. La madre del doblemente vapuleado protagonista reza el rosario, disuade al hijo de huir con la chica, le aconseja la resignación y le pide que se arrodille frente a la estampa de la Virgen. Al intentar colgar un cuadro del otro lado de la pared, el dueño de la casa que les dió cobijo derriba la santa imagen. ¡Milagro! Al romperse el marco de la Virgen, aparece el título de propiedad de la finca. Un *flash-back* (el segundo) nos muestra al propietario a la hora de la muerte, aferrado a su medalla de la Virgen. El involuntario causante del milagro no puede refrenar una lágrima, buscando sin duda ser imitado por el respetable público. En breve montaje paralelo, el protagonista acude al galope al juzgado civil a desenmascarar al bribón antes de que la boda sea consumada. Curiosamente, en el camino se le cruza el tren que trajo la maldad. El patriarca entrega en el acto la mano de su hija al pretendiente honesto. Las sombras del crepúsculo esconden el beso final.

Las diferencias entre *La Virgen de la Caridad* y *Braza dormida* saltan a la vista, empezando por la madre, ausente en el filme brasileño, mientras en el cubano encarna la resignación y el conservadurismo, sin contraponerse al patriarcado. Otra divergencia es el trasfondo nacionalista de *La Virgen de la Caridad*, donde los dos *flash-backs* remiten a la lucha por la independencia, mientras *Braza dormida* ignora completamente el binomio nacionalismo-cosmopolitismo. Además, la película de Ramón Peón trasunta religiosidad por todos los poros, como si el nacionalismo tuviera que alimentarse de tradición. El destino rige las almas, concluye la protagonista, con una frase digna del viejo melodrama; el destino no, corrige su prometido, sino la Virgen de la Caridad. El tradicionalismo y el ruralismo conservador no admiten ningún atisbo de modernidad (el tren trae la maldad). La devoción no caracteriza únicamente a los personajes, no es apenas un dato sociológico, sino una opción dramatúrgica, o sea, el mecanismo de identificación por excelencia con los espectadores[16]. La religiosidad popular tiñe el melodrama latinoamericano con características indelebles.

---

16. La «aparición de la Virgen», similar en su causa inmediata, tiene un carácter completamente distinto en *La estrategia del caracol* (Sergio Cabrera, Colombia, 1993).

Sangue mineiro representa un paso decisivo de Mauro hacia una mayor complejidad en los sentimientos, los personajes y las miradas cruzadas. El letrero previo establece una equivalencia entre el «soplo de brasilidad», la «tierra *mineira*» y las «tradiciones coloniales». Las panorámicas iniciales descortinan vistas de Belo Horizonte, capital de Minas Gerais, «ciudad-encantamiento», «ciudad-reposo», «ciudad-vergel». El primer personaje es un industrial apegado al culto por las tradiciones, comprobado por el solar en que vive (refiriéndose sin duda a los azulejos portugueses entrevistos en diversos planos). La conciliación entre tradición y modernidad está planteada por lo tanto desde el principio, en una figura capaz de representar a la vez a la industria y a la herencia cultural. El automóvil presente en la secuencia es incluso el motivo del primer diálogo y al volante aparece la hija adoptiva, interpretada por Carmen Santos.

La participación de la actriz, una inmigrante portuguesa, muestra que Mauro empieza a establecer vínculos con las personalidades más dinámicas del incipiente medio cinematográfico carioca. En pantalla, el fundador de los estudios de la Cinédia, Adhemar Gonzaga, baila con Carmen Santos. No obstante, como lo indica su emblemático título, *Sangue mineiro* reivindica su carácter regional, al mismo tiempo en que envereda hacia las convenciones de la producción cosmopolita. En ese sentido, hay avances y retrocesos. La fotografía de Edgar Brazil tiene una luminosidad de la que carece a veces *Braza dormida* (por lo menos en las versiones restauradas por la Cinemateca Brasileira de São Paulo). Las interpretaciones adolecen a ratos de una menor espontaneidad y a ello contribuye la tendencia de Carmen Santos a volcar exageradamente los ojos hacia arriba en los numerosos primeros planos destinados a consolidar su ambición estelar. En contrapartida, la narración tiene mayor fluidez y logra transmitir los matices de corazones contradictorios. Mauro sigue enraizado en sus paisajes predilectos, a donde nos lleva enseguida el vehículo conducido por Carmen.

La mayor parte de la acción transcurre efectivamente en el campo, el bosque y el río de una chácara aledaña, cuyo nombre, Acaba-Mundo, no obsta para que sea comparada con un «*cottage*». Admirador del cine norteamericano, Mauro descarta la antinomia nacionalismo-cosmopolitismo, a pesar del letrero introductorio. Así como Belo Horizonte no está identificada sólo con la modernización, sino también con la preservación de las tradiciones, el campo no representa el polo opuesto, el del conservadurismo. La divergencia pasa entre las generaciones, entre jóvenes y padres. La única figura materna es la vieja propietaria de la finca, dispuesta a defender la celebración de la fiesta de San Juan y el respeto al pasado. Ella encarna la tradición en un tono plañidero y algo regañón. En cambio, el viejo que abusa de un lenguaje rebuscado y florido es un fanático de las novedades. Y el industrial que amonesta a la hija, le dá la espalda en el largo pasillo y la deja postrada por el piso, enseguida vuelve a tomarla en sus brazos, enternecido. Desde luego, las novedades provienen de la ciudad, donde el «medio mundano horizontino» no dispensa la presencia de la «chica moderna educada a la americana». Pero el amor suscita sus conflictos en un ámbito como en el otro y ese es el tema central de *Sangue mineiro*. El amor es esencialmente moderno, parece decir el romántico Mauro, empeñado en reflejar la evolución de las mentalidades. Y por supuesto, el amor es universal y cinematográfico por excelencia.

Las nuevas costumbres cruzan la frontera entre el espacio urbano y rural con facilidad, aunque eso implique en irónicos contrastes: cuando un joven capitalino de vacaciones en la finca opone el cabaret a la fogata de San Juan, lo vemos junto a su amigo, ambos enfundados en un *smoking*... en una carroza tirada por un caballo. El amor no es platónico, un beso es el primer paso de la lascivia, puede ser incluso el primer paso de una violación. En todo caso, la naturaleza del deseo no está sublimada. El amor provoca líos y enredos difíciles de desenmarañar, el amor desencadena celos que pueden llevar al suicidio, aunque el afecto sea capaz de perdonar. En cuanto llega al borde del melodrama, Mauro enseguida introduce una variante cómica que desarma cualquier pathos. Desde ese ángulo, un personaje infantil tiene un papel decisivo (como el Huacho Pelao de *El húsar de la muerte*). Frente al peligro de solemnidad o moralismo, el humor también es esencialmente moderno. El niño travieso de *Sangue mineiro*, reminicescencia de *Thesouro perdido*, es testigo de la «irreflexión de la juventud», como si fuera un Cupido. No obstante, a veces son dos o hasta tres las miradas que asisten a los embates y confesiones amorosas de otros personajes. Esa multiplicidad de puntos de vista es otro de los recursos modernos del director, que se divierte en figurar en pantalla. La explicitación de los puntos de vista y su reversibilidad convocan la complicidad del espectador. Cuando Carmen mira el paisaje montañoso de Minas Gerais a través de unos prismáticos, el viejo amigo de la familia que la está buscando la encuentra gracias a sus propios gemelos. El cine supone una nueva educación de la mirada.

Humberto Mauro y el *Negro* Ferreyra muestran su sensibilidad moderna al asimilar no solamente la gramática fílmica, sino lo más sutil, el sentido del matiz, la elipse y el detalle: en *Perdón, viejita*, mientras María Turgenova, la estrella de Ferreyra, canta frente a la orquesta, un canillita aprovecha la distracción del público del boliche para robar, frente a la mirada cómplice del espectador. *Lábios sem beijos* (Humberto Mauro, Cinédia, Brasil, 1930), primera producción profesional del cineasta *mineiro* después del ciclo de Cataguases, es a todas luces una exaltación de la modernidad urbana y de los consiguientes cambios en las costumbres y mentalidades. Tres o cuatro personajes femeninos ocupan el centro de la intriga mundana, mientras los hombres revolotean alrededor (la confusión de identidades diluye todavía más la personalidad de los galanes). Moderna es la expresión del deseo, criticada por el viejo padre, pero puesta en escena con la ingenua voluptuosidad permitida en la época. Los lánguidos cuerpos de mujer parecen estar deseando el paso al acto: un beso provoca una vibración horizontal que contrasta con la profusión de primeros planos. Mauro maneja la cámara y encuadra a su antojo las piernas, epicentro de su erotismo (el fetichismo de Luis Buñuel es de su tiempo). Si bien la sombra de una cruz sirve de clave retórica para la pasajera culpa masculina, la religiosidad característica del cine mudo ha sido reemplazada por el culto a los símbolos de la nueva urbanidad. Los planos de detalle se detienen sobre la máquina de escribir, el teléfono, la revista ilustrada, las distintas partes del automóvil, hasta las mismas mallas playeras, púdicas para nuestra mirada, pero atrevidas para muchos espectadores de entonces. Las primeras secuencias de *Lábios sem beijos* multiplican las imágenes del centro de Río de Janeiro, irónicamente bajo la lluvia: el taxi del encuentro fortuito de la pareja protagónica parece dar vueltas alrededor de la Cinelandia recién construida. Luego, los jardines de mansiones y parques (la Tijuca) reubican a los personajes en una preservada naturaleza. Aun así, sorprende el final feliz bucólicamente campestre, temperado por la ironía de un buey que no está dispuesto a compartir su tranquilidad con los capitalinos y su flamante vehículo. De la Cinelandia al campo, la parábola moderna de *Lábios sem beijos* parece no dispensar una vuelta a los orígenes.

Al final del siglo, la avanzada urbanización de América Latina no ha borrado la diferencia entre el campo y la ciudad, aunque la dicotomía cambia a veces de signo ideológico. La comunidad rural y la religiosidad popular vuelven a aparecer como reserva de virtudes espirituales o morales, contrapuestas al foco de egoísmo representado por las metrópolis, en filmes tan alejados del conservadurismo como *La nación clandestina* (Jorge Sanjinés, Bolivia, 1989) o *Central do Brasil* (Walter Salles, Brasil, 1998). Tradición y modernidad son nociones fluidas, cambiantes.

La madeja del mimetismo y la originalidad también es bastante enredada, puesto que unas influencias pueden oponerse o servir de contrapunto a otras y el nacionalismo se ampara a menudo en los esquemas y manuales de la historia oficial. De la misma manera que el mestizaje se refleja en el idioma, la heterogeneidad del lenguaje fílmico caracteriza a las obras que preceden o sobresalen respecto a las normas y convenciones dominantes. La parte contemporánea de *Tepeyac* está emparentada con el melodrama italiano entonces en boga, mientras el *flash-back* tiende al filme religioso y a cierto nacionalismo, y el desenlace de la peregrinación a la basílica de Guadalupe es semidocumental. *El automóvil gris* todavía exhibe la marca del documental de la Revolución mexicana, a la vez que se inspira del *serial* norteamericano en lo narrativo y contiene interpretaciones femeninas a la italiana. Esa heterogeneidad desemboca en obras claves de la transición entre el silente y el sonoro: *Ganga bruta* (Humberto Mauro, Brasil, 1933) y *La mujer del puerto* (Arcady Boytler, México, 1933). La libertad barroca de lo heterogéneo, asumida en la búsqueda de un lenguaje propio, caracterizará al nuevo cine de los años sesenta, como lo ejemplifica la mencionada *Lucía*, con su tríptico de distintos estilos.

Si el cine empieza en América Latina con Gabriel Veyre, el silente culmina, en lo creativo, con Mário Peixoto, que no esconde su deuda hacia el expresionismo alemán, la vanguardia francesa o el cine soviético[17]. No

---

17. Saulo Pereira de Mello, *Limite, filme de Mário Peixoto*, Río de Janeiro, Funarte, 1978, 212 pp., il.; Saulo Pereira de Mello, *Limite*, Río de Janeiro, Rocco, 1996, 116 pp., il.; Mário Peixoto, *Limite, "scenario" original*, Río de Janeiro, Sette Letras/Arquivo Mário Peixoto, 1996, 144 pp., il.; Tunico Amancio (coord.), *Estudos sobre* Limite *de Mário Peixoto*, CD-ROM, Niterói-Río de Janeiro, Universidade Federal Fluminense/Riofilme/Funarte, 1998. Un hermoso documental evoca el frustrado proyecto siguiente del cineasta, *Onde a terra acaba* (Sérgio Machado, Videofilmes, Brasil, 2001).

por ello *Limite* merece ser opuesto a Mauro, en aras de la autenticidad, como lo hizo Glauber Rocha en su afán de inventar una tradición digna de la modernidad[18]. No deben inducir a engaño ni el juego de las múltiples influencias ni el alarde de cosmopolitismo de los compositores seleccionados para el minucioso acompañamiento musical (Satie, Debussy, Borodin, Ravel, Stravinsky, César Franck, Prokofiev). El paisaje y el hombre brasileños no están menos presentes en la obra de Peixoto que en las películas del cineasta *mineiro*. Con todos los matices que puedan existir entre la sensibilidad intuitiva y la inteligencia poética, personalidades tan disímiles como Mauro y Peixoto resultan antecedentes igualmente significativos de lo que luego se llamaría una actitud autoral.

Limite le da una vuelta de tuerca a la problemática de la tradición y la modernidad. Mientras la casi totalidad de los cineastas de América Latina plasman su visión a través de los cánones de una gramática fílmica universal, Mário Peixoto opta por inventar un lenguaje adaptado a la descripción del paisaje interior de los personajes. Además, hay una diferencia de percepción: *Limite* refleja un pesimismo y una angustia más cercanos a nuestro tiempo que a la despreocupada *Belle Époque*. La acción está situada en el litoral brasileño, en escenarios naturales, pero sin mayor preocupación social o antropológica. La existencia de tres personajes a la deriva aparece como un enigma, que sucesivos *flash-backs* descifran a medias. Nada aclara su coincidencia en un bote perdido en el mar, como no sea la licencia poética de considerarlos náufragos de la vida. No tienen familia –a lo sumo pareja–, ni mantienen vínculos con los pescadores o habitantes del litoral. La naturaleza a veces los envuelve, en alguna ocasión los cobija, pero permanece indiferente a sus estados de ánimo y sus llamados. Están irremediablemente solos, desamparados frente a sus circunstancias, existencialistas *avant la lettre*. Tampoco cabe ninguna trascendencia: las ocasionales cruces del cementerio o del camino son formas frías y desnudas, como árbol reseco en un universo sin dios ni compasión.

---

18. Glauber Rocha, *Revisão crítica do cinema brasileiro*, Río de Janeiro, Civilização Brasileira, 1963, 152 pp.; traducción española: *Revisión crítica del cine brasilero*, La Habana, ICAIC, 1965, 128 pp.; *Revisión crítica del cine brasileño*, Madrid, Fundamentos, 1971, 176 pp. Los dos primeros capítulos están dedicados a ensalzar el aporte de Mauro y a denunciar el «mito» de *Limite*, invisible durante décadas y restaurado en la década de los setenta. Glauber Rocha no había podido ver la película de Peixoto. Tampoco incluyó este libro en la compilación de sus textos, minuciosamente planeada antes de su muerte.

Tal vez fuera posible hablar de inmanencia: la naturaleza no es entorno o metáfora (como en Mauro), sino cosmos, a la vez fuente de vida y materia prima del cine de Mário Peixoto. La naturaleza parece no tener horizontes ni límites. En cambio, todo lo humano choca con los contornos de sus propias construcciones. La rueda de una locomotora gira sobre sí misma, sin que aparezca siquiera el tren. El movimiento y las curvas se funden con las formas de otros objetos, que adquieren relieve propio en el encadenamiento narrativo. La cámara revela el «inconsciente visual»[19]. Las cosas se vuelven geometría, la arquitectura se vuelve abstracción. La «mujer número 1» (así están designados los personajes en los créditos) parece haberse escapado de una cárcel sólo para quedar atrapada detrás de otros barrotes, encadenada a la máquina de coser, maniatada a la rutina de hilos y cifras, al filo de la tijera. Las deambulaciones por calles de tierra o veredas, que la cámara acompaña pegada a los pies o desde lejos, en picado o plano inclinado, conducen a confines propicios a la desesperación: promontorio vertiginoso, cementerio, espigón.

En muchas películas del período los objetos industriales tienen un doble valor, de uso y de representación. En *Limite* no existen tales señas de modernidad, mucho menos en contraposición a un medio natural idealizado. La película transcurre literalmente en el litoral, es decir, entre mar y tierra, alternativamente. El espacio habitado, un pueblo de pescadores, está a medio camino entre lo rural y lo urbano. Los objetos cobran vida, como la naturaleza. La empatía o la agresión respecto de los personajes no dependen de fenómenos naturales ni de factores sociales, sino de una ecuación existencial que *Limite* sugiere sin psicologismo, ni necesidad de explicaciones (tres únicos letreros en un par de horas). La cámara parece contagiarse con el subjetivismo asumido de Mário Peixoto (que interpreta un papel secundario antipático, así como Carmen Santos, por una vez desprovista de todo *glamour*). A ratos, la cámara manejada por Edgar Brazil delira, huye, agrede, grita, se insinúa caprichosa entre las figuras, se mueve de manera tan imprevisible como los elementos. Autoreflexividad y distanciación juegan al escondite con la contemplación lírica y la ensoñación. La paradoja es que para hacer posible semejante libertad subjetiva, Edgar Brazil tuvo que desplegar un prodigioso ingenio cons-

---

19. Walter Benjamin, «L'œuvre d'art à l'ère de sa reproductibilité technique» (1935), *Œuvres III*, París, Gallimard/Folio, 2001, p. 103.

tructivista. La invención en la pantalla empieza detrás de la cámara. Cine artesanal, sin duda, pero cine moderno. *Limite* es cine del artificio para llegar a una naturalidad primigenia, cine de la manipulación y el montaje para crear un universo puramente visual, irreductible a todas las otras artes y expresiones. Sin adscribirse a ninguno de los géneros ni a las reglas de producción que empiezan a codificar el cine, *Limite* tiene como principio y fin la humanidad, banal y trágica, miserable y sublime, impotente y soñadora.

Limite descortina una profusión de imágenes sorprendentes, de una belleza convulsiva. El mar se agita en un frenético gran *finale* telúrico, ocho minutos de movimiento, ritmo y expresionismo no-figurativo, hasta que las aguas retomen su curso y descubran a una sobreviviente aferrada a los restos del naufragio, al son de las «*Gymnopédies*». Reaparece la mujer-emblema del inicio, rodeada de manos esposadas, el mar brilla con mil luces como un cielo lleno de estrellas, las aves de rapiña alzan el vuelo. *Limite* se cierra sobre sí mismo. Durante casi medio siglo, el filme de Mário Peixoto permaneció invisible, como si la máxima expresión de la modernidad cinematográfica en América Latina no fuera la prueba de su viabilidad, sino de su imposibilidad.

El diálogo singular de *Limite* con el cine de su tiempo está explícito en la escena que revela la profesión de un personaje: pianista en la sala del pueblo, donde se proyecta una comedia de Chaplin. En verdad, el cine mudo no fue tan silencioso, puesto que los latinoamericanos tuvieron el privilegio de ver las películas (locales o importadas) acompañadas por Heitor Villa-Lobos y Ernesto Lecuona, Bola de Nieve y Francisco Mignone, Pixinguinha y Julio De Caro, Osvaldo Pugliese y Ernesto Nazaré. Además de ser un factor de aculturación, ese acompañamiento musical prefigura la revancha del período sonoro, que empezará echando raíces en el tango, la canción ranchera y el carnaval.

3. Autorretrato

Filmar una salida de misa en México o en Lima en vez de una salida de fábrica en Lyon parece emblemáticamente nacional sólo para nuestra sensibilidad anacrónica, que nos induce a ver en la primera un síntoma de religiosidad atávica y en la segunda un símbolo de la sociedad industrial del siglo XIX. Sin embargo, una y otra escena compartían la misma ambición: mostrar el movimiento de una muchedumbre al alcance de la cámara. Y si los espectadores y las personas en la pantalla coincidieran, tanto mejor. Asimismo, la exaltación de la nacionalidad (o de la provincia) no está reñida con el mimetismo o el cosmopolitismo, unas y otras se integran en una misma aspiración a la modernidad, donde los arcaísmos y las tradiciones se vuelven rasgos de identidad. En las naciones latinoamericanas en formación, independientes hace apenas un siglo, criollos e inmigrantes contribuyen por igual a forjar una nueva cultura ciudadana, en la música como en el cine.

Medellín puede ser comparada a São Paulo respecto a su rivalidad con la capital del país. El dinamismo de las metrópolis industriales de Colombia y Brasil parecía predestinarlas para la producción cinematográfica según los moldes vigentes en Europa o Estados Unidos (aunque los sudamericanos parecieran olvidar que Los Angeles distaba mucho de ser el epicentro de la manufactura norteamericana). En ambos casos, coincidentemente, una acumulación de capital realizada en el meticuloso cultivo del café posibilitaba la transferencia de inversiones en beneficio de una incipiente industrialización. Así pues, una burguesía tradicional, enraizada en el campo, intentaba convertirse en adalid del desarrollo fabril. La metamorfosis de la tradición rural en modernidad urbana encontraba por lo tanto en el cine un campo de representación ideal, acorde con el paradigma moderno que se intentaba emular. El largometraje argumental *Bajo el cielo antioqueño* (Arturo Acevedo y Gonzalo Mejía, Colombia, 1925) es un retrato colectivo –casi un álbum de familia– de la buena sociedad de Medellín en los años veinte, en plena evolución de las mentalidades y costumbres. La reivindicación localista está presente a lo largo y a lo ancho de la película, puesto que el nombre de la ciudad aparece en la parte inferior de los letreros, como parte de la entidad productora, Compañía Filmadora de Medellín. Esa reivindicación no se hace en nombre de una parte sino del todo, o sea, equivale a una aspiración hegemónica en el marco general de la nación en ciernes (en ese sentido sí habría una diferencia con São Paulo, enredada entonces en veleidades separatistas).

En la versión restaurada por la Fundación Patrimonio Fílmico Colombiano, bajo la dirección de Jorge Nieto (1997, estrenada en 1999), a la imagen de la protagonista (Lina) le sucede un paisaje campestre con un hombre: Don Bernardo se dirige a un claustro a buscar a su hija, «la más suave flor de este jardín». Aparte del personaje femenino protagónico, la primera secuencia nos presenta dos espacios que configuran el contexto físico y cultural, el campo y la educación católica, las dos bases de la tradición de Antioquia (departamento cuya capital es Medellín). Sin embargo, en el colegio de señoritas la alegría juvenil contrasta con la austeridad de las monjas. Enseguida, otro desplazamiento espacial introduce el contraste entre el campo y la ciudad, donde se encuentra la mansión de los dos primeros personajes. Durante una reunión, un *flash-back* nos devuelve al colegio. El baño en un río reitera el ambiente campero. El traje de las muchachas contrasta nuevamente con la formalidad del hábito de las religiosas. La imagen contradice explícitamente el integrismo asociado a la Iglesia colombiana en general y a la antioqueña en particular. La película procura obviar la polarización entre liberales y conservadores, laicos y «godos», conciliando la descontracción de la nueva generación –espontáneamente «moderna»– con el respeto a la milenaria institución. El tono descriptivo sufre una primera inflexión dramática: una de las jóvenes casi se ahoga, Lina la salva y el rescate sella la amistad de ambas.

El final del *flash-back* nos conduce al sofisticado ambiente de un club elegante. A Lina se le aparecen un pretendiente por dinero (Carlos) y un joven juerguista y despilfarrador (Álvaro), que esbozan un conflicto entre personajes masculinos y femeninos. El Padre, Don Bernardo, se opone al romance con el segundo, más simpático. En un torneo de tenis femenino, la misma Lina se encarga de rechazar al cazadotes, con un prolongado «¡Nooo!». El tratamiento es leve, sin llegar a la comedia. Hay hasta ahora demasiado respeto por los personajes, como para que la comicidad de la situación sea subrayada por la composición. El Padre –interpretado por el mismo productor de la película, Gonzalo Mejía– ostenta un maquillaje excesivo y una persistente inexpresividad. La hija –en la vida real, la esposa del productor, Alicia Arango de Mejía– no dispone del físico y las facciones de una joven. La parsimonia de la puesta en escena, fruto de la inexperiencia delante y detrás de la cámara, está compensada por una relativa fluidez de la narración. Si se tiene en cuenta que el público local estaba predispuesto al reconocimiento de los familiares intérpretes, quizás podamos compartir la aceptación de las convenciones, que no exigen condescendencia en dosis superiores a las usualmente solicitadas al espectador.

Después de una escena romántica y púdica en el portón de la casa, Álvaro decide superar la resistencia paterna y pedir la mano de Lina. Conforme a la ideología del esfuerzo asociada a los paisas (naturales de Antioquia), Don Bernardo consiente con tal de que él trabaje. Acto seguido, el contrariado Álvaro atropella a un Negrito en la calle. El suceso atrae al gentío. Álvaro lo lleva a su casa y llama a un médico, que diagnostica contusión... y hambre. La siguiente escena muestra al niño comiendo en una forma ávida y grotesca: puesto en confianza, el gamín pide al criado «freskola y cigarro» (gaseosa y puro). Su picardía divierte a Álvaro, que decide tomarlo a su servicio. La irrupción del Negrito –olvidado en los créditos– es tan sorpresiva como su atropellamiento. Su necesidad narrativa es prácticamente nula en el desarrollo ulterior. Probablemente su función se redujera a una pizca de comicidad. La sátira evitada en los demás personajes de la buena sociedad blanca es aceptada en el caso del Negrito. Resulta curiosa su inserción en la descripción idealizada de la moderna urbe. El tratamiento grotesco de la comilona acentúa la disonancia en el cuadro general. Con el gamín, asoman de manera fugaz en la película la miseria, la hambruna, la infancia abandonada, la herencia de la esclavitud y su persistencia levemente transformada en el círculo familiar del trabajo doméstico.

La pareja de enamorados pasea en canoa. De regreso a la ciudad, Álvaro le hace llegar una carta a la novia por el Negrito, ya uniformado. Para tratar de precipitar los acontecimientos, Lina deja la misiva a propósito en el escritorio del Padre y aguarda su reacción acuclillada del otro lado, frente a la cámara (recursos del melodrama y del teatro). El impase hace que los dos jóvenes conspiren por teléfono y planeen una fuga.

Antes de eso, Lina va a despedirse a la tumba de su madre, que se le aparece en sobreimpresión (la inmensa cruz del cementerio y el teléfono vuelven a acercar los símbolos de la tradición y la modernidad). Lina escribe en su diario y a la medianoche junta sus joyas y deja la mansión. Afuera, el despechado Carlos observa la salida. La fuga se hace en un automóvil, hasta la estación del ferrocarril (sigue el inventario de los adelantos del progreso...). Encuentran en su camino una mujer desmelenándose y contorsionándose en su desgracia: la gestualidad exagerada remite a la influencia italiana, que aun no ha sido del todo neutralizada por la hegemonía hollywodiense. La Mendiga cuenta su rosario de amor desventurado, incluyendo fuga y herida. La puesta en escena sugiere que la voz del relato resuena desde lo alto, como un eco de la fugaz aparición del camposanto. El providencial ejemplo salva a Lina de cometer la misma locura. Para retribuir la moraleja y redimir a la pobre Mendiga, Lina le regala sus joyas, sin darse cuenta de que las observan unos malencarados y malintencionados pillos, el «Aeroplano» y el «Puntillas». Nótese que la heterogeneidad de la interpretación aparece sólo en los personajes de distinta clase social o desclasados (el Negrito, la Mendiga, los ladrones), mientras que la buena sociedad antioqueña figura de manera comedida, cualquiera que sea su actitud o personalidad.

Lina vuelve al coche sola. Mientras tanto, el Padre habla por teléfono con el delator Carlos. Justo a tiempo, la hija regresa a su lado con una explicación de corte religioso para su recapacitación. Sin salir del paso, la Mendiga reza agradecida, es asaltada y muere. La policía se quita el sombrero frente al cuerpo inerte de la desgraciada. Como indicio, descubren el pañuelo con las iniciales de Álvaro. Después de la redacción del informe policial, un detective va a detenerlo en el hotel. Un plano evocativo muestra que Álvaro no quiere comprometer a Lina en el incidente, para no desvendar la frustrada fuga.

La segunda parte de *Bajo el cielo antioqueño* está a todas luces menos completa que la primera. Aunque la duración de la versión restaurada (2 horas 10 minutos) coincide con los trece rollos originales, faltan varios letreros, hasta entonces bastante reiterativos. Los intertítulos ausentes oscurecen el desenlace y el transcurso del tiempo. Vemos por lo tanto a Lina en la terraza de una finca, como si el silencio de la campiña debiera curar los anteriores sobresaltos. Sorprende a un par de enamorados, idealizados labriegos que la invitan a visitar su ranchito, asistir al ordeño y tomar una totuma de leche: escena de felicidad campesina digna de la foto que se saca Lina. Mientras, su Padre lee noticias del juicio de Álvaro, quema el diario y da instrucciones para que el correo le sea entregado sólo a él personalmente. Don Bernardo y su hija toman el café: ella evoca las labores de la plantación, con una panorámica y la inserción de una secuencia documental sobre las sucesivas etapas de la producción cafetera separadas por fundidos que le confieren cierta majestuosidad, incluyendo el transporte a lomo de burro y luego en camiones. Lina saborea su café al final del elaborado *insert* descriptivo. Luego se dedica a ayudar en la boda campesina. Padre e hija observan desde el balcón de la casa de hacienda el bambuco interpretado, celebrando así la jerarquía y proximidad de las relaciones sociales en la finca: «Antioqueña que tienes los ojos negros…», dice la canción, reafirmando la identidad regional.

Rocío, la compañera de colegio salvada del río, visita a la amiga, subrayando la oposición implícita entre la ciudad y el campo. A caballo, las dos recorren la frondosa y próspera hacienda. De ese encuentro sale un viaje por el río Magdalena, en el curso del cual Lina se entera de las noticias del diario, hasta entonces ocultadas. Mientras regresan en tren, un cambio de escenario nos muestra la fuga de los dos delincuentes y su persecución por un detective en civil. La breve escena de acción culmina con el descubrimiento de las joyas escondidas y una pelea desigual, resuelta por la llegada de los guardias uniformados. Enseguida pasamos a la sala del tribunal, caracterizada por un crucifijo encuadrado en primer plano (y no el escudo de la república…). Al empezar la lectura de la sentencia, entra Lina dispuesta a prestar declaración. El Cristo sirve de punto de partida para el rápido *flash-back* que resume los hechos tal como ocurrieron y provoca una suspensión de la audiencia. En un nuevo *coup de théâtre*, llegan los dos ladrones presos dispuestos a confesar inmediatamente, con las joyas debidamente identificadas a guisa de confirmación. Álvaro es liberado en el acto. Carlos expresa su descontento y recibe una zancadilla del Negrito. En la cárcel, los presos repudian a los dos asesinos confesos que ingresan al establecimiento (una toma probablemente filmada en el escenario real, como casi toda la película). Si bien parecían triunfar el amor y la justicia, Don Bernardo ordena a Carlos que los acompañe, mientras Álvaro se retira con su pequeño criado.

La última parte es confusa, sin duda por la mencionada ausencia de letreros (e imágenes, quizás). Vemos a Lina y a su Padre que pasean entre los campesinos, todos felices. Álvaro tiene problemas en el banco, pelea con su detractor, emprende una transacción. Una secuencia del cafetal presenta paisajes admirables, con un salto de agua recorrido por una panorámica vertical. Otras imágenes muestran una fábrica, un desfile de autos (rumbo a la finca, tal vez) y una mina: el feliz hallazgo de Álvaro es festejado en el Club Campestre. Luego, una fiesta incluye un antológico baile de disfraces, brindis a Colombia, golf y tango. En un atuendo de pavo real que desafía el ridículo, Lina recibe en esa ocasión una declaración de un inglés, Mister Adams. Ella acepta y enseguida vemos la boda y la bendición, el viaje en coche y en lancha, supuestamente hacia la luna de miel. Álvaro está librado a la soledad, cuando aparecen los recién casados. Él los felicita, pero en definitiva permanecen juntos Álvaro y Lina. El final feliz se explicaría por los buenos oficios del inglés, que representó por poder al novio en la ceremonia. Resulta difícil evaluar la parte de desaliño y la cuota de sorpresa intencional del desenlace.

Independientemente de las peripecias del guión, la versión conocida de *Bajo el cielo antioqueño* presenta un buen muestreo de la autorrepresentación de la burguesía de Medellín. Hay muchos ambientes distintos, connotados en elegancia y modernidad (como el deporte). Las fuentes de su riqueza, café y fábricas, son motivos de orgullo. Si bien la cámara cambia de lugar y neutraliza así la puesta en escena frontal y teatral, se mueve poco, con la excepción de algunas panorámicas. Aunque la devoción religiosa esté incorporada a la dramaturgia, la narración propone un desfile de costumbres sociales contemporáneas, tenis y golf, bailes en *smoking* o con disfraces, selectos clubs y fiestas particulares, residencias urbanas y fincas rurales, idilios campestres y atribulados romances ciudadanos, bambucos y tangos, cafetales y trenes, cartas providenciales y asépticos teléfonos, despreciables rateros y eficientes detectives, presos regenerados y pobres librados a la mano de Dios, justicia criolla y rectitud británica, ágiles caballos y coches último modelo. Las señas de identidad locales y regionales están convenientemente articuladas con los símbolos universales de la modernidad.

El productor e intérprete del Padre, Gonzalo Mejía, importó el segundo automóvil que llegó a Colombia, fundó la compañía aérea Avianca y representó fábricas automotrices norteamericanas. El polivalente empresario descubrió el negocio del cine en Estados Unidos, aunque la Compañía Cinematográfica Antioqueña creada en 1914 estaba destinada a la distribución y exhibición: construyó el teatro Junín (1924), con 4.500 butacas (la ciudad tenía entonces 150 mil habitantes), principal cine de Medellín hasta su demolición (1967), junto a un hotel del mismo nombre, en un edificio denominado Gonzalo Mejía[1]. Para financiar *Bajo el cielo antioqueño*, la Compañía Filmadora de Medellín emitió dos mil acciones de cinco pesos: en la lista de los accionistas encontramos nombres y apellidos incluídos igualmente en los créditos. La movilización de la alta sociedad de Antioquia durante los seis meses que duró la filmación transforma la película en una especie de superproducción si se la compara a la forma en que habitualmente figuraban en pantalla los sectores pudientes: en lugar de unos minutos de un noticiero documental, más de dos horas de ficción, destinadas al mismísimo objetivo, o sea, documentar el lugar preeminente ocupado por los engalanados dueños del país.

La singular mezcla de tradición y modernidad, convención e innovación, ficción y autorretrato colectivo, confiere todo su valor y sabor a la película. Estrenada en Medellín simultáneamente en tres salas, tuvo exhibición comprobada en otras ciudades (Bogotá, Cali). A pesar del éxito obtenido, Gonzalo Mejía prefirió perseverar en la exhibición: en 1927, fue uno de los fundadores de Cine Colombia, que llegaría a ser (sin él, retirado después de 1929) el principal monopolio del país en el sector de la exhibición y distribución. Este ejemplo, entre tantos, muestra que a la producción cinematográfica no le faltaron industriales, sino que éstos prefirieron limitarse a la función de comerciantes en el ámbito de la recreación. Asimismo, el director Arturo Acevedo se especializaría en los noticieros, mero complemento de la producción importada de largometraje, bajo el sello Acevedo e Hijos (1924-1948).

La opción de la ficción colectiva es un hecho efímero y aislado. En la competencia por la representación en las pantallas de un país carente de integración nacional, Manizales opta por la vía más accesible del documental. *Manizales City* (Félix R. Restrepo, Colombia, 1925) pretende celebrar los 75 años de «la Chicago colombiana» desde el mismo título (por supuesto, el gangsterismo todavía no era un género fílmico, la analogía

---

1. Edda Pilar Duque, *La aventura del cine en Medellín*, Bogotá, Universidad Nacional de Colombia/El Ancora, 1992, pp. 162-175. El argumento recordado por el hijo del productor, Luis Mejía Arango (pp. 198-202), difiere mucho de la versión restaurada algunos años más tarde. La nieta de Gonzalo, María Emma Mejía, estudió cine en Londres, filmó un par de cortometrajes y fue gerente de Focine, antes de optar por la política.

se refería al modernismo urbano). Carnavales, discursos oficiales (sin sonido, desde luego) y desfiles del regimiento participan de la celebración.
El entusiasmo del camarógrafo con la Reina de los Carnavales, los carros
alegóricos y batallas florales, los cabezones enanos y los escolares uniformados, no impide que veamos a los niños descalzos en las calles de barro (como el Negrito atropellado en *Bajo el cielo antioqueño*). La súbita
muerte del gobernador obliga a una pausa para el funeral y nuevos discursos. Enseguida se reanudan los carnavales y la exaltación del «sexo bello manizalita». Un singular baile de apaches presenta a mujeres vestidas
con traje masculino o femenino. El paisaje local incluye sus panorámicas sobre la cordillera y el Nevado del Ruiz. El día de mercado presenta
con la misma mirada la producción de la región, los bueyes y las gentes
que encaran la cámara con curiosidad. Luego sigue el desfile de edificios
notables, para la enseñanza, el gobierno, la religión, el comercio y la ban-
ca, el ocio y la caridad. Una corrida de toros, completa hasta la esto-
cada, celebra a la Madre Patria. El mismo año, otro noticiero describe
los escombros provocados por el *Incendio de Manizales* (Colombia Film
Company, 1925). Independientemente de tales circunstancias, el documental presenta una imagen de los omnipresentes gamines y la insidiosa
pobreza urbana, mientras *Bajo el cielo antioqueño* circunscribe al Negrito, la Mendiga y los dos ladrones dentro de las convenciones cómicas,
melodramáticas o policíacas.

En *Alma provinciana* (Félix J. Rodríguez, Félixmark Film, Colombia,
1925), casi todos, actores o figurantes miran hacia la cámara en algún
momento. La restauración completa de este largometraje (110 minutos
a 20 imágenes por segundo), gracias a la Cinemateca Nacional de Venezuela y a la Filmoteca de la UNAM (2001), no demuestra superioridad
alguna de la capital respecto a Medellín. El autodidacta Rodríguez no
llegaría tampoco a profesionalizarse como Acevedo, aunque fuera en el
ámbito de los noticieros. No obstante, la mezcla de ficción y documental resulta mucho más perceptible y recuerda que semejante recurso no
es exclusivo de la modernidad de los sesenta, ni siquiera del neorrealismo. Cuando la narración hace una pausa para insertar imágenes de los
carnavales de Bogotá, no sorprende demasiado que la gente descubra la
cámara y cruce con ella su mirada. Las reinas de belleza están filmadas a
la manera de los fotógrafos primitivos, girando incluso la cabeza de un
lado a otro del cuadro, sin dejar de detenerse frente a los espectadores, así

como el mismísimo director, productor, guionista, fotógrafo, ambientador y montador Félix Joaquín Rodríguez en la introducción de *Alma
provinciana*. En cambio, es inusual que los actores vuelta y media parez-
can buscar una señal en dirección del objetivo antes de proseguir una
escena, como si hubieran ensayado poco o no tuvieran la posibilidad de
filmar una segunda toma ni desmenuzarla en un par de planos. La cámara se mueve poco y a destiempo, como si estuviera presa de parecida
indecisión. La interpretación adolece de las mismas insuficiencias que
Bajo el cielo antioqueño, las convenciones y debilidades del relato también.
Por supuesto, el valor documental de las vistas de Bogotá y su sabana son
inestimables: salvo por el centro, a veces no parece haber transición entre el espacio urbano y el rural. La vocación documental coexiste lado
a lado con la voluntad argumental, la primera se expresa en secuencias
enteras, autónomas, sin relación de necesidad absoluta con la segunda.
Resulta infrecuente ver a la protagonista en una fábrica, junto a una máquina, pero ni el desarrollo narrativo ni la moraleja dejan margen para
cualquier interpretación izquierdista, totalmente anacrónica. Aunque las
diferencias sociales condenen inicialmente las inclinaciones afectivas de
los personajes, el amor termina por triunfar y el final feliz celebra con
creces a la familia mediante revelaciones de última hora. Después de
todo, se trata de una comedia con buena dosis de melodrama, aunque
bien podría decirse lo inverso, con una salvedad: la razón melodramática representa la tradición, mientras la sinrazón cómica equivale a la modernidad, mayormente urbana, con algo de «mamagallismo» estudiantil
(«mamar gallo» es un colombianismo con doble sentido, uno erótico y
el segundo, procedente en este caso, equivalente a chacotear).

Por más discutible que sea comparar películas restauradas y completas, o casi, con pequeños fragmentos, un par de títulos de ficción contemporáneos pueden ser recordados. *Aura o las violetas* (Pedro Moreno
Garzón y Vicente Di Doménico, Colombia, 1924, 11 minutos conservados en Patrimonio Fílmico Colombiano) tiene la ventaja de inspirarse en
una obra de José María Vargas Vila, autor de enorme éxito en su tiempo. La joven que interpreta a la protagonista tiene el *physique du rôle* que
le faltaba a la esposa de Gonzalo Mejía. Sin embargo, la interpretación
adolece de una gesticulación que había dejado de ser la norma al final
del período mudo. *Madre* (Samuel Velásquez, Manizales Film Company,
Colombia, 1924, 20 minutos conservados en Bogotá) pretende situar un

argumento sentimental en un ambiente puramente campesino, aunque en este caso el tono bucólico y la idealización tengan un carácter más costumbrista. Algunas imágenes son casi documentales, si bien los cerdos que cruzan el escenario lo hacen probablemente de manera involuntaria... Aquí también se apuesta a la complicidad y condescendencia del espectador, aunque la parcela de público visada fuera menos exclusiva. En *Madre* predomina la comedia, aunque los enredos amorosos tengan su cuota de recursos melodramáticos. En *Aura o las violetas*, domina el melodrama, probablemente sin tregua. En ambos, la figura materna tiene un papel protagónico o por lo menos importante, lo que contrasta con su ausencia casi absoluta en *Bajo el cielo antioqueño*, sublimada por decirlo así en la madre muerta o en sus substitutas, las monjas. El guión de *Bajo el cielo antioqueño*, atribuido a Arturo Acevedo, autor de teatro antes de su conversión al cine, rodea a Lina de tres o cuatro hombres que se disputan el privilegio de protegerla: quizás la opción patriarcal haya que atribuirla por igual al espíritu antioqueño y bogotano, a paisas y cachacos.

4. Utopía

En América Latina, la exhibición en las salas ha perdido hoy su papel central en la economía cinematográfica y ha quedado reducida a un vestigio del pasado. El proteccionismo que aseguró una cuota de pantalla a la producción nacional parece tener los días contados. El consumo latinoamericano de películas pasa por otros canales y soportes, cambiando las formas de diálogo y socialización. La perspectiva histórica obliga a reconsiderar y a reintroducir en el análisis aspectos antes subestimados. La demografía muestra que no han pesado tanto las dimensiones reducidas del mercado de los países de América Latina aisladamente, sino el proceso de urbanización. La existencia de ciclos regionales en el primer tercio del siglo XX ha provocado la ilusión de que la producción podía seguir atomizada en las provincias, aunque esas experiencias, a veces de corte familiar o puramente municipal, no tuvieron ni continuidad ni a menudo trascendencia más allá de sus estrechos límites. De la misma forma que el nomadismo de la exhibición primitiva tuvo que ceder el paso a una centralización de la distribución, la producción exigía una mínima concentración de recursos humanos y materiales. Asimismo, la presencia o ausencia de una tradición teatral favoreció o perjudicó el desarrollo de la nueva atracción.

La escasa urbanización de principios del siglo XX se vió compensada, a efectos de la implantación del espectáculo cinematográfico, por la alta cuota de cosmopolitismo de las ciudades. La mitad de los habitantes de Montevideo en 1908 era extranjera (entre la población rural del Uruguay, la extranjería era de apenas 4%). En la Argentina de 1914, los extranjeros representaban casi el 30% de la población, un porcentaje sin parangón en el mundo. En Brasil, entre 1891 y 1910, años de la penetración del cine, el 30% del aumento de la población era producto de la inmigración. América Latina recibió 13 millones de europeos entre 1870 y 1930 (algo más de la mitad se estableció definitivamente). La oleada se concentró fundamentalmente en Brasil, Argentina, Uruguay y Cuba. Al principio, la mayoría venía de Italia, luego de España y Portugal, en menor escala de

Europa central y oriental, así como de Medio Oriente y Extremo Oriente. Una segunda oleada de inmigrantes europeos se produjo después de la Guerra de España y sobre todo de la Segunda Guerra Mundial. México recibió el mayor número de refugiados españoles, seguido por la Argentina, aunque fuera a regañadientes. Aparte de Argentina y Brasil, Venezuela atrajo una parte apreciable de los inmigrantes de posguerra.

Hacia 1900, Buenos Aires había dejado de ser una gran aldea. La Argentina era una próspera exportadora de productos agropecuarios y Buenos Aires la principal metrópoli latinoamericana, con más de medio millón de habitantes: el magnífico Teatro Colón, inaugurado en 1908, disponía de 3.750 butacas. Si bien la única capital capaz de rivalizar con Buenos Aires (664 mil habitantes en 1895) fuera Río de Janeiro (430 mil en 1890), el Teatro Municipal fue proyectado en 1909 para 1.739 espectadores (la reforma de 1937 amplió las localidades a 2.205)[1]: la diferencia de capacidad revelaba la jerarquía de las dos ciudades. Ciudad de México (345 mil habitantes en 1900) apenas superaba entonces la mitad de la población porteña. Seguían Santiago de Chile, Montevideo, La Habana, luego Lima y Bogotá, un total de solamente ocho ciudades con más de cien mil habitantes. Aunque la capital concentrara 29% de la población en Uruguay, 17 a 15% en Argentina y Cuba, la realidad era muy distinta en el resto del continente, predominantemente rural: los capitalinos eran el 3% de los brasileños y el 2,5% de los mexicanos. La demografía ayuda a entender a la vez el nomadismo de los primeros exhibidores y los polos o ciclos regionales de producción fuera de la capital.

No obstante, el siglo del cine coincide en América Latina con una explosión demográfica y una urbanización acelerada. Hacia 1930, Buenos Aires tiene más de dos millones de habitantes, Río y México superan el millón, São Paulo no anda demasiado lejos. El crecimiento ya no se explica sólo por la inmigración, sino por la variación de los índices de natalidad y mortalidad. El proceso de urbanización resulta de migraciones internas (estimulado en algunos casos por la violencia en el campo). Al cosmopolitismo de principios de siglo suceden el nacionalismo y el populismo, sin que la idealización del desarrollismo sea incompatible con una añoranza de la provincia, perceptible en tantas películas. El siglo XX

---

1. Evelyn Furquim Werneck Lima, *Arquitetura do Espetáculo: Teatros e cinemas na formação da Praça Tiradentes e da Cinelândia*, Río de Janeiro, Editora UFRJ, 2000, p. 219.

termina con grados de urbanización superiores al 80% en Argentina, Uruguay, Brasil, Chile y Venezuela, superiores al 70% en México, Cuba, Perú, Colombia y Puerto Rico. Pero los lazos colectivos surgidos en los vecindarios a escala humana de la primera fase del proceso, han sido a menudo reemplazados por una desintegración del tejido urbano, producto del caótico crecimiento. La urbanización descontrolada ya no estimula como antaño nuevas formas de sociabilidad, sino el repliegue doméstico y la segmentación territorial, favorables a la televisión. Unas treinta ciudades superan el millón de habitantes. México se ha vuelto la mayor urbe del planeta, São Paulo, Río de Janeiro y Buenos Aires completan las cuatro ciudades latinoamericanas situadas entre las ocho más pobladas del mundo. Nuevas megalópolis se están gestando alrededor de Caracas, en el eje Río-São Paulo, en el Río de la Plata e incluso a ambos lados de la frontera con Estados Unidos. El grado de urbanización de América Latina pronto será superior al de todas las demás regiones, Europa inclusive. Para el año 2025, las proyecciones prevén 777 millones de latinoamericanos; dos tercios hablarán el castellano, un tercio seguirá prefiriendo el portugués. Brasil continuará siendo el país más poblado, seguido por México y Colombia, que ya sobrepasa a la Argentina[2].

Así como el comercio cinematográfico acompañó en buena medida el ritmo de la urbanización, la inmigración tuvo un papel fundamental en la organización de la exhibición, la distribución y la producción. En contra de lo que podría suponer el frecuente fetichismo de la técnica, no faltaron voluntarios detrás de la cámara. Fotógrafos, empleados de tiendas de novedades fonográficas o fotográficas y laboratorios, se convirtieron en camarógrafos sin excesivo esfuerzo. Los empresarios de diversiones circenses, de atracciones de distinto tipo y espectáculos teatrales tampoco tuvieron demasiada dificultad en incorporarse a la exhibición, a la producción, o a las dos, y los más avezados a la distribución. En cambio, la progresiva superación de espectáculos basados en vistas documentales por narraciones argumentales de complejidad y amplitud crecientes chocaron con la relativa escasez de autores e intérpretes. Durante casi todo el siglo XIX y buena parte del XX, los principales teatros de América Latina presentaban

---

2. Nicolás Sánchez-Albornoz, *La población de América Latina: Desde los tiempos precolombinos hasta el año 2025*, Madrid, Alianza, 1994, pp. 133, 139, 141, 152-155, 191, 194-196 y 217.

grupos foráneos en gira. La estabilización del teatro vernáculo, incluso en su vertiente popular, tardó y quedó limitada a algunas ciudades. ¿Acaso no resulta sintomático que Buenos Aires, Río de Janeiro, México, La Habana, las principales cunas del teatro latinoamericano y del género chico criollo, sean también las sedes de los principales estudios de la primera mitad del siglo XX? ¿Acaso no hay una relación directa entre la creación del Teatro Brasileiro de Comédia y la compañía cinematográfica Vera Cruz (1949) por el mismo grupo de empresarios *paulistas* de origen italiano?

La consolidación de los principales géneros fílmicos, el melodrama y la comedia, ambos con fuertes ingredientes musicales, también está vinculada a la tradición teatral latinoamericana, independientemente de sus orígenes en Europa y Hollywood. El cine mudo, carente de continuidad, exploró otros géneros, como el filme policíaco, el de aventuras, el histórico, que siguieron existiendo, pero sin amenazar el predominio del melodrama y la comedia. Tampoco puede menospreciarse la estrecha relación, algunas veces la filiación directa, entre el teatro moderno y los movimientos de renovación cinematográfica a partir de los sesenta. Tanto el teatro nacionalista como las obras de Nelson Rodrigues alimentan el *Cinema Novo* brasileño[3]. Las novedosas dramaturgias del teatro independiente porteño estimulan el Nuevo Cine argentino. En Cuba, la búsqueda dramatúrgica del cine posrevolucionario encuentra sus antecedentes en Teatro Estudio (1958), así como los balbuceos prerrevolucionarios se habían inspirado en figuras del viejo Teatro Alhambra. En Venezuela, Román Chalbaud, precursor del auge productivo de los setenta, tiene un pie en el teatro y el otro en el cine, así como José Ignacio Cabrujas está entre la nueva dramaturgia teatral y la invención de una dramaturgia televisiva. En Colombia, el Teatro Experimental de Cali, dirigido por Enrique Buenaventura, crece en el mismo ambiente que el cineclub del crítico y escritor Andrés Caicedo (integrante del TEC) y los cineastas Luis Ospina y Carlos Mayolo[4]. En cambio, en México, las dificultades de renovación de la pantalla quizás tengan correlación con el escaso o tardío dinamismo en las tablas.

---

3. Ismail Xavier, «Nelson Rodrigues, del teatro a la pantalla», *Archivos de la Filmoteca* n° 36, Valencia, octubre de 2000, pp. 177-201.

4. Andrés Caicedo, *Ojo al cine*, Luis Ospina y Sandro Romero Rey (eds.), Bogotá, Norma, 1999, p. 159.

La idealización de las virtudes campestres alterna en el cine mudo con la exaltación de la urbe moderna. Aunque el espectáculo cinematográfico sea una manifestación por antonomasia de la modernidad, las películas parecen empeñadas en prolongar e ilustrar la incipiente tradición local. El crecimiento de las ciudades latinoamericanas a principios del siglo XX va a originar otra clase de idealización, contrapuesta a la anterior, una especie de utopía urbana. En Brasil, tal mentalidad se refleja en la futurista cinta *São Paulo, a symphonia da metrópole* (Rodolpho Rex Lustig y Adalberto Kemeny, 1929), así como en la inserción de la exhibición dentro del proyecto urbanístico de Río de Janeiro. El espectáculo cinematográfico va a ocupar un lugar fundamental en la nueva cultura ciudadana.

La transformación de la modesta corte imperial lusobrasileña en una moderna capital republicana fue obra del alcalde Francisco Pereira Passos, el «Haussmann tropical», que remodeló el centro de Río de Janeiro, derribó el *Morro* (cerro) del Castelo e innumerables construcciones para abrir la amplia Avenida Central (hoy Avenida Rio Branco), inaugurada en 1905. Entre la primera y la segunda, hay un desplazamiento de la influencia europea, desde las fundaciones portuguesas a la moda francesa de la *Belle Époque*. Cuando el empresario valenciano Francisco Serrador proyecta la Cinelandia, en los años veinte, la influencia predominante ha cambiado nuevamente de origen y signo: el Barrio Serrador será una plataforma de norteamericanización de las costumbres y mentalidades cariocas. Quedaría consumada así la ruptura de la capital respecto a sus raíces ibéricas, sucesivamente suplantadas por la influencia anglofrancesa y estadounidense.

Las particularidades de la ciudad colonial portuguesa inscribieron los cambios de hegemonía no sólo en la arquitectura sino en el mismo trazado urbano. Mientras la América española desarrolló sus implantaciones a partir de la plaza mayor y el diseño rectilíneo y geométrico de las calles –reconocible en la estilizada Buenos Aires de *Invasión* (Hugo Santiago, Argentina, 1969)–, las poblaciones lusitanas se adaptaron al paisaje, sin planificación predeterminada[5]. Eso explica la maleabilidad con la que Río pudo adoptar distintos centros al calor de la expansión mercantil, sobre todo después del traslado de la corte de Dom João VI, precipitado

---

5. Sérgio Buarque de Holanda, *Raízes do Brasil*, São Paulo, Companhia das Letras, 2001, pp. 95 y ss. (la edición original data de 1936).

por la invasión napoleónica de la península. Pereira Passos representa el primer atisbo de urbanización racional, que erradica el relieve indeseado y la presencia de clases sociales subalternas, ambos considerados focos de epidemia. La reforma urbana abre espacios que serán ocupados en particular por los recién llegados inmigrantes, como Serrador. Paradójicamente, gracias a la cultura de masas, este español contribuye a ampliar la esfera de infuencia de Estados Unidos, hasta entonces privilegio de una elite ilustrada (como los conspiradores independentistas de la *Inconfidência Mineira*, en el siglo XVIII). Sin embargo, el intercambio con Europa no desaparece, sino que se inserta en una relación triangular de mayor complejidad.

Francisco Serrador Carbonell (Valencia, 8 de diciembre de 1872-Río de Janeiro, 22 de marzo de 1941) se había mudado a Madrid en busca de fortuna cuando todavía era un muchacho, después de perder al padre. La familia estaba dedicada al comercio de pescado. El joven emigra a Brasil en 1887, solo y sin recursos. Después de un tiempo en el puerto de Santos, se instala en Curitiba (Paraná), donde va a prosperar. A partir de los comestibles y de un primer quiosco, diversifica su actividad: el Frontón Curitibano organiza torneos y presenta a pelotaris traídos del País Vasco. Luego los espectáculos importados son el circo y las corridas de toros, en una arena construida en la capital del estado de Paraná. El Club Cervantes mantiene el vínculo con la península y favorece una nueva diversificación: juego, fiestas, zarzuelas. Serrador y sus socios (uno de ellos, su paisano Manuel Laffite Busquets) alquilan diversos teatros y finalmente crean el Parque Coliseu o Coliseu Curitibano (1902), un parque de diversiones que pronto presenta proyecciones cinematográficas al aire libre (1904). Los dos valencianos importan películas europeas, distribuidas en Curitiba y en los estados aledaños. Pronto entran en competencia y conflicto con Marc Ferrez (instalado en Río) por la representación de Pathé Frères y Gaumont. Serrador vive en la capital paranaense diez años, allí llega a tener cuatro cines (aparte del Coliseu), se casa y nacen sus ocho hijos. En 1906, se traslada a São Paulo, muy distante aun de ser una metrópoli industrial. Inaugura el Bijou Théâtre, con programas de la Vitagraph, Triangle, Biograph y Nordisk. Siguen otros cines en São Paulo (Santana, Royal, Radium, Iris, Braz-Polyteama), Campinas y Santos (Coliseu Santista). Entre 1907 y 1911, el estado de São Paulo adquiere 150 establecimientos de entretenimiento[6]. Vicente de Paula Araújo divide la historia del espectáculo en São Paulo en antes y después de Serrador[7]. En sociedad con Alberto Botelho, Serrador empieza a producir noticieros (1910).

En 1910, Francisco Serrador abre su primera sala en la capital de la república, el Chantecler, y se asocia al italiano Paschoal Segreto, el principal empresario del sector de diversiones en Río de Janeiro. El exhibidor valenciano está presente en la *Belle Époque* carioca, caracterizada por un primer auge de la producción local y sobre todo por la expansión y consolidación del comercio peliculero, que deja atrás la fase de nomadismo y precariedad. Serrador produce entonces películas «cantantes» (1908-1910) y funda la Companhia Cinematográfica Brasileira (1911, Companhia Brasil Cinematográfica a partir de 1917), que terminará controlando cuatrocientas salas en todo el país, el primer *trust* digno de ese nombre en el sector del ocio, capaz de atraer las inversiones de capitalistas y particulares. Francisco Serrador asume un papel equivalente al de Max Glücksmann en Buenos Aires, exactamente en la misma época. Otros circuitos tratan de imitar el modelo de Serrador, pero no perduran.

La biografía oficial de Serrador lo presenta como un «visionario» que pretende construir rascacielos en Río desde la década de diez, aunque durante años sólo encuentre el desinterés y la incredulidad de los inversionistas. El Teatro Municipal no había desplazado el centro de la ciudad, hasta entonces situado alrededor de la estrecha *rua* do Ouvidor. Entre el Municipal y el mar, donde antes se elevaba el Convento da Ajuda, Serrador inaugura el Parque Centenario, que acoge la primera feria del Distrito Federal (1918). Para ello, la Companhia Cinematográfica Brasileira compró un terreno de 1.800 metros cuadrados, en el extremo de la Avenida Central, al borde del mar, un sector ocupado por edificios importantes como el mencionado Teatro Municipal, el Palacio Monroe (sede del Senado), la Biblioteca Nacional, la Escuela (luego Museo) Nacional de Bellas Artes y la Cámara Municipal entonces en construcción.

---

6. Según la «biografía autorizada» por la familia, póstuma, de Gastão Pereira da Silva, *Francisco Serrador, o creador da Cinelândia*, Río de Janeiro, s.f. [1942-1944?], Vieira de Mello/Empresa de propaganda Ariel, p. 67.

7. Vicente de Paula Araújo, *Salões, circos e cinemas de São Paulo*, São Paulo, Perspectiva, 1981, 360 p., il.

A esas monumentales edificaciones de la elite europeizada, Serrador va a añadir la infraestructura capaz de proveer la vida y animación de la cultura de masas. La Cinelandia va a desplazar el epicentro metropolitano, desde la *rua* do Ouvidor, hasta entonces la vidriera de todas las importaciones (marco de la primera proyección pública), hacia la amplia esplanada de la plaza Marechal Floriano, punto de irradiación de las modas importadas de Estados Unidos.

El proyecto del *Quarteirão* Serrador era algo más que un ambicioso emprendimiento inmobiliario y comercial. Representaba una nueva utopía ciudadana, en donde los rascacielos (de ocho pisos...) coexistían con un centro urbano capaz de integrar a la comunidad por medio de las diversiones y la convivencia. Un sueño urbanístico que la necesidad de rehabilitación de ciertos centros metropolitanos a finales del siglo XX quizás nos ayude a entender en su optimista modernidad. En 1921, el empresario hace un largo viaje de tres años, a Europa y Estados Unidos, para garantizar la importación de películas y visitar estudios (en Hollywood, Francia y Berlín). De paso, lleva la versión recién filmada de la ópera de Carlos Gomes, *O Guarani* (Alberto Botelho, Carioca Filmes, Brasil, 1920), que nadie se habría dignado siquiera a ver...[8]

El sueño se materializó en una serie de cines, varios del mismo Serrador (Capitólio, Glória e Império, inaugurados en 1925; el nuevo Odeon, 1926), junto al ya existente Palácio, a los que se sumaron el nuevo Pathé Palace (de los Ferrez, 1928), el Alhambra (de Serrador, 1932), Rex, Río, Plaza, Metro (de la MGM) en los años treinta, y el Vitória (1942). Pero el proyecto incluía también teatros, un hotel, tiendas, confiterías, bares y restaurantes, edificios de oficinas, etc. El modelo era la Broadway –nombre adoptado luego por el cine Capitólio, con 1.400 localidades–, que Serrador conoció personalmente durante su larga estancia estadounidense. Así como en Nueva York, los teatros de Río de Janeiro combinaban los espectáculos en la escena y en la pantalla. Se dice que en 1935 el empresario aún intentaba, sin éxito, convencer a los inversionistas de la necesidad de construir asimismo un «Hollywood brasileño». Con ese objetivo, compró un terreno en Corrêas, cerca de Petrópolis[9].

---

8. Gastão Pereira da Silva, *op. cit.*, pp. 120-121.
9. João Máximo, *Cinelândia: Breve história de um sonho*, Río de Janeiro, Salamandra, 1997, p. 92; Gastão Pereira da Silva, *op. cit.*, p. 152.

El impacto en las costumbres fue notable: ¡la llegada del *hot dog*, el perrito caliente, fue todo un acontecimiento![10] A pesar de la americanización ansiada y realizada, la Cinelandia mantuvo un indudable cosmopolitismo: la producción europea siguió contando con el apoyo de los Ferrez y el cine Pathé, Europa dominó durante mucho tiempo el escenario del Teatro Municipal y las tablas presentaron los espectáculos populares o cultos de los artistas nacionales. Junto a los ritmos de moda importados, los locales del barrio cumplieron su papel en la difusión de la música brasileña, multiplicada por la industria discográfica y la radiofonía. De la misma manera, en Buenos Aires, alrededor de los cines de las calles Corrientes y Lavalle se concentraron el espectáculo porteño, la música ciudadana y las películas importadas, en una permanente confrontación de lo nacional y lo foráneo. El cine sonoro y los desfiles de las escuelas de samba (a partir de 1932) consolidaron el prestigio de la Avenida Rio Branco y de la Cinelandia en la década de los treinta. Aun en vida del empresario valenciano (naturalizado brasileño a los 67 años), se construyeron el Teatro Serrador y un rascacielos de veinte pisos, el edificio Francisco Serrador, inaugurado después de su muerte. El Teatro Serrador abrió sus puertas en 1940, con una pieza del autor de éxito, Joracy Camargo, *Maria Cachucha*, interpretada por la máxima estrella de la época, Procópio Ferreira.

El proceso fue largo y complejo. El gigantesco proyecto original de Serrador fue implementado apenas parcialmente. Las ilustraciones de su biografía oficial muestran un gusto barroco y grandilocuente, *Art Nouveau*, digno de un Gaudí, pero esos diseños no salieron de los planos. Así como los primeros rascacielos tuvieron que limitarse a ocho pisos, la capacidad de las salas y su dedicación al cine estaban condicionadas por las limitaciones del mercado, a su vez dependiente de una estructura social que a duras penas se desvencijaba de la herencia esclavista: la tardía abolición (1888) no revirtió de golpe la dinámica excluyente de la sociedad brasileña. En 1924, según una revista especializada, había 30 mil espectadores cinematográficos semanales en Río de Janeiro[11]. Durante años hu-

10. Gastão Pereira da Silva, *op. cit.*, pp. 140-141.
11. *Para Todos*, Río de Janeiro, 13 de septiembre de 1924, citado por Alice Gonzaga, *Palácios e poeiras: 100 anos de cinemas no Rio de Janeiro*, Río de Janeiro, Funarte/Record, 1996, p. 121. El capítulo «Cinelândia» (pp. 113-152) contiene una investigación original sobre la carrera de Serrador y demás exhibidores, desembarazada de la complacencia hagiográfica.

bo una oscilación en los planes. Los «palacios del cine» construidos en Norteamérica después de la fase inicial del *nickelodeon* rebasaban la capacidad de la clase media carioca. En lugar de apostar a una masificación del público, Serrador y otros exhibidores de la Cinelandia parecían preocupados en atraer a la elite de los barrios residenciales. Resultado: aun con un número de localidades modesto comparado a los nuevos parámetros de Estados Unidos, las salas pronto optaban por el espectáculo teatral, que de prólogo de las películas acababa por conquistar la exclusividad. El aseo, el aire acondicionado, el confort e incluso el lujo de las nuevas instalaciones no lograban competir con las viejas salas del otro tramo de la Avenida Rio Branco. Tampoco tenían clara la estrategia las empresas hollywodienses representadas en Río de Janeiro. Antes de que optaran por la asociación con Serrador, el proyecto les parecía inadecuado, por mezclar el cine con otras formas de entretenimiento. El creador de la Cinelandia reconocía la importancia del comercio peliculero, pero lo insertaba en una visión del ocio y las diversiones integrados en un solo espacio, heredada de las grandes exposiciones y Luna Parks característicos del cambio de siglo. Asociada a Serrador, la Paramount va a imponer la fórmula exclusivamente cinematográfica, compuesta por el noticiero, el dibujo animado y el largometraje. Asociado a la Metro-Goldwyn-Mayer, el empresario español va a emprender la reforma del Palácio-Teatro, con capacidad para 3.200 espectadores. La situación sólo se va a decantar con el advenimiento de las películas sonoras, después de una lenta adaptación de los exhibidores a las normas técnicas[12].

Atribuirle a Serrador consideraciones puramente mercantiles sería desconocer las formas y ámbitos de sociabilidad característicos de las primeras urbes de la era moderna. La arquitectura del centro histórico de su Valencia natal conserva excelentes testimonios del cruce de intercambios comerciales y sociales, propicio al surgimiento de una nueva mentalidad, contrapuesta a los espacios tradicionales de la Iglesia. A pesar de los estragos del tiempo, la Cinelandia todavía muestra a un lado y otro de la esplanada dos modelos distintos, incluso contrapuestos, de la primera República. Bellas Artes, Biblioteca Nacional, Supremo Tribunal, enmarcados

---

12. En 1933, solamente 658 cines de los 1.683 que tenía Brasil estaban equipados para proyectar películas sonoras (*Cine Magazine*, Río de Janeiro, 5 de diciembre de 1933, citado por Alice Gonzaga, *Palácios e poeiras*, p. 152, n. 156).

por el Teatro Municipal y el Senado, conferían una dimensión monumental y simbólica a los poderes o atributos de la República oligárquica. Enfrente, los comercios, cines, teatros, cafés y restaurantes ideados por Serrador simbolizaban la República burguesa cuya latente contraposición a la primera estallaría con la llamada Revolución de 1930 y la subida al poder de Getúlio Vargas. Vale la pena recordar que burguesa quiere decir, literalmente, urbana, ciudadana. Frente al modelo autoritario, elitista y excluyente representado por los monumentos de la República oligárquica, la Cinelandia contraponía otro modelo, más democrático, capaz de formar una ciudadanía moderna, a través de las normas de convivencia favorecidas por la alternancia temporal de trabajo y ocio en un nuevo espacio integrado al paisaje urbano. Una utopía, sin duda.

La segunda ilustración de la biografía oficial de Serrador es el decreto por el que obtuvo la naturalización en 1940. El libro tiene como propósito promover la instalación de un busto del recién fallecido empresario en el mismo corazón de la Cinelandia. Independientemente de saber por qué motivos se naturalizó sólo en el umbral de la vida, después de la Guerra de España, el documento recuerda su condición de inmigrante, la ideología del *self-made man*. La expresión «milagro del trabajo cotidiano» vuelve reiteradamente en las primeras páginas (9, 17, 20, 21). La sociedad brasileña heredó de una abolición tan postergada el desprecio por el trabajo manual e incluso el trabajo de manera general. La inmigración tuvo un papel fundamental en el cambio de mentalidad, en la valorización del trabajador y del empresario. Al final de la obra, es evidente la voluntad de descartar la principal crítica que le podían hacer los nacionalistas: «No fue, sin embargo, Francisco Serrador, apenas un empresario de filmes cinematográficos, un intermediario entre nosotros de las industrias de Hollywood. No lo movieron apenas intereses inmediatistas de lucro fácil.»[13]. El libro se publica cuando Getúlio Vargas aun es presidente, es decir, en plena Segunda Guerra Mundial, cuando el *Estado Novo* negocia infraestructuras nacionales a cambio de una mayor presencia de Estados Unidos en todos los ámbitos, inclusive el militar. El populismo busca la modernización, aun a costa de conciliar nacionalismo y dependencia. El libro presenta al creador de la Cinelandia justamente como la encarnación por excelencia de la modernidad. Mientras

---

13. Gastão Pereira da Silva, *op. cit.*, p. 189.

en Medellín, el colombiano Gonzalo Mejía importaba automóviles, Serrador organizaba la primera carrera automobilística, practicaba la equitación, la natación, la esgrima, el tiro al blanco, uniendo así el deporte a la libre empresa como símbolos de los nuevos tiempos[14].

Francisco Serrador y Marc Ferrez en Brasil, Max Glücksmann en la Argentina o los Di Doménico en Colombia[15] –todos ellos oriundos de la inmigración europea– son personalidades claves del primer tercio del siglo XX, auténticos pioneros de la transición entre la exaltante actividad artesanal y la ardua continuidad empresarial. En la historiografía latinoamericana, el anacronismo y el romanticismo derivados de la «política de los autores» confieren mayor trascendencia a los bohemios con incursiones episódicas en la pantalla respecto a los empresarios que intentaban sentar las bases de una nueva actividad económica. Una extraña sobrevaloración de las nuevas técnicas lleva a veces a darle más importancia a un simple camarógrafo, Eugenio Py, que a un empresario, Max Glücksmann[16]. En la leyenda dorada del cine latinoamericano, el exhibidor es el «malo de la película». Solamente hoy, al constatar el hundimiento del parque de salas y sus consecuencias fatales para la recuperación o la viabilidad de una producción local, empezamos a percibir la permeabilidad entre los diversos aspectos del fenómeno cinematográfico. Resulta imposible oponer empresarios y artistas frente a un Marc Ferrez, el mayor fotógrafo en actividad en Brasil en el siglo XIX, retratista de la corte sin duda, pero también de muchas otras esferas de la sociedad y regiones del país[17]. Resulta temerario separar las iniciativas de Max Glücksmann en la distribución de películas para los países del cono sur, de su contribución a la primera industria cultural argentina con capacidad de exportación, la industria discográfica y musical, que difundió por el mundo el primer producto «manufacturado» –y mestizo– de América Latina, el

---

14. Gastão Pereira da Silva, *op. cit.*, pp. 12-13.
15. Jorge Nieto y David Rojas, *Tiempos del Olympia*, Bogotá, Fundación Patrimonio Fílmico Colombiano, 1992, 132 pp., il.
16. Max Glücksmann presidió la Congregación Israelita entre 1921 y 1942, según Julio Nudler, *Tango judío: Del ghetto a la milonga*, Buenos Aires, Sudamericana, 1998, pp. 290-295.
17. Hemos esbozado la filiación y un estudio comparado entre la fotografía primitiva y el cine mudo en *Cinema na América Latina: Longe de Deus e perto de Hollywood*, Porto Alegre, L&PM, 1985, pp. 30-35.

tango[18]. El cine fabricado en Buenos Aires después del advenimiento del sonido empezó en cierta medida como un derivado de la radiodifusión y la música porteña.

La apreciación de la mentalidad empresarial exige mayor reflexión, nuevos matices. La historiografía, contemporánea del auge de la «política de los autores», ha contribuido a ocultar la importancia de los productores. Es cierto que buena parte de los exhibidores prefirieron consolidar su comercio, en lugar de invertir en una problemática industria. Los productores de la primera mitad del siglo carecían a menudo de mayores vuelos y sumergían sus energías o recursos en la aventura de cada película, a veces en una sola (como Gonzalo Mejía con *Bajo el cielo antioqueño*). La política cinematográfica se situaba en el mejor de los casos en una perspectiva de sustitución de importaciones. Hasta cierto punto, ocurrió algo semejante con otras industrias culturales. Ciertas librerías latinoamericanas se transformaron en editoriales cuando la importación de las obras se vió trabada por los conflictos internacionales que perjudicaron la circulación transatlántica. Pero la supuesta incompetencia congénita o el dilentantismo empresarial entran en contradicción con la rápida difusión de la radiofonía, la creación de sólidas empresas de comunicación y la implantación de la industria fonográfica. Esta última contó casi desde el principio con capitales extranjeros, sin que ello fuera un obstáculo para que las ondas y el disco transformaran al tango, la samba, el son, las rancheras y el bolero en expresiones nacionales –lo que no eran en absoluto en un primer momento, sino formas de folclore estrictamente localizadas geográfica y socialmente–, con una amplia repercusión en el exterior, incluso más allá del continente. Al contrario del nacionalismo que impregnó a los promotores del cine, la industria musical mantuvo una gran permeabilidad empresarial y melódica con el extranjero. Mayor aun fue la influencia foránea en la implantación de la televisión, estrechamente vinculada a las multinacionales de la publicidad y al modelo comercial norteamericano (en contraposición

---

18. Argentina exporta hoy productos vinculados al tango por 180 millones de dólares, pero podría obtener 400 millones en apenas cinco años, según la consultora Booz Allen & Hamilton. Los 180 millones de dólares equivalen a las ventas anuales de vinos y bebidas alcohólicas; los 400 millones corresponden a la mitad de las exportaciones de carne argentina. El tango mueve 2.000 millones de dólares al año en el mundo (*Clarín*, Buenos Aires, 10 de diciembre de 2000, citado por la AFP de la misma fecha).

al modelo estatal europeo). La potencia empresarial desplegada en la pantalla chica contrasta con la fragilidad de los productores de la pantalla grande.

América Latina hereda de la colonia y sobre todo de la esclavitud modelos de desarrollo basados en la exclusión y no en la inclusión de las mayorías. Las altas tasas de analfabetismo fueron obstáculos para el consumo del cine, desde el período mudo con sus carteles. La industria musical, la radio y la televisión sobrepasaban las barreras que limitaban la construcción de una industria cinematográfica y estaban más «sintonizadas», si cabe la expresión, con el público receptor. La validez de tales consideraciones no resulta apenas de la naturaleza de unas y otras, al fin y al cabo industrias culturales todas ellas. El interés radica en el género que conquistó la fidelidad de oyentes y telespectadores: en ambos casos, fue la ficción, la radionovela y la telenovela, el principal soporte del consumo masivo de ambos medios. El mismo tipo de deseo o aspiración a un imaginario caracterizó, con menor fortuna, a los productores cinematográficos. No faltan elementos que establecen un puente entre radio, cine y televisión. El primer cine sonoro en América Latina fue a menudo un subproducto de estrellas, argumentos y programas radiofónicos. El cubano Félix B. Caignet trasladó él mismo a la pantalla algunas de sus exitosas radionovelas y para ello organizó una compañía de producción. En la Argentina, la productora Lumiton fue fundada por pioneros de la radiodifusión. En Brasil, Edgard Roquette Pinto, pionero de la radio estatal, creó el Instituto Nacional do Cinema Educativo, refugio de Humberto Mauro. A su vez, el mexicano Emilio Azcárraga presidió a la fundación de los estudios Churubusco, antes de dedicarse a Televisa.

Mientras las relaciones entre radio y cine parecían favorecer a los productores de la pantalla, la televisión surge como un proyecto empresarial alternativo a la industria fílmica, capaz de operar la fusión entre diversión, información y publicidad en un grado superlativo, incluso antes de que la pantalla chica entrara en competencia directa con la pantalla grande. En América Latina, durante los años cincuenta y sesenta, el número de televisores no es capaz todavía de vaciar a las salas de cine; en Brasil, el crecimiento de la exhibición prosigue hasta la década de los setenta. Pero desde mucho antes las inversiones se canalizan hacia el nuevo medio, dejando el cine en manos de los principales interesados en rodar las películas, o sea, los mismos cineastas, promovidos a la condición de realizadores-productores (¡y guionistas!) por la «política de los autores», perfectamente compatible con el statu quo hegemónico y la indiferencia de las elites locales. Las utopías de los sesenta tenían patas cortas.

5. Triángulo

La competencia entre Europa y Estados Unidos está presente desde la introducción del cine en América Latina, a finales del siglo XIX. Basta recordar las sucesivas presentaciones de los aparatos de Edison y Lumière, amén de otras marcas. La *Belle Époque* de la primera década del siglo XX tuvo un claro predominio europeo. La atracción había dejado de ser la invención misma y se había desplazado hacia las películas. A pesar de ello, la producción aun no se había consolidado como la fase decisiva del nuevo espectáculo y la exhibición no se había estabilizado ni encontrado sus fórmulas, ni siquiera su autonomía respecto a otras atracciones.

No es seguro que la época fuera tan bella como se dice, ni que el origen de las cintas le importara mucho al público. Quizás no pudiéramos hablar aun de un espectador, sino más bien de un curioso. Solamente con el alargamiento y la complejidad de la narración empieza a formarse un espectador en el sentido equivalente al que concurría al teatro. Pero aun el más perspicaz, ¿vería entre *Cabiria* (Giovanni Pastrone, Italia, 1914) e *Intolerancia* (*Intolerance*, David W. Griffith, Estados Unidos, 1916) la competencia entre dos industrias en ciernes? Es posible que distinguiera una diferencia de marcas, pero no le diera mayor trascendencia a la diversidad de orígenes. A fin de cuentas, para el latinoamericano una y otra eran productos importados en momentos en que la producción se volvía cada vez más ancha y ajena. Además, la mitad del público montevideano o porteño era inmigrante: ¿qué sentido podía tener la palabra extranjero en el contexto de su sociedad de adopción? Fue después de la Primera Guerra Mundial cuando la disputa comercial cobró fuerza, con la instalación de representaciones de las compañías norteamericanas en América Latina, que le fueron conquistando el terreno a las empresas europeas momentáneamente fuera de combate por el conflicto bélico. Hasta entonces, eran pioneros del negocio, como Max Glücksmann (Buenos Aires) o Marc Ferrez (Río de Janeiro), bien instalados en las metrópolis latinoamericanas y comprometidos con la nueva cultura ciudadana, los que representaban a las marcas de Europa.

En México, pasamos de 55,7% de películas estadounidenses sobre el total de estrenos en 1920, a más del 90% en 1927 y 1928: si la *Belle Époque* fue europeizante, los *Roaring Twenties* fueron años de americanización, entonces como hoy para muchos sinónimo de modernización. Sin embargo, la primera cifra significa que enseguida después de la Gran Guerra, el 40 y pico (40,6) por ciento de las cintas importadas provenían de Europa, aunque la contienda desbarató la producción y frenó las comunicaciones[1]. En la década de los treinta, el porcentaje norteamericano baja a veces por debajo de los 70%, pero en el marco de una disminución del número de estrenos –ciertos años la mitad del total anual de la década anterior–, síntoma de crisis y marasmo, general y prolongado. La producción mexicana todavía está lejos de alcanzar el 10% de los títulos exhibidos, lo que implica la persistencia de una disputa entre Estados Unidos y Europa en el mercado local[2]. El Perú confirma la permanencia de esa competencia entre el Viejo y el Nuevo Continente en un país sudamericano más alejado de Europa: 13,7% de películas europeas resisten contra los avasalladores 76,6% estadounidenses, en la década de los treinta[3].

En consecuencia de la Segunda Guerra Mundial, en México en la década de los cuarenta los estrenos nacionales (15,1%) superan por primera vez a los europeos (9,3%), mientras los norteamericanos se mantienen en 69,2%[4]. En los años cincuenta, Europa vuelve a adelantarse a México por una cabeza (21,3% y 20,5% de los estrenos respectivamente) y Estados Unidos retrocede al 54,3%[5]. Las cifras cubanas disponibles confirman la tendencia. En 1940, los estrenos estadounidenses en Cuba dominan en un 75%, los europeos equivalen a los mexicanos (8,3%)[6]. En cambio, en la

1. Porcentajes calculados a partir de los datos de María Luisa Amador y Jorge Ayala Blanco, *Cartelera Cinematográfica 1920-29*, México, CUEC, 1999, pp. 465-469.

2. Porcentajes calculados a partir de los datos de María Luisa Amador y Jorge Ayala Blanco, *Cartelera Cinematográfica 1930-39*, México, Filmoteca UNAM, 1980, pp. 272-277.

3. Porcentajes calculados a partir de los datos de Violeta Núñez Gorriti, *Cartelera Cinematográfica Peruana 1930-1939*, Universidad de Lima, 1998, pp. 373-375.

4. Porcentajes calculados a partir de los datos de María Luisa Amador y Jorge Ayala Blanco, *Cartelera Cinematográfica 1940-49*, México, UNAM, 1982, pp. 373-378.

5. Porcentajes calculados a partir de los datos de María Luisa Amador y Jorge Ayala Blanco, *Cartelera Cinematográfica 1950-59*, México, CUEC, 1985, pp. 355-365.

6. Porcentajes calculados a partir de los datos de María Eulalia Douglas, *La tienda negra: El cine en Cuba [1897-1990]*, La Habana, Cinemateca de Cuba, 1996, p. 318.

década de los cincuenta, el porcentaje norteamericano baja hasta el 49%, los europeos oscilan entre el 27 y el 32,4%, las películas mexicanas estrenadas en La Habana caen del 22 al 15%[7]. En Brasil, durante la Segunda Guerra Mundial, la proporción de estrenos estadounidenses remonta al 86,9%, mientras los europeos se reducen al 7,7% (1941-1945); la posguerra (1946-52) duplica las importaciones de Europa (15%), en detrimento de los Estados Unidos (72,3%). Ni durante ni después del conflicto los estrenos brasileños, argentinos y mexicanos, sumados, superan en Brasil a los europeos[8]. En 1954, la Argentina peronista aun tenía una producción elevada (12,2%), pero las importaciones europeas también se le adelantan (21,2%), después de los 63,5% de estrenos estadounidenses[9].

Los años sesenta trajeron mayor diversidad. En México, Europa dispone de 38,9% de los estrenos, Estados Unidos de 31,9% y la producción nacional de 20,1%[10]. En los setenta, Europa estrena el 46,2% de los títulos, Estados Unidos el 24,9% y México el 13,9%[11]. En cambio, en la primera mitad de la década de los noventa, los estrenos norteamericanos se elevan a 59,6% del total, la producción mexicana se mantiene en 19% y las cuatro principales cinematografías europeas suman un 12,7%[12].

En Brasil, 1978 es un año de fuerte producción (17%), que contrasta con un porcentaje norteamericano modesto (37%), compensado por una elevación del europeo (30%)[13]. La Argentina de los años 1974-1983 reproduce la tendencia (Estados Unidos: 38,6%; Europa: 37,5%), si bien la

---

7. Porcentajes calculados a partir de los sucesivos tomos de la *Guía Cinematográfica 1955*, La Habana, Centro Católico de Orientación Cinematográfica de la Acción Católica Cubana, 1956, 456 pp.; *Guía Cinematográfica 1956-57*, *id.*, *id.*, 1957, 424 pp.; *Guía Cinematográfica 1957-58*, *id.*, *id.*, 1958, 400 pp.; *Guía Cinematográfica 1958-59*, *id.*, *id.*, 1960, 332 pp.; *Guía Cinematográfica 1959-60*, *id.*, *id.*, 1961, 208 pp.

8. Porcentajes calculados a partir de datos citados por Randal Johnson, *The Film Industry in Brazil: Culture and the State*, University of Pittsburgh Press, 1987, p. 61.

9. Porcentajes calculados a partir de datos reproducidos por Jorge A. Schnitman, *Film Industries in Latin America: Dependency and Development*, *op.cit.*, p. 121.

10. Porcentajes calculados a partir de los datos de María Luisa Amador y Jorge Ayala Blanco, *Cartelera Cinematográfica 1960-69*, México, CUEC, 1986, pp. 425-441.

11. Porcentajes calculados a partir de los datos de María Luisa Amador y Jorge Ayala Blanco, *Cartelera Cinematográfica 1970-79*, México, CUEC, 1988, pp. 487-507.

12. Porcentajes calculados a partir de datos reproducidos por Octavio Getino, *Cine y televisión en América Latina: Producción y mercados*, Santiago de Chile, Lom/Universidad Arcis, 1998, p. 132.

13. Porcentajes calculados a partir de los datos de *Cinejornal* n° 1, Río de Janeiro, Embrafilme, julio de 1980, pp. 22-23.

menor presencia de los estrenos nacionales (9%) acentúa la competencia transatlántica[14].

Los datos de países con menor capacidad productiva no se apartan demasiado de la línea. En Perú (1980), 47,3% de las películas vienen de Estados Unidos, 33,2% de Europa, 10% de México. En Panamá (1984), 70,7% de los estrenos son norteamericanos como lo era entonces el Canal, 23% son europeos[15]. En Venezuela, al principio del auge productivo (1975-76), Estados Unidos (40,3%) y Europa (36,4%) se disputaban el terreno mano a mano, los estrenos nacionales representaban menos del uno por ciento (0,9%), si bien la suma de los latinoamericanos alcanzaba el 15,5%, gracias a México (11,5%). Diez años después (1985-86), cuando el proteccionismo había surtido su efecto, Venezuela se alzaba al 3,2% del total de estrenos, América Latina en su conjunto apenas llegaba al 11,6%, sin afectar en lo más mínimo la hegemonía, por el contrario, pues Estados Unidos domina con un 70,3%, en detrimento de Europa (14,4%), que aun así supera la producción regional[16].

Desde luego, el número de estrenos no indica automáticamente el grado de penetración de las películas en el mercado, ni refleja los resultados en taquilla. La situacion de la capital tampoco es la del resto del país. No obstante, a pesar de sus altibajos, la confrontación entre Estados Unidos y Europa en las pantallas de las principales plazas de América Latina es un dato permanente a lo largo del siglo XX. Solo cabe subrayar dos hechos fundamentales. Primero, ni el cine mexicano de la «época de oro» (1940-50) ni el cine brasileño de los «años Embrafilme» (1970-90), los dos mayores auges productivos del continente, llegaron jamás a amenazar la supremacía norteamericana. Segundo, cuando el porcentaje hegemónico disminuyó, la principal competencia frente a Hollywood fueron las películas importadas de Europa y no la producción local.

La confrontación tácita o abierta entre Estados Unidos y Europa tiende a ser caracterizada en forma maniquea, porque las dificultades de la

---

14 . Porcentajes calculados a partir de los datos de Octavio Getino, *Cine latinoamericano, economía y nuevas tecnologías audiovisuales*, Buenos Aires, Legasa, 1988, p. 117.

15. Porcentajes calculados a partir de los datos de Octavio Getino, *Cine latinoamericano, economía y nuevas tecnologías audiovisuales*, op.cit., pp. 112 y 103, respectivamente.

16. Porcentajes calculados a partir de los datos de Tulio Hernández, Alfredo Roffé, Ambretta Marrosu et al., *Panorama histórico del cine en Venezuela*, Caracas, Fundación Cinemateca Nacional, p. 255.

producción latinoamericana han sido atribuidas a la dominación del mercado por la industria extranjera. Aunque este esquema merecería discusión, a menudo se ha dado un salto mortal desde el comercio a la estética para condenar la influencia hollywoodiense como nefasta, mientras la aportación europea goza de mayor aceptación. Un análisis fílmico de los escasos vestigios del cine silente muestra lo contrario. La influencia del *Film d'Art* europeo ha provocado imitaciones teatrales y acartonadas, de un patriotismo típico de manuales escolares, mientras que el aprendizaje del autodidacta Humberto Mauro frente a las aventuras dirigidas por Henry King y King Vidor ha tenido secuelas mucho más auténticas y dinámicas. En España, asimismo, el joven Luis Buñuel animador del Cine Club de la generación de 1928 prefería el cine norteamericano al europeo, el americanizado Benito Perojo era probablemente superior al castizo Florián Rey, la República era cosmopolita, mientras la Monarquía y la Dictadura fueron nacionalistas...

Durante la primera mitad o por lo menos el primer tercio del siglo XX, la cultura norteamericana ha actuado en América Latina como un antídoto contra el academicismo heredado del siglo XIX europeo. Y no nos estamos refiriendo solamente al cine, sino también a la música, al teatro, a las letras. El jazz es quizás el supremo ejemplo desde ese punto de vista, con una repercusión en las orquestas y compositores de América Latina desde los *Roaring Twenties*, cuando el brasileño Pixinguinha lo mezcla a la tradición del *chorinho*. Pero la Europa de entreguerras aporta también su propio cuestionamiento de la tradición cultural compartida, con el desarrollo de las vanguardias a partir de varios focos más o menos convergentes –París, Berlín, Madrid, Turín, Viena, Lisboa... Contemporáneos de Mauro, Mário Peixoto y su *Limite* (1931) están sintonizados con esa efervescencia europea, sin dejar por ello de reflejar una aguda percepción del entorno brasileño. La circulación transatlántica o entre Norte y Sur no corresponde a esquemas binarios, ni a una dirección única.

Tal vez sea posible generalizar la existencia de una relación triangular entre América Latina, Europa y Estados Unidos, más allá del cine. Quizás sea una característica fundamental de la cultura latinoamericana, una singularidad respecto a África y Asia. El neoyorquino Henry James y el habanero Alejo Carpentier han explorado la relación entre el Viejo y el Nuevo Mundo, pero por distintos motivos las Américas no presentan en sus novelas el desdoblamiento Norte/Sur que hoy se impone. Los intercambios caracterizan al mundo desde la era moderna y la época de los descubrimientos. Sin embargo, en el caso de América Latina estamos frente a una circulación tripolar permanente, por lo menos desde el surgimiento de una cultura distinta a la de los antiguos colonizadores, es decir, desde las independencias. En la misma emancipación podemos detectar una relación triangular, un impacto de la Revolución francesa y la Independencia norteamericana, cuya expresión culminante es la fundación del Partido Revolucionario Cubano de José Martí (el «apóstol» de la independencia) en Cayo Hueso, alias Key West, Florida...

En el cine de América Latina, la fuerza de cada polo varía, sin nunca desaparecer del todo. La revolución del sonoro supuso una consolidación del modelo de Hollywood: la producción norteamericana en español fue la primera escuela colectiva, práctica, para muchos profesionales. No obstante, a su manera, la producción «hispana» reflejaba la persistente presencia europea en la Meca del cine. En cambio, la Guerra Civil española, la llegada de los refugiados republicanos y sobre todo la posguerra representaron una fase de estrechamiento de los vínculos latinoamericanos con Europa. Durante años, las escuelas de cine, las revistas especializadas, las nociones de cineclub y filmoteca, fueron invenciones europeas. El neorrealismo constituyó la principal alternativa al modelo hollywoodiense. Sin embargo, los estudiantes que concurrieron a París y Roma descubrieron una Europa americanizada por el Plan Marshall, el rock'n roll y la «política de los autores». Hoy los latinoamericanos se forman en América Latina, pero también en Estados Unidos. Habría que rastrear las influencias que operan en las escuelas profesionales o universitarias y sus orígenes.

Aparte de la irradiación proveniente de cada región, hay una circulación que atraviesa los tres polos. El melodrama y el feminismo son un buen ejemplo de ello. Durante el siglo XIX y el cine mudo, el melodrama llega a las tablas y a las pantallas de América Latina directamente de Europa. Sin embargo, el género fílmico se consolida sólo en los años treinta y cuarenta, cuando viene mediatizado por Hollywood. Asimismo, el resurgimiento del feminismo refleja las movilizaciones europeas anteriores o posteriores al 1968, pero encuentra su empuje decisivo a partir de la efervescencia norteamericana. Pixérécourt y Simone de Beauvoir prenden en América Latina no a través del teatro decimonónico o las tra-

ducciones de Victoria Ocampo (la editora de la revista porteña *Sur*), sino gracias a las repercusiones de su herencia en Estados Unidos. Melodrama y feminismo no cruzan directamente el Atlántico, sino que pasan
por el Pacífico. Demás está recordar que el polo latinoamericano tiene su
propio dinamismo interno y que Buenos Aires, México, Río de Janeiro
o La Habana proyectan sus influjos en un ámbito más o menos cercano,
según las circunstancias.

Así como King fue positivo para Mauro, el jazz para Pixinguinha o
Antonio Carlos Jobim y Faulkner para otro premio Nobel, Gabriel García Márquez, sería injusto rechazar a priori la influencia norteamericana
nuevamente en auge. El triángulo sigue presente aunque a ratos parezca
latente, visible apenas en filigrana, reducido a una sola vía y a una única
mano. La presencia de cada polo siempre varió según las coordenadas
de la geografía y la historia. Las grandes ciudades se prestaron a mayores confrontaciones cosmopolitas y el campo fue visto a menudo como
reserva del folclore, si bien el tango, la samba o el bolero, populares como el que más, son fenómenos típicamente urbanos. La geografía de la
pelota, con una zona donde el béisbol ha tenido la preferencia y otra
donde el futbol echó tempranas raíces, reproduce en el campo del deporte la mayor cercanía cultural con Estados Unidos o Europa. Desde
entonces, la asimilación ha relegado al olvido el origen foráneo y asistimos a una especie de campeonato permanente para saber cuál juego es
más autóctono…

La *chanchada*, la comedia carioca, tematizó a menudo las influencias
y subordinaciones culturales de Brasil, echando mano a veces de la parodia, con su cuota de ambivalencia. Son conocidos los casos de *Carnaval
Atlântida* (José Carlos Burle, 1952), *Matar ou correr* (Carlos Manga,
1954), *Nem Sansão nem Dalila* (Carlos Manga, 1954) y *O homem do sputnik* (Carlos Manga, 1959). *Carnaval Atlântida* y *Nem Sansão nem Dalila*
parodian las superproducciones de Cecil B. De Mille, *Matar ou correr*
hace lo mismo con el western, *O homem do sputnik* con el filme de es-
pionaje, satirizando por igual a rusos, americanos y franceses (la imitación de Brigitte Bardot por Norma Bengell es antológica). Los dardos de
Nem Sansão nem Dalila apuntan al mismo tiempo hacia el cine de Hollywood y hacia el populismo de Getúlio Vargas. *Carnaval Atlântida* contrapone cultura erudita y cultura popular, tradición helenística y antropofagia carnavalesca.

Menos comentado, *De vento em popa* (Carlos Manga, 1957), producido por la Atlântida como los cuatro títulos mencionados, tematiza explícitamente la influencia pendular de Europa y Estados Unidos en Brasil al insertar la oposición entre música erudita y música popular en una tensión triangular. Un transatlántico lleva a Río de Janeiro a un hijo de padre rico que estudió percusión y rock'n roll en lugar de física nuclear en Estados Unidos y a una pasajera clandestina que viene del Norte de Brasil (una migrante *nortista*, mucho antes de que *nordestinos* como Lula o Luiza Erundina se volvieran figuras proeminentes de São Paulo). Con el cómico Oscarito, principal estrella de la *chanchada*, ella forma un dúo de música *sertaneja* y de *rebolado*. Para conquistar su lugar en el cabaret, deben neutralizar a la cantante lírica denominada Frou-Frou, afrancesada. En Río, la sobrina de ésta deja a su maestro italiano de *bel canto* para interpretar una canción romántica, heredera de la *modinha* decimonónica, y un *samba-canção* del compositor Billy Blanco, antecedentes de la *bossa nova* (la sobrina es Doris Monteiro, nombre conocido en la canción popular). La resolución del conflicto triangular corre por cuenta de una inenarrable parodia de Oscarito, su performance como *Melvis Prestes*, mote que resume la polarización entre el nacionalismo y Estados Unidos, al mezclar los nombres del comunista Luiz Carlos Prestes y del rockero Elvis Presley. La letra del «*Calipso Rock'n roll*» interpretado se reduce a las denominaciones de sucesivos ritmos de moda. El cabaret, o mejor dicho, la *boate*, escenario prototípico de la *chanchada*, propicio a las metamorfosis, recicla todas las influencias. Oscarito logra incluso congraciarse con Frou-Frou y evitar el desmascaramiento. Moraleja: Brasil no fabricará bombas atómicas, pero es capaz de producir música moderna, nacional y universal, destinada a ser una sensación internacional, la *World Music*.

6. Industria

Cada estudio tiene una superficie de mil metros cuadrados, perfectamente equipados. Son seis, pared con pared, idénticos, sin hablar de las escenografías construidas al aire libre, según las necesidades de cada producción. Terreno no falta: la empresa dispone de un millón trescientos mil metros cuadrados, un auténtico latifundio. En realidad, la superficie utilizable es de trescientos veinte mil metros cuadrados, porque la topografía y la vegetación preservada ocupan el resto. En vísperas del nuevo siglo, un poco más de la mitad del área útil ya estaba construida y equivalía a una pequeña ciudad de dos mil setecientas casas para once mil habitantes. Sin embargo, no estamos hablando de un lugar de residencia, sino de un centro de producción de imágenes en movimiento. Ahí se cuenta con energia capaz de alimentar una ciudad de noventa mil habitantes, aunque trabajen unas tres mil personas. En las oficinas, una maqueta presenta otros seis estudios aun por construir, que duplicarían la capacidad de producción. El almacén de vestuario cuenta con cuarenta y ocho mil piezas (manufactura de la casa, por supuesto), el de utilería con diez mil, el de caracterización tres mil. Esa fábrica de sueños dispone de tres estacionamientos para mil cien vehículos y de un helipuerto capaz de recibir a un helicóptero de diez toneladas. Pero las cincuenta toneladas de residuos de escenarios armados en las propias instalaciones alimentan una noria de cincuenta camiones mensuales, sin hablar de otros ochenta camiones que se hacen cargo de ciento treinta toneladas de basura…

No nos referimos a Hollywood, sino a Jacarepaguá, no estamos al borde del Pacífico sino en el litoral Atlántico, no se trata del hemisferio Norte sino del Sur de nuestro planeta. Ese gigantesco centro de producción audiovisual responde al barbarismo de Projac y es propiedad de una de las *Majors* de la televisión mundial: la brasileña Globo, la única empresa latinoamericana, aparte de la mexicana Televisa, cuya dimensión es comparable con las tres *networks* norteamericanas ABC, CBS y NBC. En plena expansión en los últimos años, Globo ha inaugurado una planta gráfica ultramoderna en las afueras de Río de Janeiro y ha traslado su centro de periodismo a São Paulo, una decisión novedosa para una empresa estrechamente vinculada al paisaje carioca. El grupo empezó en la entonces capital de Brasil en 1925, con el diario *O Globo*, luego amplió su actividad a la radio y finalmente a la televisión, alcanzando así por primera vez una audiencia nacional. Hoy es una empresa multimedia, implantada en el mercado internacional, con una red de canales abiertos y cerrados y una sucursal dedicada a la producción cinematográfica, Globo Filmes (1997), bajo la responsabilidad de Daniel Filho, uno de los principales directores de telenovelas (y actor vinculado en su momento al *Cinema Novo*). La legislación brasileña que autoriza finalmente la participación de capital extranjero en las empresas de telecomunicaciones (2002) representa una nueva oportunidad para el conglomerado de Roberto Marinho.

En Brasil, global es sinónimo de TV Globo antes de serlo de mundialización, aunque probablemente ambas tengan mucho que ver. La globalización, ya se sabe, empezó en el siglo XVI, inicio de la era moderna, gracias a los navegadores portugueses y españoles. «Navegar é preciso, viver não é preciso», canta Caetano Veloso, retomando la consigna del Príncipe Dom Henrique, el Navegante. Paulinho da Viola parece contestarle, al cantar: «Não sou eu quem me navega, quem me navega é o mar...». Hoy, navegar es un término de la red Internet. En esta fase de la mundialización, la producción cultural enfrenta nuevos desafíos para preservar la expresión de identidades individuales y colectivas, de minorías y regiones periféricas. Ni el concepto ni la realidad de las industrias culturales son una novedad. Las formulaciones de la escuela de Francfort y la creación del *studio system* son contemporáneas de la expansión de la radio, la fotografía y la producción discográfica. Los géneros fílmicos y el *star system* estuvieron al servicio de la producción en serie. Fuera de Europa y Estados Unidos, al margen de la integración vertical que favoreció su consolidación industrial, el cine ha sido a menudo el símbolo de una postergada y ansiada modernidad. Brasil soñó con fabricar películas desde el principio del siglo XX, una época que la nostalgia insiste en caracterizar como bella. Resultaba difícil, entonces, despejar la madeja del mimetismo y la originalidad. Asimismo, la ficción seriada fabricada en los estudios de Jacarepaguá provoca controversia: TV Globo alimenta su programación con un índice de producción nacional envidiable, si la comparamos con otros países periféricos. Las telenovelas brasileñas han invertido en alguna medida el flujo unilateral de programas audiovisuales, monopolizado por contados centros productores, con una indiscutible hegemonía estadounidense.

A pesar del parecido entre las instalaciones del Projac y el viejo paradigma industrial hollywoodiense, la televisión ha construido sus modelos en base a una diversidad de fuentes, entre las cuales cabe mencionar la radio, el folletín y la publicidad, sin olvidar al teatro. No obstante, la disposición arquitectónica y la división del trabajo instaurada en los estudios de Jacarepaguá muestran que el proyecto de creación de un Hollywood tropical, perseguido durante décadas por los pioneros de la pantalla grande, ha sido finalmente implementado en provecho de la pantalla chica. Ese desenlace sugiere a su vez una mirada retroactiva, para valorar mejor el sistema industrial vigente en el medio cinematográfico de América Latina.

Lejos de contraponerlas, la industria vincula estrechamente cantidad y calidad. El objetivo de la producción en serie no es solamente alimentar el mercado, sino mantener un nivel cualitativo, aprimorar el producto. El sistema de los estudios era a la vez una exigencia de productividad y un prerrequisito de calidad. En la historiografía latinoamericana, la noción de industria se ha utilizado a diestro y siniestro sin siquiera tratar de definir los términos o confrontar el modelo con sus sucedáneos, a menudo meras veleidades. Las carencias de la investigación no han favorecido siquiera una reflexión sobre los datos existentes. En general, los historiadores del cine tenemos una formación literaria y poca disposición para los números. Aunque las estadísticas formen parte de las supersticiones modernas, es bueno a veces tratar de incorporar algunos elementos. La dimensión de la infraestructura, las economías de escala realizadas mediante una planificación de la producción, son una parte esencial del modelo. Aunque la cuestión no se resuma a ello, conviene comparar los seis estudios de mil m² de Globo y sus instalaciones de 165 mil m² (en un terreno útil de 320 mil m²) con informaciones equivalentes.

En la década de los treinta, Adhemar Gonzaga, el fundador de la Cinédia, compró 8 mil m² de terreno en el suburbio carioca de São Cristovão. En 1942, estaba al borde de la bancarrota, no podía siquiera pagar a treinta empleados contratados, cuando Orson Welles y la malograda filmación de *It's All True* (RKO) salvaron a su modesto estudio. Después de 1956, Gonzaga se trasladó al otro extremo de Río de Janeiro, a Jacarepaguá justamente: en sus 12 mil m², la Cinédia dispone finalmente de tres estudios de 600, 250 y 200 m²… hoy casi siempre alquilados por la televisión[1]. Mientras tanto, Adhemar Gonzaga había ido a São Paulo, entusiasmado por las expectativas despertadas por la compañía Vera Cruz. Los industriales *paulistas* compraron 30 mil m² y llegaron a construir tres estudios de 1.800 m² en São Bernardo do Campo, con la esperanza de producir cuatro largometrajes simultáneamente, meta alcanzada sólo el último año de existencia de la compañía (el área construida total era de 5 mil m²)[2]. El documental de propaganda *Obras novas*, realizado por la Vera Cruz en su fase terminal (1953), muestra dos galerías grandes y una menor, pegadas una a la otra, y anuncia triunfalmente la construcción de un «nuevo palco» de 8 mil m². En 1950, la Cinematográfica Maristela compró y adaptó una planta fabril en un suburbio de São Paulo, Jaçanã: el terreno medía 18 mil m², el estudio mayor 1.000 m², los otros tres sets acomodados en la misma construcción medían 500, 300 y 200 m².[3] La Atlântida, que dominó la producción de *chanchadas* (comedias) en Río de Janeiro durante veinte años, jamás tuvo estudios dignos de ese nombre.

Si en Brasil la confrontación con la Cinédia, la Atlântida, la Vera Cruz o la Maristela es reveladora, no deja de serlo en relación a las dos principales cinematografías latinoamericanas. Argentina Sono Film empezó a levantar sus propias instalaciones en San Isidro (periferia de Buenos Aires) a partir de 1937, en un terreno de apenas 4 mil m², ampliado luego por la compra sucesiva de 16 mil m² y 11 mil m². Cuando ocurrió el incendio de 1943, estaban construidos solamente dos estudios de los cuatro proyectados (Argentina Sono Film alquilaba galerías ajenas). Al terminar la reconstrucción, en 1950, la principal productora porteña disponía de cinco sets de 1.200 m², 30 mil m² construidos en un terreno de 50 mil m², con capacidad para cuatro filmaciones simultáneas[4].

1. Alice Gonzaga, *50 anos de Cinédia*, Río de Janeiro, Record, 1987, pp. 9-15.
2. Afrânio Mendes Catani, «A aventura industrial e o cinema paulista (1930-1955)», *História do Cinema Brasileiro*, Fernão Ramos (comp.), São Paulo, Art, 1987, pp. 205-206; Carlos Augusto Calil, *Memória Vera Cruz*, São Paulo, Museu da Imagem e do Som, 1987, p. 14.
3. Mário Audrá Jr., *Cinematográfica Maristela: Memórias de um produtor*, São Paulo, Silver Hawk, 1997, pp. 28-29.
4. Claudio España, con la colaboración de Miguel Ángel Rosado, *Medio siglo de cine: Argentina Sono Film*, Buenos Aires, Abril/Heraldo del cine, 1984, pp. 89-92 y 201-206.

Los primeros estudios mexicanos fueron modestos. El estudio Chapultepec comenzó con un solo foro (1922); cuando se transformó en Nacional Productora, llegó a tener tres (1933), lo mismo que la competencia, México Films. En esta fase, la infraestructura en Brasil, México o Argentina no difería demasiado, la mayor o menor producción y su difusión dependían de otros factores. La situación cambió a partir de la creación de CLASA (1934) y sobre todo de la construcción de los estudios Churubusco, con la ayuda de la empresa norteamericana RKO, interesada en establecer una base en México. Churubusco dispuso de 180 mil m² y contó con doce estudios modernos y bien equipados (1945). Estudios Tepeyac tuvo instalaciones equivalentes. Los estudios San Ángel Inn no llegaron a tanto, aunque nueve sets era mucho. En 1951, México tenía un total de 58 foros de filmación: el diagnóstico de un excedente de capacidad productiva era generalizado[5].

Sólo el cine mexicano parece haber realizado cabalmente el modelo de producción industrial, por lo menos en cuanto a infraestructura se refiere. Pero incluso en México el capital fijo raramente coincidía con el capital invertido, el productor de las películas alquilaba las instalaciones y el material necesario. O sea, los dueños de los estudios no eran los dueños de las películas, los productores eran a lo sumo accionistas de los primeros. En tales condiciones, carecían de la posibilidad de integrar la amortización de la infraestructura en una estrategia a largo plazo. En América Latina, la visión empresarial estaba minada por la insuficiente capitalización y la falta de integración vertical (producción, distribución, exhibición).

El primer historiador del cine brasileño, Alex Viany, consideraba a Adhemar Gonzaga y a su coetánea Carmen Santos como meros diletantes[6], aunque las mentalidades no se desprendieran automáticamente de la sociología: la Vera Cruz ofrece el mejor ejemplo de desconocimiento de las condiciones del mercado por parte de auténticos industriales (empresarios venidos de otros sectores, es cierto), que concentraron su inversión en la producción y cedieron la distribución a empresas extranjeras

5. Tomás Pérez Turrent, *La fábrica de sueños: Estudios Churubusco, 1945-1985*, México, Imcine,1985, pp 17-31; Tomás Pérez Turrent, «Les studios», *Le cinéma mexicain*, Paulo Antonio Paranaguá (dir.), París, Centro Georges Pompidou, 1992, pp. 161-173.

6. Alex Viany, *Introdução ao cinema brasileiro*, Río de Janeiro, INL, 1959, pp. 101-112 (reediciones: Alhambra/Embrafilme, 1987; Revan, 1993).

(Universal y Columbia). La Atlântida estuvo vinculada a un circuito de exhibición capaz de absorver la distribución de sus películas, a cambio de una persistente precariedad de la producción: uno de los locales improvisados en pleno centro de Río debía emplazar a alguien en el techo para interrumpir las filmaciones con sonido directo, al acercarse tranvías o aviones...[7]

En el caso mexicano, se intentó subsanar la fragilidad estructural con la creciente estatalización de la cinematografía y los nuevos inconvenientes que ello suponía (cambios de política a corto plazo con cada sexenio presidencial, sometimiento a la censura previa de guiones y a la aprobación del Banco Nacional Cinematográfico, etc.). La audacia de las instituciones mexicanas en la conquista de mercados —ninguna otra cinematografía latinoamericana compitió con las *Majors* de Hollywood como Pelmex—, no fue suficiente para compensar la inestabilidad del modelo industrial adoptado, sólo parcialmente inspirado por el vecino del Norte.

En las cinematografías vegetativas e intermitentes, el modelo dominante también fue el industrial, por más que la realidad se debatiera entre veleidades y artesanato, entre «pitas y alambre» como dice una investigadora peruana[8]. Así ocurrió con los modestos brotes en Perú (Amauta Films, 1937-1940, 14 largometrajes), Chile (Chile Films, 1944-1949, 10 largos durante la fase de administración estatal), Venezuela (Bolívar Films, 1949-1953, 8 largos)[9]. En La Habana, los estudios Cubanacán del ICAIC (Instituto Cubano del Arte e Industria Cinematográficos), los antiguos estudios del Biltmore, funcionan desde 1952.

Calificamos de modestas las citadas experiencias industrializantes en función de los resultados, porque no faltaron a veces los recursos públi-

7. José Sanz, «Ritratto sincero dell'Atlantida», *Il cinema brasiliano*, Gianni Amico (comp.), Génova, Silva, 1961, pp. 51-55.

8. Violeta Núñez Gorritti, *Pitas y alambre: La Época de Oro del cine peruano, 1936-1950*, Lima, Colmillo Blanco, 1990, 278 pp., il.

9. Véanse los artículos de Ricardo Bedoya, «Perú: Amauta Films, la industria que no fue», y María Gabriela Colmenares, «Venezuela: Industria e imitación, los géneros cinematográficos en los largometrajes de ficción de Bolívar Films», en *Mitologías Latinoamericanas*, Alberto Elena y Paulo Antonio Paranaguá (eds.), *Archivos de la Filmoteca* n° 31, Filmoteca Generalitat Valenciana, Valencia, febrero de 1999, 252 pp., il. Ricardo Bedoya es el autor de dos libros indispensables: *100 años de cine en Perú: Una historia crítica*, Universidad de Lima, 1995, 462 pp., il.; *Un cine reencontrado: Diccionario ilustrado de las películas peruanas*, Universidad de Lima, 1997, 346 pp., il.

cos o privados. Para tener elementos de comparación, conviene recordar las cifras de otras compañías productoras. La Cinédia produjo o coprodujo 50 largometrajes en cuatro décadas (1930-1970) hasta la muerte de Adhemar Gonzaga, período durante el cual los estudios fueron alquilados por diversas empresas para otros nueve filmes. La Atlântida produjo 62 largos en veinte años de actividad (1943-1962)[10]. La Vera Cruz produjo 18 largos en cinco años (1950-1954), lo que representa una productividad anual superior a sus antecesoras y competidoras de Río de Janeiro. La *paulista* Maristela produjo o coprodujo 14 largometrajes en nueve años de existencia (1950-1958), aparte de colaborar con sus instalaciones en unos pocos proyectos. Aunque estuviera arrimada a un grupo industrial, la Maristela apenas rebasó los 13 filmes del ciclo de Pernambuco (1922-1931), una aventura artesanal y provinciana, típica del cine mudo. Por el contrario, Herbert Richers, productor de Río al que podríamos calificar de disidente o continuador de la Atlântida, produjo 74 películas en unos quince años (1957-1971), superando a la Vera Cruz en ritmo anual. A pesar de muchos éxitos de taquilla obtenidos a bajo costo, Herbert Richers prefirió dedicarse a un negocio más lucrativo y garantizado, por su carácter subordinado a la producción importada: el doblaje para televisión.[11]

En realidad, Brasil sólo conoció un auge productivo comparable al de las dos otras grandes cinematografías de América Latina durante los «años Embrafilme», cuando el modelo era otro, el sistema de los estudios seguía vigente apenas en la televisión. El récord brasileño (103 largometrajes) fue alcanzado en 1980, al paso que el mexicano data de 1958 (si bien los 136 títulos recubren a veces series de cortos), el argentino (57 estrenos) y el cubano (14) son ambos de 1950. Pero la comparación no puede limitarse a las cifras anuales de producción, puesto que no permiten cotejar la productividad de las empresas.

Volviendo al rendimiento del modelo industrial adoptado en la época clásica del cine de géneros, Argentina Sono Film estrenó 238 películas,

10. Según Sérgio Augusto, *Este mundo é um pandeiro: A chanchada de Getúlio a JK*, São Paulo, Companhia das Letras, 1989, p. 30, que sigue siendo el mejor ensayo sobre el género.
11. Gonçalo Júnior, *Pais da TV*, São Paulo, Conrad, 2001, pp. 198-199. Además de *chanchadas*, Herbert Richers produjo *Assalto ao trem pagador* (Roberto Farías, 1962) y *Vidas secas* (Nelson Pereira dos Santos, 1963), marcos del *Cinema Novo*, así como otros títulos que comprueban la porosidad de las diversas tendencias del cine brasileño.

descontando aquellas en que apenas se ocupó de la distribución; a lo largo de su existencia real (1933-1977), o sea hasta la muerte de su presidente Ángel Luis Mentasti, los principales estudios porteños sostuvieron la meta de un estreno al mes solamente durante tres breves años (1940-1942). Tal meta era un objetivo realista, incluso modesto, destinado a mantener un aprovisionamiento continuo del mercado, la recuperación de las inversiones y la competencia con otras empresas, locales o extranjeras. Frente a la supremacía de la producción importada, un estreno mensual parecía un requisito mínimo para establecer la continuidad del diálogo con el público y consolidar la existencia de una cinematografía nacional.

En el primer *Anuario Cinematográfico Latinoamericano* (1942), el productor mexicano Jesús Grovas anunciaba en cuatro páginas la constitución de «la más poderosa empresa cinematográfica de la América Latina», con su capital de un millón de pesos, su ambicioso programa de 20 películas de largometraje al año y la lista de sus principales colaboradores (Juan Bustillo Oro, Miguel Contreras Torres, Fernando de Fuentes, Mauricio de la Serna, V. Saisó Piquer y Miguel Zacarías)[12]. Jesús Grovas produjo las dos primeras películas con María Félix (*El peñón de las ánimas*, dirigida por Zacarías, y *María Eugenia*, de Felipe Gregorio Castillo, ambas en México, 1942), pero la tercera, *Doña Bárbara* (F. de Fuentes, México, 1943), se le fue a la competencia, la poderosa CLASA, aunque la mencionada publicidad hubiera anunciado "una nueva «estrella sorpresa»" en otra adaptación de una novela de Rómulo Gallegos, *La trepadora*, a cargo del mismo director[13]. A pesar de que la publicidad promoviera dos producciones terminadas en el mes de enero de 1942, al finalizar el año Grovas produciría 8 películas, tres más que la empresa Films Mundiales de Agustín J. Fink[14]. Ni Grovas ni la competencia alcanzarían la meta de 20 producciones al año. En 1943, Films Mundiales y CLASA toman la delantera, con 9 y 7 películas respectivamente. En 1944 y 1945, Grovas no supera ni siquiera al sello Filmex de Gregorio Wallers-

12. Ángel Villatoro, *Anuario Cinematográfico Latinoamericano*, México, ediciones ACLA, 1942, pp. 179-182.

13. *Ibidem*, p. 182. *La trepadora* la terminaría dirigiendo Gilberto Martínez Solares (1944), para CLASA, con María Elena Marqués, la «hija» de *Doña Bárbara*.

14. Emilio García Riera, *Historia documental del cine mexicano*, Guadalajara, Universidad de Guadalajara/Imcine, 1992, tomo 2, p. 238.

tein[15]. La fusión de CLASA y Films Mundiales consolidaría su liderazgo. Sin embargo, en la «época de oro» de la industria mexicana, los grandes productores no eran capaces de estrenar una película al mes.

Si cambiamos de período y modelo de producción, vamos a encontrar cifras equiparables, casi siempre de un solo dígito al año. En algunos países, las empresas productoras responden al fomento de instituciones de nuevo tipo, los Institutos nacionales de cine creados en la Argentina (1957), Cuba (1959) y Brasil (1966), con una amplitud superior a los antecedentes puramente didácticos (como el Instituto Nacional do Cinema Educativo brasileño). En el caso cubano, el organismo intentó incluso monopolizar todas las actividades del área, aunque debió sufrir la competencia de sectores estatales divergentes. En sus primeros treinta años (1959-1989), el ICAIC produjo 175 largometrajes, incluyendo los documentales con duración superior a una hora y por supuesto las coproducciones con otros países: aunque esa fuera su meta, tampoco el ICAIC pudo estrenar una película al mes. En la década siguiente el ICAIC depende completamente de aportaciones exteriores, cuando no se limita a la prestación de servicios.

Aries Cinematográfica Argentina, la empresa creada por Fernando Ayala y Héctor Olivera, produjo 90 películas a lo largo de tres décadas (1958-1989), con un pico de cuatro producciones anuales en los años setenta. En Brasil, durante la «época de oro» de la empresa estatal (1970-1981), Embrafilme financió parcialmente o coprodujo 270 películas[16], equivalentes al 27% de la producción del período considerado. El principal productor brasileño, Luiz Carlos Barreto, tiene su nombre asociado a 57 largometrajes (1962-2000), lo que significa un promedio anual inferior a dos, incluso en la época de la Embrafilme, cuando a veces se lo acusaba de pretender canalizar los recursos de la cinematografía en su provecho.

Cualquiera que sea el modelo de producción o el período, las cifras de América Latina revelan en su modestia la debilidad estructural de las diversas cinematografías. La búsqueda de calidad, por medios clásicos o

15. En 1944 y 1945, Grovas produjo 5 películas, Filmex 6 y 7 respectivamente. Cifras de Emilio García Riera, *Historia documental del cine mexicano*, Guadalajara, Universidad de Guadalajara/Imcine, 1992, tomo 3, pp. 10, 109 y 221.

16. Cifra basada en la suma de los datos de Tunico Amancio, *Artes e manhas da Embrafilme: Cinema estatal brasileiro em sua época de ouro (1977-1981)*, Niterói, Universidade Federal Fluminense, 2000, pp. 139-144 y 151-160.

renovadores, jamás logró conjurar el espectro de la precariedad. La persistente discontinuidad comprometió la acumulación o transmisión de experiencia, perjudicó el diálogo con el público y desdibujó la relación con la tradición. Sugerir una continuidad subterránea a contramano de los sucesivos ciclos hasta suena a herejía. Una misma preocupación con la calidad internacional anima a la Vera Cruz, a L.C. Barreto y a TV Globo, pero ni los participantes ni los observadores de tales experiencias logran percibirlas como parte de un idéntico proceso o universo. Entender de qué manera el subdesarrollo del cine pudo ser compatible con la creación de potentes empresas audiovisuales como Globo y Televisa, quizás sea una de las cuestiones pendientes para una historia que no siga encarando las industrias culturales del siglo XX como compartimientos estancos. En todo caso, a pesar de su debilidad, los estudios latinoamericanos suscitaron mitologías capaces de trascender las fronteras, muchos antes del auge de las telenovelas y la *World Music*.

7. Mito

María Félix es la estrella más importante surgida en América Latina y el principal mito creado por el cine mexicano. Un mito paradójico, puesto que parece en contradicción flagrante con la sociedad de la época. El ascenso de la actriz fue fulgurante. Tres películas estrenadas en México en 1943 fueron suficientes para consolidar su posición. En su debut, *El peñón de las ánimas* (dirigida por Miguel Zacarías), ella sigue en los créditos al popularísimo cantante y galán Jorge Negrete. De entrada, ella se encuentra con el género en el que evolucionará: el melodrama. Un género que se presta particularmente bien a una cierta hipocresía: con tal de castigar a los culpables al final, el espectador tiene la posibilidad de regodearse con el pecado y el mal. El melodrama mexicano está tan sometido a convenciones y normas que la segunda película de María Félix, *María Eugenia*, la dirige el mismísimo director de la censura, Felipe Gregorio Castillo.

Sin embargo, el éxito definitivo llega recién con el tercer estreno del año: *Doña Bárbara*, dirigida por Fernando de Fuentes, basada en la célebre novela del venezolano Rómulo Gallegos, cuyos protagonistas encarnan el conflicto entre civilización y barbarie, entre tradición y modernidad. Con esta película empieza el proceso de identificación entre la estrella y sus personajes: para los mexicanos, María será sencillamente «La Doña». El título es a la vez respetuoso y emblemático, puesto que la elipse del nombre revela hasta que punto es única. Doña Bárbara, rifada y violada, sentirá un odio tenaz hacia los hombres, pero también hacia su hija. Bárbara es algo bruja, va casi siempre vestida con una falda-pantalón y domina a los demás desde lo alto de su caballo. El triunfo de María Félix es atribuído a ese carácter de mujer fuerte. *La mujer sin alma* (F. de Fuentes, México, 1943) refuerza esos rasgos, al llevar la acción a un universo urbano con el cual el público está familiarizado. Versión contemporánea de la vampiresa, María encarna a la perversa que engaña a los hombres para trepar. Varios títulos de su filmografía apuntan la ambivalencia de la protagonista: *La devoradora* (F. de Fuentes, México, 1946),

La mujer de todos (Julio Bracho, México, 1946), *La diosa arrodillada* (Roberto Gavaldón, México, 1947), *Doña Diabla* (Tito Davison, México, 1949), *Una mujer cualquiera* (Rafael Gil, España, 1949), *Messalina* (Carmine Gallone, Italia, 1951), *La estrella vacía* (Emilio Gómez Muriel, México, 1958), *La Bandida* (Roberto Rodríguez, México, 1962)... La película histórica *La monja alférez* (E. Gómez Muriel, México, 1944) parece haber obedecido más que nada al deseo de enfundarle nuevamente los pantalones.

Dos años bastaron para que María Félix se volviera la intérprete más cotizada del cine mexicano: su remuneración es de doscientos cincuenta mil pesos, mientras que el cómico Cantinflas cobra doscientos mil[1] (el presupuesto medio de un largo metraje es entonces de seiscientos cincuenta mil pesos). Su unión con el compositor Agustín Lara fue celebrada en México como la boda del siglo. El «músico-poeta», el maestro del bolero, le dedica «*María bonita*» y otras canciones. Ella, a su vez, interpreta y graba temas de Agustín Lara. Junto al realizador Emilio Fernández, María amplía su abanico expresivo e incorpora la comedia (*Enamorada*, México, 1946), el nacionalismo edificante (*Río Escondido*, México, 1947), el indigenismo (*Maclovia*, México, 1948). México resulta ya demasiado estrecho para su proyección. En lugar de Hollywood, ella elige Europa: España, Italia, Francia. Quizás porque el cine norteamericano confina las actrices «exóticas» a papeles secundarios estereotipados: basta recordar a Lupe Vélez, Carmen Miranda, Katy Jurado, María Montez, Rita Moreno, Sonia Braga, Salma Hayek; el protagonismo de Dolores del Río tampoco la libró del estereotipo. Y sin embargo, aun cuando filma con grandes cineastas, como Jean Renoir y Luis Buñuel, María Félix parece condenada a roles y obras menores: ocupa la tercera posición en los créditos de *French Cancan* (J. Renoir, Francia, 1954), detrás no sólo de Jean Gabin sino incluso de la jovenzuela Françoise Arnoul, con la que rompió lanzas en la pantalla y en el set, mientras que *Los ambiciosos/La Fièvre monte à El Pao* (México-Francia, 1959) es una de las películas más desangeladas de Buñuel. Proyectos estimables de directores que suelen suscitar expectativas, como el argentino Luis Saslavsky (*La corona negra*, España, 1950), el español Juan Antonio Bardem (*Sonatas*, México-Espa-

---

1. Según la revista *México Cinema*, citada por Paco Ignacio Taibo I, *La Doña*, México, Planeta, 1991, p. 88.

ña, 1959) y el mexicano Luis Alcoriza (*Amor y sexo*, México, 1963), decepcionan una y otra vez. De parte de María hay una búsqueda en esa fase de su carrera, un esfuerzo constante de adaptación: su marido Alex Berger invierte en la película de Buñuel, así como en su último papel, *La Generala* (Juan Ibáñez, México, 1970). Después de haber disimulado púdicamente su cuerpo y medido su vocabulario en la pantalla, ella asume como auténticos desafíos el lenguaje soez de *La Cucaracha* (Ismael Rodríguez, México, 1958), así como los desnudamientos de *Les Héros sont fatigués/ Die Helden sind Müde* (*Los héroes están fatigados*, Yves Ciampi, Francia-Alemania, 1955), *Los ambiciosos* y sobre todo *Amor y sexo* (a los cuarenta y nueve años...). Un proyecto abortado, la adaptación del relato de Carlos Fuentes, *Zona sagrada*, demuestra un indudable coraje, puesto que María proyectaba interpretar junto a su hijo Enrique Álvarez Félix (1934-1996) la relación neurótica e incestuosa de una estrella y su retoño, a todas luces inspirada en ellos mismos[2]. *La escondida* (Roberto Gavaldón, México, 1955) inaugura el último filón: las superproducciones que transforman a la Revolución mexicana en espectáculo folclórico y a la Félix en amazona. La evolución del cine ha hecho de ella una estrella sin *star system*, como diría Edgar Morin[3]. Hasta el punto de verse reducida a la condición de comparsa de cómicos desprovistos de humor (Amador Bendayán en *Si yo fuera millonario*, Julián Soler, México, 1962; Piporro en *La Valentina*, Rogelio A. González, México, 1965). Después de 1970, abandona la pantalla. Los cuarenta y siete títulos de su filmografía dejan la amarga sensación de no estar casi nunca a la altura de su leyenda.

¿Cómo explicar María Félix? En un país, en un continente, que han atribuido su sentido a la palabra «machismo», ¿qué significación darle a la consagración de una estrella cuya personalidad está tan alejada de la sumisión tradicional de la mujer? Descartemos la tentación sociológica: el final de *Enamorada* basta para recordar, al que lo hubiera olvidado, el papel subordinado reservado por la Revolución a las «soldaderas». México no está sometido a la lógica cartesiana de la contradicción: en el país

---

2. «Yo cargo con el honor de la patria... Ni te cuento: antes la imagen de México era Pancho Villa y ahora soy yo», dice la protagonista de Carlos Fuentes, *Zona sagrada*, México, Siglo XXI, 1984, p. 33 (la edición original era de 1967).
3. Edgar Morin, *Les stars*, París, Seuil, 1972, p. 162 (la edición original era de 1957).

podían coexistir entonces un gobierno desaforadamente laico, a menudo extremista, y una sociedad devota hasta la gazmoñería. La misma indumentaria de la actriz fascinaba y escandalizaba: cuando regresa a México con el ataúd de su marido Jorge Negrete (fallecido en Los Angeles), se le reprocha a la viuda estar en pantalón. Pintada por Diego Rivera en un vestido transparente, todo el mundo se siente ofendido, incluso ella misma. Comparada por el cantor Juan Gabriel a la Virgen, aparece envuelta en un nuevo escándalo. México engendró antaño alguno que otro icono femenino impuesto por la fuerza de su carácter (la fotógrafa Tina Modotti, la pintora Frida Kahlo, la cantante Lucha Reyes), pero jamás tuvieron la popularidad de una estrella de cine.

Puesto que hablamos de imagen, echemos una mirada a la iconografía[4]. En Guadalajara, a los dieciséis años, proclamada Reina de los estudiantes o Reina del carnaval (a menos que sea ambas cosas), apenas se la reconoce. Al partir a Ciudad de México para vivir su vida, deja atrás familia, marido e hijo. Los primeros retratos carecen de carácter. Al examinarlos sucesivamente, puede detectarse una especie de transferencia de la materia a la presencia: tuvo que perder peso en el sentido estricto para ganarlo en sentido figurado. El problema de la mayor parte de los fotógrafos (y no tanto el de su modelo) parece haber consistido durante mucho tiempo en esconder el lunar de la mejilla izquierda[5]. Pero al mirar detenidamente nos damos cuenta que su sonrisa ha sido aun más escamoteada. A medida que la figura se depura, la línea reemplaza la curva, la ceja se tensiona, un ángulo enmarca la mirada penetrante, el rostro toma forma.

¿Quién fue el Pigmalión? El supuesto «descubridor» de la actriz, Fernando A. Palacios, fotógrafo mediocre y peor cineasta, sólo la dirigió en su cuarta película, *China poblana* (México, 1943), un fracaso. Las primeras pruebas fueron fotografiadas por Gabriel Figueroa. Sin embargo, el estupendo director de fotografía no colabora realmente con ella hasta *Enamorada*, su décimosegundo largometraje: entonces le hace sus más hermosos primeros planos, pero la estrella ya existe e intenta incluso re-

---

4. Por ejemplo, la iconografía reproducida en el album *María Félix*, México, 1992, editado por RTC (Dirección General de Radio, Televisión y Cinematografía, dependiente de la Secretaría de Gobernación - equivalente al Ministerio del Interior), la Cineteca Nacional y la mismísima Presidencia de la República, 166 pp., il.

5. Falso lunar, según Carlos Fuentes, *op. cit.*, p. 58.

novarse. Si Figueroa la ilumina catorce veces, su maestro Alex Phillips, más sobrio, asume la fotografía de diez películas, la primera de ellas *Doña Bárbara*. ¿Sería entonces obra del director? Fernando de Fuentes era el más respetado de todos y probablemente el más sensible a las expectativas del público, para bien y para mal, como lo prueba el impacto de *Allá en el Rancho Grande* (México, 1936)[6]. A pesar de ello, la Doña está aun lejos de haberse perfilado: aunque la Bárbara de Gallegos le atribuye un corazón empedernido, su rostro todavía irradía placidez, sus expresiones siguen marcadas por la dulzura. De Fuentes dirige también *La mujer sin alma* y sobre todo *La devoradora*, pero esta décima película reproduce una imagen consolidada hace rato. María Félix trabaja con la fina flor de los cineastas mexicanos: tres veces con Julio Bracho, cinco veces con el *Indio* Fernández y Roberto Gavaldón, luego dos veces con Ismael Rodríguez: ninguno de ellos tuvo el papel de un Joseph Von Sternberg respecto a Marlene Dietrich. Su amigo Armando Valdés Peza la acompañó a muchas partes, la vistió a menudo y le diseñó sombreros extravagantes, pero en definitiva la elección la hacía la actriz.

México no poseía una estructura productiva comparable a las *Major companies* de Hollywood. Aun durante el auge de la industria, nunca hubo una integración vertical, como en Estados Unidos, fundiendo el trípode exhibición-distribución-producción en una misma empresa. Los productores y los dueños de los estudios (o sea, los medios de producción) eran personas distintas. Esos capitalistas sin capital dependían de un banco estatal, en un régimen de partido único, una «dictablanda» que repartía favores y prebendas. La bonanza de la Segunda Guerra Mundial no favoreció una verdadera acumulación de capital, aun suponiendo que hubiera voluntarios en número suficiente para cambiar la situación de burguesía comercial por la insegura vocación de burguesía industrial. Los productores podían adoptar el sistema de los estudios, tender hacia la producción en serie gracias al respeto de los códigos genéricos y estimular un *star system*, pero no tenían los medios de determinar sus características. Aunque la prensa cinematográfica fuera expresiva[7], no llegaba

6. Emilio García Riera, *Fernando de Fuentes (1894/1958)*, México, Cineteca Nacional, 1984, 206 pp., il.

7. En la «época de oro», la prensa especializada mexicana contaba con las siguientes publicaciones: *Mundo Cinematográfico* (1930-38), *El Cine Gráfico* (1932-54), *El Exhibidor* (1932-47), *Filmográfico* (1933-37), *Pantallas y Escenarios* (Guadalajara, 1936-45), *Cinema*

a influenciar toda la República y mucho menos a América Latina. El único medio masivo de comunicación, la radio, escapaba al control de los productores y las compañías de publicidad no apostaban al cine.[8]

En suma, María Félix se inventó a sí misma, como lo escribió Octavio Paz[9]. En otras palabras, las del ensayista mexicano Carlos Monsiváis, nos encontramos frente a «la leyenda depurada por el trabajo incesante»: los personajes interpretados «vigorizan al personaje central», la estrella[10]. Desde luego, había un lugar que ocupar. El *star system* mexicano estaba en vías de implementación, en el momento en que la industria local entablaba su auge. En 1943, México produce setenta largometrajes, un nuevo récord (el anterior, de 58 títulos, era de 1938, consecuencia del éxito de *Allá en el Rancho Grande*). 1943 es «el gran año»[11] de *María Candelaria*, dirigida por Emilio Fernández, que señala la nueva consagración de Dolores del Río y del cine mexicano. Resulta sintomático que los productores importaran a las dos estrellas mexicanas de Estados Unidos, aunque la primera estuviera declinante en el firmamento de Hollywood y bordeara los cuarenta años, y la segunda, Lupe Vélez, no hubiera logrado desprenderse de su estereotipo de serie B, la *Mexican Spitfire*[12].

Reporter (1938-65), *Cine* (1938-39), *Novela Semanal Cinematográfica* (1939-57), *La Pantalla* (1940-45), *Novelas de la Pantalla* (1940-62), *Set* (1942), *México Cinema* (1942-59), *Cine Mexicano* (1943-55), *Diario Fílmico Mexicano* (1943-44), *Cine Continental* (1945), *Celulóide* (1946), *Foto-Film Cinemagazine* (1946), *Eco* (1947), *Estrellita* (1947), *La Película* (1947), *Proyector* (1947), *VAM* (1947), *Vida Nueva* (1947), *Cartel* (1947-48), *Cinevoz* (1948-49), *La Semana Cinematográfica* (1948-49), *Saludos* (1948-58), todas editadas en el Distrito Federal, salvo indicación contraria.

8. La relación entre radio, industria discográfica, cine y empresas de publicidad aun no ha sido debidamente analizada en la historiografía latinoamericana. La prensa cinematográfica ha sido utilizada como fuente (primaria o secundaria), pero no ha sido estudiada en sí misma, salvo una u otra excepción: Paulo Emilio Salles Gomes, *Humberto Mauro, Cataguases, Cinearte*, op.cit.; Ángel Miquel, *Por las pantallas de la ciudad de México: Periodistas del cine mudo*, Guadalajara, Universidad de Guadalajara (CIEC), 1995, 240 pp., il.

9. Octavio Paz, «Razón y elogio de María Félix», prólogo del libro *María Félix*, *op. cit.*, p. 11.

10. Carlos Monsiváis, *Escenas de pudor y liviandad*, México, Grijalbo, 1988, 6ª edición, p. 167.

11. Título del capítulo correspondiente en la obra de Emilio García Riera, *Historia documental del cine mexicano*, Guadalajara, Universidad de Guadalajara/Imcine, 1992, tomo 3, pp. 7 y siguientes (la edición original era de 1970).

12. Lupe Vélez había interpretado *La Zandunga* (Fernando de Fuentes, México, 1937), que se inscribe en la secuencia folclórica estimulada por *Allá en el Rancho Grande*

Mientras los galanes fueron multiplicándose en número y popularidad (Fernando Soler, Jorge Negrete, Arturo de Córdova, Pedro Armendáriz, Pedro Infante), las jovencitas descubiertas en los estudios de México no llegaban a imponerse. Faltaban figuras femeninas. María Félix debuta sin experiencia en las tablas ni formación previa, a los veintiocho años: nació en Álamos, estado de Sonora, el 8 de abril de 1914 (murió en Ciudad de México en 2002, el día de su cumpleaños). Sin embargo, es una mujer desenvuelta, con una voluntad imperiosa, con una seguridad que no tenían aspirantes más jóvenes. Ella quiere triunfar, está dispuesta a subordinarlo todo a su carrera. A pesar de su disposición al perfeccionamiento, el español Antonio Momplet (director de *Amok*, México, 1944, y *Vértigo*, México, 1945) confiesa que es refractaria a la dirección de actores, que se dirige sola[13]. Ella misma se encarga de construir, consolidar y preservar la leyenda de su vida, paso a paso. Las publicaciones que le están dedicadas en plena «época de oro» se encuentran entre las primeras consagradas a estrellas latinoamericanas, una editada por un diario de prestigio, *Excélsior*, y la otra escrita por el primer memorialista filmográfico, José María Sánchez García[14]. Desahuciada por el anterior intento de biografía, finalmente desautorizada[15], María Félix logra transformar al historiador Enrique Krauze, biógrafo de caudillos, en mero amanuense[16].

El debut de María Félix coincide con el intento de Jesús Grovas de crear «la más poderosa empresa cinematográfica de la América Latina». Grovas produjo las dos primeras películas de María Félix (*El peñón de las ánimas* y *María Eugenia*), pero la tercera, la vencida, *Doña Bárbara*, se le fue a la competencia, CLASA. Quizás la fragilidad estructural del cine mexicano explique los altibajos de la carrera de su mayor estrella femenina. *Doña Bárbara* (1943) estuvo seis semanas en exclusividad, al estre-

(F. de Fuentes, 1936). Pero más ambicioso resultó el segundo y último intento de incorporación a México, *Naná*, adaptada de la obra de Emile Zola por Celestino Gorostiza, en el mismo año 1943 (Gabriel Ramírez, *Lupe Vélez: la mexicana que escupía fuego*, México, Cineteca Nacional, 1986, 200 pp. + 16 p.il.).

13. Antonio Momplet, citado por Paco Ignacio Taibo I, *op. cit.*, p. 98.

14. María Elena Saucedo, *María Félix en pantuflas*, México, Excélsior, 1948; José María Sánchez García, *María Félix: mujer y artista*, México, Netzahualcóyotl, 1949.

15. Henry Burdin, *La Mexicaine: María Félix, le roman d'une vie*, París, Encre, 1982, 776 pp. (*sic*).

16. «Nuestras verdades eran incompatibles», admite en el prólogo Enrique Krauze, *María Félix: Todas mis guerras*, México, Clío, 1993, p. 14.

narse en Ciudad de México (mientras *El peñón de las ánimas* duró tres semanas y *María Eugenia* apenas dos). El director y la protagonista no repetirían el éxito de *Doña Bárbara* hasta *La devoradora* (1946). Entre ambos estrenos, median casi tres años y seis otras películas, que oscilan entre el fracaso de *China poblana* (dos semanas) y el modesto éxito de cuatro semanas de exclusividad de *La mujer sin alma*, *La monja alférez* y *El monje blanco* (Julio Bracho, México, 1945). No se puede decir que el encumbramiento de María Félix en la farándula (la unión con Agustín Lara) redundara en taquillazos sistemáticos. Por el contrario, ni los productores ni la estrella parecían analizar correctamente las expectativas del público. *Enamorada* (siete semanas), *La diosa arrodillada* (nueve), *Maclovia* (nueve), confirman que la Félix está en el cenit en la posguerra, pero no evitan el fracaso de *Que Dios me perdone* (Tito Davison, México, 1947). Al marcharse a Europa de la mano del productor gallego Cesáreo González, María esperaba conjurar esas estrecheces y contradicciones. Los resultados del contrato de exclusividad con Suevia Films fueron escasamente apreciados por los mexicanos: aunque *Mare Nostrum* (Rafael Gil, España, 1948), basada en obra de Blasco Ibáñez, duró cuatro semanas en la cartelera del Distrito Federal, las siguientes fracasaron (*Una mujer cualquiera*, España, 1949; *La noche del sábado*, España, 1950, ambas dirigidas por el mismo Rafael Gil) . De esta primera experiencia europea, sólo despiertan un mediano interés entre el público las extravagancias de *La corona negra* y la escasa ropa de *Messalina*.

En cambio, *French Cancan* agrada a griegos y troyanos o por lo menos a franceses y mexicanos. *La Belle Otéro/La Bella Otero* (Richard Pottier, Francia-Italia, 1954) y el filme de Renoir se mantuvieron cinco semanas en exclusividad en el D.F. Tal vez sus compatriotas expresaran así su reconocimiento por constatar finalmente que la actriz era capaz de mover algo más que las cejas. Después de haber evitado en México el frenesí de las rumberas, María tuvo que aprender la danza del vientre para interpretar a la Belle Abbesse, aunque eso no le garantizara el mismo protagonismo de *La Belle Otéro*: a la hora de bailar el Cancan, Françoise Arnoul reveló mayor disposición. *Los héroes están fatigados* no repite en México la taquilla que tuvo en Francia. En resumidas cuentas, París le brindó dos éxitos (las películas de Renoir y Ciampi) y dos fracasos (*la Belle Otéro* y *la Fièvre monte à El Pao*). En realidad, el cine francés no la recibió con los brazos abiertos, sino con ciertas reservas. La única vez que aparece en primer lugar en los créditos, al interpretar a la bella Otero, no hay otros nombres dignos de figurar antes del título de la película: los demás actores apenas desfilan uno tras otro en orden alfabética. En *French Cancan* figura también antes del título, pero en tercera posición, como dijimos. Después de esas dos películas en colores, vienen dos producciones más modestas, en blanco y negro. En *Los héroes están fatigados*, su nombre aparece después del de Yves Montand. En *La Fièvre monte à El Pao*, Jean Servais pasa antes del título, lo que para él representa una promoción en relación a la anterior, pero María Félix sigue en segundo lugar, después de Gérard Philipe. Eso sin hablar del «exotismo» de los roles que le atribuyeron, que no desentonarían en una comparación con los estereotipos hispanos de Hollywood.

Hay una diferencia notable en la consideración que merece la Doña en el cine francés y en su propio país. En *La Cucaracha*, su nombre figura en el mismo cuadro que Dolores del Río, precedido apenas por la megalomanía del director-productor Ismael Rodríguez. En *La Bandida*, ella es la única antes del título, aunque los demás se llamen Pedro Armendáriz, Ignacio López Tarso, Emilio Fernández o Katy Jurado. De hecho, María Félix sólo reanuda su relación privilegiada con los espectadores de México a partir de *La escondida*, cuando se pone los pantalones patrióticos de *La Cucaracha* y *Juana Gallo* (Miguel Zacarías, México, 1960)[17]. No obstante, mientras en la década de los cincuenta asistimos a la inexorable decadencia del viejo cine mexicano, en los años sesenta los tiempos cambian y la bravía femenina asume otras formas. *La Cucaracha* propone un intercambio de personalidades que juega con la imagen pública y la mitología de las protagonistas femeninas. El conflicto dramatúrgico principal contrapone a Dolores del Río y María Félix. La diferencia es muy nítida en relación a los personajes masculinos, interpretados por Armendáriz y el *Indio* Fernández: aunque no lleven uniforme, ambos son iguales, uniformes, y el primero resulta enseguida eliminado; el personaje del *Indio* se llama Zeta, lo que no es siquiera un nombre, sino una letra, la última. Al principio, Dolores representa el polo femenino y aris-

17. Fuentes: María Luisa Amador y Jorge Ayala Blanco, *Cartelera Cinematográfica 1940-1949*, México, UNAM, 1982, 596 p., y *Cartelera Cinematográfica 1950-1959*, México, UNAM, 1985, 608 pp.; Jean-Charles Sabria, *Cinéma français: Les années 50*, París, Económica/Centro Georges Pompidou, 1987, sin paginación.

tocrático opuesto a María, masculina y populachera. Mientras la ambigüedad sexual y la androginia de Greta Garbo eran sugeridas con sobriedad, la Félix lo hace de manera enfática y beberrona. Sin embargo, una canción romántica se encarga de expresar su arrepentimiento. De manera harto convencional, se somete, acepta la pasividad, se feminiza a través del amor, o sea de un hombre. La sufrida maternidad la vuelve mujer en el sentido más tradicional y populista. En cambio, Dolores del Río se hace soldadera, aunque sea con faldas, sin llegar a los pantalones característicos de la Doña. Al final, un rebozo consagra la transformación de María, sin hombre y sin padre: en el desenlace, las dos mujeres están igualmente sumergidas «en la bola», en la Revolución.

Una mirada hacia los carteles mexicanos comprueba los altibajos de la carrera de María Félix. En pleno auge, en uno de los carteles de *Enamorada*, su nombre es el único arriba del título: el de Pedro Armendáriz, por más que estuviera también en su apogeo, figura abajo. Además, el retrato dibujado es el de ella. En otro cartel del mismo filme, aparte del primer plano de la actriz, su nombre está gráficamente entrelazado con el título *Enamorada*; los demás quedan reducidos a caracteres menores, aunque se tratara del equipo varias veces exitoso desde *María Candelaria*, al que la Félix se sumaba por primera vez. La misma primacía le conceden los carteles de *Río Escondido* y *Maclovia*, donde vuelven a colaborar. El primer plano se repite en el diseño de los carteles mexicanos de *Doña Diabla*, *Una mujer cualquiera* o *Hechizo trágico* (*Incantesimo tragico*, Mario Sequi, Italia, 1951): lo que importa es la estrella. Cuando se produce el encuentro entre María Félix y Arturo de Córdova, ambos nombres figuran en la parte superior, el título *La diosa arrodillada* queda relegado abajo, en caracteres pequeños, en el rincón izquierdo, mientras el dibujo destaca el beso de la pareja y el cuerpo desnudo de la estatua en segundo plano insinúa un ardiente erotismo. Sin embargo, después de la azarosa experiencia europea, los papeles se invierten. El cartel de *El rapto* (Emilio Fernández, México, 1953) concede el primer lugar y el ángulo superior izquierdo a Jorge Negrete, aunque el dibujo los represente en dimensiones comparables, lo que atenúa la subordinación de la actriz. En cambio, el diseñador de la publicidad de *Tizoc* (Ismael Rodríguez, México, 1956) no solamente menciona a María Félix después de Pedro Infante, sino que le reserva el rostro en primer plano a él, en el ángulo superior derecho, mientras ella figura de cuerpo entero a su izquierda, por lo tanto menor, en un plano más alejado, aunque parezca estar delante[18].

Esa «mujer muy mujer que ha tenido la osadía de no ajustarse a la idea que se han hecho los machos de la mujer»[19], ha sido víctima del sistema que llegó a simbolizar. Al principio, los dobles papeles de *China poblana* (una aristócrata escocesa y una asiática) y de *Amok* (una morena y una rubia) sugieren un titubeo, de la misma forma que la doble vida de *Doña Diabla*. Pronto el cosmopolitismo se vuelve aureola de «devoradora», en la pantalla y en la vida, o mejor dicho, en el simulacro de la farándula en que ambas se confunden. El melodrama en boga se pliega a una especie de subgénero al servicio de su flamante personalidad[20]. Tributo al éxito, le piden que se repita, que se imite a sí misma. A tal punto que hace varias veces de «fierecilla domada» (*Enamorada*; *El rapto*; *Canasta de cuentos mexicanos*, Julio Bracho, México, 1955), luego de *coquette* de la *Belle Époque* (*La Belle Otéro*; *French Cancan*; *Café Colón*, Benito Alazraki, México, 1958; *La Bandida*) y por fin de amazona revolucionaria (*La escondida*; *La Cucaracha*; *Juana Gallo*; *La Valentina*; *La Generala*, a las que se puede añadir el final de *Sonatas*).

Queda por interpretar su impacto junto al público en una sociedad donde los comportamientos respondían a mentalidades y normas tan rígidas. De cierta manera, María Félix simboliza la ambivalente fascinación ejercida por una modernidad urbana y cosmopolita que empieza a cuestionar los parámetros de la tradición rural, aun vigentes en el país y en las pantallas. Hay una diferencia notable con la imagen de Dolores del Río, vinculada a la tradición nacionalista de Emilio Fernández, en su doble vertiente indigenista (*Flor silvestre* y *María Candelaria*, México, 1943) o aristocrática (*Bugambilia*, México, 1944), aunque la estrella se preocupara en modernizar su figura (gracias al desdoblamiento de *La otra*, Roberto Gavaldón, México, 1946). Durante la

---

18. Véanse al respecto las reproducciones de Rogélio Agrasánchez Jr. y Charles Ramírez Berg, *Carteles de la época de oro del cine mexicano*, Guadalajara, Universidad de Guadalajara/Imcine, 1997, 200 pp., il.

19. Octavio Paz, *op. cit.*, p. 13.

20. *María Félix: Todas mis guerras*, p. 71: «A mí ningún productor me encasilló en un tipo de personaje. De lo mucho que me ofrecían yo seleccionaba lo que más me convenía en cada momento. Pero si le había gustado tanto al público de *La mujer sin alma*, ¿por qué no continuar por ese camino?»

Segunda Guerra Mundial, Hollywood alterna la *pin-up* y la mujer en uniforme (o sea, vestida como los hombres). El erotismo en México estaba más bien asociado al cabaret, a las rumberas tropicales, cuyos movimientos imitaban el acto sexual. Sin mayores dotes para el baile, María Félix trabajó su belleza y sus gestos en una línea escueta y elegante, rozando a veces el hieratismo, cualesquiera que fueran las prendas que llevara puestas. En *Maclovia*, tiene el aspecto soberbio de una Princesa descalza frente a la actriz habitual del *Indio* Fernández, Columba Domínguez[21].

Su biógrafo Paco Ignacio Taibo I pudo referirse a María como un «personaje antierótico»[22]. El crítico Jorge Ayala Blanco se expresó de la siguiente manera:

las devoradoras son vampiresas despiadadas y vengativas, sin escrúpulos sexuales y usurpadoras de la crueldad masculina: esclavistas, bellas e insensibles; supremos objetos de lujo, hienas queridas; hetairas que exigen departamento confortable y cuenta en el banco para mejor desvirilizar al macho...[23]

El historiador Emilio García Riera supo matizar mejor la ambigüedad de *La monja alférez*:

la devoradora de hombres se convierte en el objeto de sus propios apetitos, y, ante su transformación masculina, son las mujeres las dispuestas a ser devoradas. Así, la antropofagia amorosa priva sobre la definición del sexo...[24]

---

21. *María Félix: Todas mis guerras*, p. 75: «A partir de *Río Escondido* empezaron a gustarme los papeles difíciles. Busqué deliberadamente interpretar personajes que fueran lo más opuesto a mí en carácter y en físico. Películas como *La diosa arrodillada* o *Doña Diabla* no me exigían un esfuerzo mayor del normal. En cambio, para caracterizar a una india tarasca en *Maclovia*, tuve que hacer milagros. En *Maclovia* conseguí ser humilde, algo dificilísimo para mí.»

22. Paco Ignacio Taibo I, «Las estrellas en México», *Cine latinoamericano, años 30-40-50*, México, UNAM, Cuadernos de Cine n° 35, 1990, p. 86.

23. Jorge Ayala Blanco, *La aventura del cine mexicano*, México, Posada, 6ª edición, 1988, p. 145 (la edición original era de 1968).

24. Emilio García Riera, *Historia documental del cine mexicano*, Guadalajara, Universidad de Guadalajara/Imcine, 1992, tomo 3, p. 124.

La universitaria cubanoamericana Ana M. López tiene un punto de vista distinto:

como estrella, la Félix no podía encarnar el deseo femenino, puesto que era un icono ambivalente, tan ininteligible, frío y despiadado, como llena de abnegación y lágrimas era la figura materna. Su sexualidad poderosa (...) es meramente el eco de los peligros del deseo para los hombres, más que su materialización para las mujeres.[25]

Para Ana M. López, esos títulos que llaman la atención hacia los personajes femeninos siguen siendo narrativas que giran en torno a los hombres, a pesar de la simulación de la virilidad y los dispositivos de poder y de sexualidad vinculados a las vestimentas masculinas.

Un cuarto de siglo después de su retiro de la pantalla, su presencia seguía estimulando las fantasías. El realizador Jaime Humberto Hermosillo quiso traerla de vuelta al cine mexicano en los años ochenta en un proyecto inspirado por Henry James, *Eterno esplendor*. La brasileña Helena Solberg, autora de una evocación fílmica de Carmen Miranda, pretendió hacer lo mismo con la estrella mexicana. El francés André Techiné soñó en filmar una *Enamorada en París*. El guión original de *Soplo de vida* (Luis Ospina, Colombia, 1998), escrito por Sebastián y Luis Ospina, se titulaba *Adiós María Félix*[26].

La Doña es un enigma de persistente fascinación. Desafió las mentalidades de sus contemporáneos, aún desafía la perplejidad de los ensayistas y la imaginación de los escritores. Encarna un mito incandescente en un país moldeado no sólo por las mitologías antiguas, sino también por

25. Ana M. López, «Celluloid Tears: Melodrama in the "Old" Mexican Cinema», *Iris*, n° 13, Iowa, verano de 1991, p. 40-41 (incluido con el título «Tears and Desire: Women and Melodrama in the "Old" Mexican Cinema» en el libro *Mediating Two Worlds: Cinematic Encounters in the Americas*, John King, Ana M. López y Manuel Alvarado, eds., Londres, British Filme Institute, 1993). Véase también el artículo de Susan Dever, «Re-Birth of a Nation: On Mexican Movies, Museums and María Félix», *Spectator*, University of Southern California, Los Angeles, 1992, pp. 52-69.

26. Fuentes: *María Félix: Todas mis guerras*, p. 190; Rubén García Fernández, «María Félix retorna a la pantalla», *Reforma*, México, 16 de abril de 1996, sobre el acuerdo entre el productor Alfredo Ripstein Jr. y la realizadora de *Carmen Miranda: Bananas is my Business*; declaraciones de María Félix al diario *La Jornada*, reproducidas por la AFP (cable del 28 de diciembre de 1996); Luis Ospina al autor (París, 10 de octubre de 1998).

las modernas (la revolución, el cine). En una pieza de teatro, *Orquídeas a la luz de la luna*, Carlos Fuentes ha puesto en escena a las dos diosas mexicanas de la pantalla, Dolores del Río y María Félix[27], reunidas una única vez, en *La Cucaracha*. El panteón precolombino puede haber inspirado ritos sanguinarios, pero es irreductible a los dualismos maniqueos de nuestras pobres religiones monoteístas: sugiere más bien una deslumbrante cosmogonía y el eterno recomenzar.

---

27. Carlos Fuentes, *Orquídeas a la luz de la luna*, Barcelona, Seix Barral, 1982, 118 pp.

8. Populismo

El sistema de los estudios y el florecimiento del cine de géneros favorecieron en América Latina el desarrollo de auténticas estrategias internacionales, donde hasta entonces habían predominado proyectos individuales
e iniciativas aisladas. *Dios se lo pague* (Luis César Amadori, Argentina,
1948) es un buen ejemplo de la adecuación entre estrategias transnacionales, representaciones elocuentes e hibridación genérica, con una convergencia excepcional entre los tres principales países productores de
América Latina, Argentina, México y Brasil (además de algún aporte español). La acertada utilización del *star system* y de las opciones genéricas
contribuyó a la adhesión del público del continente. Sin necesidad de recurrir a particularismos locales, el argumento de tono social entraba en
resonancia con el discurso político en boga. Eran tiempos de populismo:
Juan Domingo Perón fue elegido dos veces a la presidencia argentina, en
1946 y 1951; Getúlio Vargas volvió al poder en las elecciones brasileñas de
1950, después de haberlo ocupado de 1930 a 1945. El auge de los estudios
de Buenos Aires y México, la «época de oro» de la que hablan historiadores y nostálgicos del cine clásico, corresponde al apogeo del nacionalismo, a una auténtica época de oro del populismo latinoamericano.

Deus lhe pague, la pieza original de Joracy Camargo, estrenada en São
Paulo en 1932, fue el mayor éxito de Procópio Ferreira (Río de Janeiro,
1898-1979), el «príncipe del teatro brasileño», el astro del primer repertorio
desprendido del género chico, anterior al advenimiento de la psicología
y al teatro moderno. Procópio la representó más de tres mil veces[1], en-

---

1. Tres mil doscientas y veintiseis veces, según el mismo Procópio Ferreira en una entrevista de 1974 (*Depoimentos*, vol. I, Río de Janeiro, Serviço Nacional de Teatro/Funar-
te/Ministério da Educação e Cultura, 1976, p. 99), tres mil seiscentas y veintiuna
representaciones en Brasil y en el extranjero, según Jalusa Barcellos (*Procópio Ferreira, O
mágico da expressão*, Río de Janeiro, Funarte, 1999, p. 24). El primero recuerda cuatrocientas y veintiseis piezas representadas (p. 99), la segunda le atribuye cuatrocientas y sesenta y una, en sesenta y seis años de carrera (p. 20), amén de una grabación de *Deus lhe
pague* para la televisión (p. 37).

carnando el triunfo de la inteligencia y la sabiduría sobre la juventud. Publicada en Brasil, tuvo veinte y pico ediciones, un fenómeno inédito[2]. La principal metamorfosis operada por *Dios se lo pague* al pasar de las tablas a la pantalla fue el cambio radical de género, de la comedia al melodrama. De cierta manera, las demás modificaciones argumentales o de puesta en escena son una consecuencia de esa transformación dramatúrgica. Aunque el *flash-back* sobre el pleito entre el obrero y el patrón ya estuviera en la pieza, el interés de la obra radicaba en dos duelos, uno verbal y el otro dramático. El diálogo entre el falso Mendigo (el «Mendigo de medianoche», según el título francés del filme, *Le Mendiant de minuit*) y el Otro permitía exponer *El Capital* para pobres de espíritu. La competencia entre el Millonario maduro y el joven Péricles por el corazón de Nancy confirmaba la superioridad de la razón sobre los arrebatos sentimentales.

Para los que no tuvimos la suerte o la oportunidad de conocer a Procópio Ferreira en el escenario, queda el consuelo de intentar imaginarlo a través del pálido reflejo que nos han legado una docena de películas, ninguna de ellas muy trascendente. La comedia *O homem dos papagaios* (Armando Couto, Multifilmes, Brasil, 1953) tiene por lo menos la ventaja de acercarnos a su transformismo, esencial para interpretar con éxito el doble papel de pordiosero y ricachón de *Deus lhe pague*. Aunque el hábito no hace el monje, sí ayuda mucho al actor. Procópio era un hombre de corta estatura pero robusto, con una nariz imponente y rasgos que le conferían una máscara natural. La locución impostada denotaba la he-

2. Joracy Camargo, *Deus lhe pague*, Río de Janeiro, Livraria Editora Zelio Valverde, 1945, 176 pp., prefacio de Procópio Ferreira (la paginación utilizada para nuestras citas se refiere a esta octava edición, cuyo acceso debo a la amabilidad de Pilar López). La primera edición apuntada por la *Bibliografia da dramaturgia brasileira* (São Paulo, ECA-USP/Museu Lasar Segall, 1981, pp. 52-53) corresponde a la editorial Alba (Río de Janeiro, 1933, 211 p.); también figura la traducción al castellano, *Dios se lo pague* (Buenos Aires, Argentores, 1935, 40 pp.). Existe una traducción francesa hecha por Marcel Henrion, pero se trata de una edición brasileña: *«Dieu vous le rende...» (Le Mendiant de Minuit)*, Río de Janeiro, Ministério da Educação e Cultura, 1959, 126 pp., il. de Fernando Camargo, nota introductoria de Procópio Ferreira. *Deus lhe pague* es el tercer título de la colección portuguesa «Livros do Brasil», junto a obras de Erico Veríssimo (el novelista de mayor éxito antes de Jorge Amado), Gilberto Freyre, José Lins do Rêgo y Machado de Assis, que le confieren un precoz estatuto de «clásico» (Joracy Camargo, *Deus lhe pague*, Lisboa, Edição Livros do Brasil, s.f., cuarta edición, 176 pp., prefacio de Procópio Ferreira). Una traducción alemana de 1948 tuvo como título *Bettlerkomödie*.

rencia lusitana del espectáculo brasileño, que sería superada en sucesivas etapas por la *chanchada* [la comedia bufa] carioca, el teatro de Nelson Rodrigues, el documental con sonido directo y las telenovelas. A pesar de ello, Procópio encarna al principio de *O homem dos papagaios* a una especie de *malandro* de buen corazón, un fracasado de edad madura con familia a cuestas. El arquetipo de *malandro* ya le había sido atribuido en una *chanchada*, *Berlim na batucada* (Luiz de Barros, Cinédia, 1944), después del papel dramático de *Pureza* (Chianca de Garcia, Cinédia, 1940, basada en José Lins do Rêgo). Pero la comedia *paulista* tiene ingredientes distintos a la carioca, sin recurrir de manera tan sistemática a la carnavalización. En *O homem dos papagaios*, Procópio abandona enseguida el uniforme de vendedor de helados para endosar la informalidad del vago doméstico. Convocado por un compañero de juventud enriquecido, procede a vestir el traje de domingo detrás de un biombo, como si repitiera frente a la cámara el clásico recurso teatral. La vestimenta le cae tan bien que engaña casi sin quererlo al nuevo vecindario, dispuesto a tomarlo por un excéntrico millonario[3]. No obstante, el malandrín transparece en su comportamiento de nuevo rico. Ambos coexisten en la expresión y en la gesticulación del actor, que escribió el argumento y sus propios diálogos para mayor lucimiento de sus dotes expresivas. Sin embargo, el desenlace ya muestra a un auténtico caballero, transformado por la experiencia. Aunque la película sea bastante elemental en su desarrollo, permite adivinar los recursos de un hombre que crecía en el escenario hasta adquirir la altura de un mito viviente, capaz de seducir a varias generaciones del respetable público, incluso más allá de las fronteras de Brasil.

Los tres actos de la pieza del brasileño Joracy Camargo tienen una estructura idéntica: dos pordioseros conversan en la puerta de la iglesia (el Mendigo y el Otro). Una parte del relato del protagonista introduce el cambio de escena y decorado, gracias a la iluminación. Esos *raccontos* funcionan como *flash-backs*, perfectamente encuadrados por la conversación e identificados con el punto de vista del Mendigo. Por lo tanto, la filosofía destilada en los diálogos tiene un carácter preponderante a lo largo de la obra. En el primer acto, el *flash-back* sobre la estafa sufrida por el protagonista cuando trabajaba en una fábrica ilustra sus palabras

---

3. «Excentricidad de millonario» admitida por el mismo Procópio en su comportamiento personal, en los mencionados *Depoimentos*, p. 100.

y explica sus motivaciones. La mujer, Nancy, y el pretendiente Péricles da Silva, aparecen embutidos en el segundo acto. En esa ocasión, el Mendigo le toma el pelo al rival, en torno a los orígenes griegos de su nombre. El *racconto* contenido en el tercer acto presenta el proyecto de fuga de los dos jóvenes, la humillación de Péricles por el viejo, la revelación de su doble identidad frente a Nancy, seguida por el desafío de que se vaya con el rival. El desenlace ocurre enseguida en el mismo acto.

Al final del primer acto, después de haber contado sus desgracias, el Mendigo resume sus convicciones: «La vida es una sucesión de acontecimientos inevitables... como la lluvia, el viento, la tempestad... el día y la noche... Todo lo que ocurre es la vida. (...) Vivir es razonar. Y el razonamiento es el supremo bien de la vida. Quien razona no sufre...» (pp. 54 y 56). El Mendigo prefiere «vivir al margen» (57), entre otras cosas porque «un hombre inteligente nunca se conformará con un sueldo, por mayor que sea. El empleo, con salario fijo, es el ideal del hombre vencido en la vida» (64). Aparte de la razón y la inteligencia, hay una tercera calidad. Cuando el Otro dice: «A esta hora no pasa nadie aquí...», el Mendigo contesta: «En cambio pasa la vida...». El Otro replica: «La vida no dá limosnas...» y el Mendigo rebate: «Dá. Dá la gran limosna, que no todos saben recojer: Experiencia» (66).

La disimetría de edad es uno de los fundamentos dramáticos de *Deus lhe pague*. En palabras del Mendigo: «Ella es joven todavía y yo ya soy viejo. Mi vejez es definitiva. La juventud de ella es provisional. Me detuve en la vejez y estoy esperando que ella envejezca, para que seamos felices» (68). En palabras de Nancy a Péricles: «Sale contigo la juventud y llega dentro de poco, con él... la vejez» (73). La superioridad del primero sobre el segundo radica en la fusión de la experiencia acumulada con los años y un razonamiento inteligente: «La vejez sólo debilita a los animales irracionales... porque les falta la inteligencia para substituir a la fuerza bruta» (88). El Mendigo es «un hombre viejo, cuya fuerza moral y cuya inteligencia aun están vigorosas» (88). Y «la mujer, que es invencible, se rinde frente a la inteligencia...» (115). Cuando Nancy atribuye su atracción a la fuerza del destino, el Mendigo corrige: «No es el destino. Es la fuerza de la inteligencia» (137). Cuando decide finalmente rechazarlo, Nancy le lanza a Péricles: «Amor, prestigio, todo lo que me ofreces es efímero. Solo hay una cosa eterna: es la inteligencia. Amor, belleza, fortuna, ¡nada resiste a la fuerza de la inteligencia!» (146).

Todo en un tono de fina ironía, empezando por los dos pordioseros capaces de citar a Upton Sinclair, Anatole France o Karl Marx: «El comunismo es como aquel muñeco de paja que nos asusta cuando somos niños» (98). Aunque el protagonista proponga la formación de un sindicato de mendigos y la corrección de las desigualdades por medio de una nueva organización de la sociedad, las frases valen por su irreverencia y efectismo verbal, sin que las propuestas adquieran mayor seriedad. El Mendigo considera ridículos a los pequeñoburgueses, que eran entonces los principales espectadores del teatro: «La humanidad se compone de miserables, falsos ricos y ricos falsos. La peor clase es la de los falsos ricos...» (126). «Si yo hablara como los demás, sería banal. Y un viejo banal no interesa ni siquiera a sí mismo» (139).

La comedia de Joracy Camargo fue representada en otros escenarios de América Latina[4], adelantándose así a la potencial repercusión de la adaptación fílmica. El cine no inventó la circulación de las obras, sino que le dió una nueva dimensión gracias a las técnicas de reproducción industrial y difusión comercial. *Deus lhe pague* tuvo mucho éxito en Buenos Aires, al punto de presentarse en varios teatros al mismo tiempo[5], como si correspondiera a una coyuntura de transición entre el cinismo social, herencia del *crack* de 1929 o de la «década infame» –desconfianza perfectamente formulada por el tango «*Cambalache*» (1935) de Enrique Santos Discépolo– y el voluntarismo populista de la década siguiente,

---

4. En toda América Latina, suelen decir las ediciones brasileñas de la pieza, una afirmación imposible de avalar sin la correspondiente comprobación.

5. Dos teatros, según Domingo Di Núbila (*Historia del cine argentino*, Buenos Aires, Cruz de Malta, 1960, vol. II, p. 93), cuatro según la nota previa de los editores de la pieza mencionada supra (p. 14). Raymundo Magalhães Júnior recuerda haber visto al gran actor Alfredo Camiña en una de las versiones porteñas, hacia 1934-1935 (presentación de *Deus lhe pague*, Río de Janeiro, Ediouro, 1998, col. Prestigio, p. 5). César Maranghello identifica un segundo intérprete: Santiago Arrieta («Dios se lo pague», *Cine argentino, Industria y clasicismo, 1933/1956*, Claudio España (ed.), Buenos Aires, Fondo Nacional de las Artes, 2000, vol. II, p. 235). El productor Atilio Mentasti atribuye una de las puestas en escena a Mario Soffici (Claudio España, *Medio siglo de cine: Argentina Sono Film, op. cit.*, p. 25). Una foto muestra a Procópio Ferreira frente a un cartel que anuncia el estreno ese día de *Dios se lo pague* interpretado por él mismo en el teatro Colombo de Buenos Aires, en 1948, el año en que se distribuye la película; otra lo muestra siendo homenajeado en la capital argentina junto a personalidades como Luis Sandrini y Paulina Singerman, si bien el pie de foto dice que la temporada prevista no se realizó (Jalusa Barcellos, *op. cit.*, pp. 230 y 231).

atemperado por las posibilidades del diálogo constructivo entre mendigos y millonarios, obreros y patrones, ricos y pobres, todos hombres de
buena voluntad. El autor, influenciado seguramente por el ambiente social que rodeó en Brasil a la llamada Revolución de 1930, respondía a la
crisis con «una especie de apólogo filosófico»[6]. Quizás por primera vez
en el país, un obrero subía a las tablas. Aunque la gracia estuviera en la
invención verbal, *Deus lhe pague* se acercaba a un teatro de tesis, dentro
de los estrechos límites del escenario brasileño de la época, con su lec-
cioncita sobre el origen de la propiedad privada, o sea la apropiación in-
debida, el robo, un «abc del marxismo, explicado por el Método Berlitz
de preguntas y respuestas», según el crítico Almeida Prado. El izquierdis-
mo del texto estaba convenientemente neutralizado por el conflicto central, la disputa por la mujer.

Joracy Camargo (Río de Janeiro, 1898-1973) es hoy un autor olvidado,
con escasas líneas en las enciclopedias y obras de referencia sobre el teatro. No obstante, en Brasil su obra cumple un papel en la transición entre la vieja y la nueva dramaturgia, representada por un Dias Gomes, el
autor de *O pagador de promessas* (llevada a la pantalla por Anselmo Duarte, Palma de Oro del festival de Cannes en 1962). Dias Gomes, dramaturgo que debutó con Procópio Ferreira (*Pé de cabra*, 1942), es a su
vez un puente entre la escena y el melodrama redivivo de la telenovela
(escribió por ejemplo la célebre *Roque Santeiro*, TV Globo, 1986). Una
investigación sobre el repertorio representado por Procópio Ferreira confirma la existencia de un verdadero eje Río de Janeiro-Buenos Aires, los
dos principales focos del espectáculo sudamericano en la primera mitad
del siglo XX. Un listado de las piezas extranjeras interpretadas por el actor brasileño contiene 53 títulos franceses, 32 españoles, 29 alemanes,
18 argentinos, 12 húngaros, 10 italianos, 6 ingleses, 5 norteamericanos y
4 portugueses[7]. Aparte del predominio europeo, la lista revela la incon-
sistencia de la separación absoluta entre las culturas de la América hispá-
nica y Brasil. En términos intelectuales, la distancia entre Portugal y su
antigua colonia es muchísimo mayor que la de España y los países his-

---

6. Décio de Almeida Prado, *Procópio Ferreira*, São Paulo, Brasiliense, 1984, pp. 46 y ss.
7. Investigación de Sábato Magaldi citada por Décio de Almeida Prado, *Peças, pessoas, personagens: O teatro brasileiro de Procópio Ferreira a Cacilda Becker*, São Paulo,
Companhia das Letras, 1993, p. 73.

panoamericanos, incluso en un terreno durante tanto tiempo dependiente de la vieja metrópoli, como es el teatro. La fuerte presencia de autores españoles seleccionados por Procópio Ferreira, sumada al notable contingente de obras argentinas, muestra la existencia de intensas relaciones que no respetan la divisoria del meridiano de Tordesillas. Buenos Aires era el primer destino de las giras al exterior para los espectáculos musicales brasileños (por ejemplo, Carmen Miranda o Pixinguinha y sus Batutas), y vice versa, como lo comprueba la etimología de la palabra *chanchada*. La adaptación de *Deus lhe pague* en estudios porteños se inserta en ese intercambio.

El historiador Luiz Felipe de Alencastro ubica la génesis del intercambio entre el Río de la Plata y Río de Janeiro a finales del siglo XVI, cuando los españoles requerían esclavos africanos y los portugueses codiciaban el metal argentino de Potosí. Del Bajo Perú vino el culto de Nuestra Señora de Copacabana, otra etimología extraña incorporada al universo carioca. Alencastro lo denomina el eje «peruleiro» Río-Buenos Aires, de corte marítimo y negrero. Paralelamente, apunta la existencia de un «vínculo *paulista*-rioplatense, [que] se basa en las permutas terrestres y en el tráfico de indios usados en la producción regional»[8]. Las migraciones de los cristianos nuevos, empujados por el Santo Oficio, representan otro vínculo entre Brasil y el Río de la Plata, que desdibuja la divisoria de Tordesillas. A mediados del siglo XVI, una cuarta parte de la población de Buenos Aires era de origen portugués, mientras que el porcentaje era del 15% en otras tierras americanas bajo la corona española[9].

En un libro de memorias, Procópio Ferreira dedica casi treinta páginas, un capítulo entero, a justificar la puesta en escena de piezas argentinas, criticadas por los nacionalistas en nombre de la defensa de los autores locales[10]. Aparte de recordar que él mismo brindó su primera oportunidad a veintisiete dramaturgos brasileños (entre ellos, Oduvaldo Vianna, Raymundo Magalhães Júnior, Pedro Bloch, Guilherme Figueiredo, Alfredo Mesquita, además de los mencionados Joracy Camargo y Dias Gomes), el gran actor entona un verdadero himno al «magnífico intercambio con

8. Luiz Felipe de Alencastro, *op.cit.*, pp. 109-110 y 203.
9. Nathan Wachtel, *La Foi du souvenir: Labyrinthes marranes*, París, Seuil, 2001, pp. 21-22.
10. *Procópio Ferreira apresenta Procópio*, Río de Janeiro, Rocco, 2000, pp. 61-89, «O teatro argentino».

la Argentina» (p. 85). Las largas citas sacadas de la prensa carioca muestran una auténtica polémica durante los años veinte, cuya intensidad sugiere la importancia creciente del citado eje Río de Janeiro-Buenos Aires. El popular cronista João Ribeiro llega a escribir lo siguiente:

> Un destino que se afigura y define lenta pero seguramente es el de la unidad sudamericana. No hablo de la unidad política, sino de la unidad espiritual de la raza ibérica del nuevo mundo. La lengua de los sudamericanos es la misma o casi la misma, idéntica es la religión y las mezclas étnicas son sobremanera parecidas. Y a pesar de ello, los sudamericanos parecen desconocerse... Hasta hace poco tiempo, raramente nos llegaba uno u otro nombre, aparte de la órbita política y del caudillismo...[11]

Si en el ámbito del espectáculo popular el intercambio entre Brasil y Argentina podía despertar polémicas o pasiones, también existía un flujo subterráneo entre las vanguardias de ambos países. Quienes tienen en mente apenas las tenebrosas convergencias de las dictaduras militares (simbolizadas por el Plan Condor) o los intereses contradictorios del Mercosur, tal vez no recuerden las oscilaciones pendulares que caracterizan a las relaciones mútuas. En el siglo XIX, Argentina y Brasil unieron sus fuerzas para combatir contra el pobre y progresista Paraguay en la Triple Alianza. Cien años después, la guerra contra el viejo aliado alimentaba las especulaciones estratégicas de sus respectivos estados mayores. Durante buena parte del siglo XX los intelectuales ignoraron la cultura de sus vecinos. No obstante, hay más puntos de contacto entre los dos países sudamericanos que entre cualquiera de ellos y México. Emir Rodríguez Monegal ha rastreado el diálogo entre Mário de Andrade y Jorge Luis Borges[12]. Jorge Schwartz ha emprendido una estimulante lectura comparada de Oliverio Girondo y Oswald de Andrade[13]. Cuatro

11. João Ribeiro, «Sul-Americanos», *Revista da Semana*, Río de Janeiro, 18 de abril de 1925, reproducido en *Procópio Ferreira apresenta Procópio, op. cit.*, p. 75.
12. Emir Rodríguez Monegal, *Mário de Andrade/Borges: Um diálogo dos anos 20*, São Paulo, Perspectiva, 1978, 128 pp. Resultan muy agudas las comparaciones del autor de *Macunaíma* entre el Modernismo *paulista* y la vanguardia porteña, amén de sus acotaciones sobre «la confianza del argentino y la inseguridad del brasileño» (p. 79).
13. Jorge Schwartz, *Vanguarda e cosmopolitismo na década de 20: Oliverio Girondo e Oswald de Andrade*, São Paulo, Perspectiva, 1983, 258 pp., il. El mismo Jorge Schwartz ha

figuras emblemáticas de la modernidad literaria revelan destinos cruzados hasta entonces insospechados. Jorge Schwartz, catedrático de la Universidad de São Paulo de origen argentino, ha señalado asimismo una convergencia insólita entre ambos nacionalismos: el escritor Monteiro Lobato sería el verdadero autor de *La Nueva Argentina*, la edificante novela didáctica destinada a promover el primer plan quinquenal peronista[14]. Sin duda, sería posible ampliar los canales subterráneos entre las dos culturas, en ámbitos tan distintos como la fotografía (Horacio Coppola y su trabajo sobre Aleijadinho, Ricardo Aronovich en tránsito entre la generación del 60 y el *Cinema Novo*), las artes plásticas (Carybé se estableció en Salvador en 1950 y se volvió bahiano como el que más, según el mismísimo Jorge Amado[15]) o el psicoanálisis (los historiadores hablan de la «influencia clínica de la escuela argentina sobre las filiaciones brasileñas»[16]).

Eso, sin olvidar nuestro tema, el cine, con figuras tan diferentes como el cineasta Carlos Hugo Christensen[17] o los discípulos de la escuela documental de Fernando Birri, instalados en Brasil, y a la inversa, las in-

escrito un texto con título de manifiesto: «Down with Tordesillas», *Brazil 2000-2001: A Revisionary History of Brazilian Literature and Culture, Portuguese Literary & Cultural Studies* 4/5, University of Massachusetts, Dartmouth/UERJ, 2000, pp. 277-293.

14. Jorge Schwartz, *art. cit.*, p. 284, fundamentado en la ficha catalográfica de la biblioteca de la Universidad de São Paulo, que menciona a Monteiro Lobato entre paréntesis, después del presunto autor Miguel P. García (*La Nueva Argentina*, Buenos Aires, Editorial Acteon, 1947). Puramente anecdótica resulta en cambio la atribución de una madre brasileña a Manuel Penella da Silva, *ghost writer* de Eva Perón para el *bestseller* oficial *La razón de mi vida* (Buenos Aires, Peuser, 1952), por Horacio González (*Evita*, São Paulo, Brasiliense, 1983, p. 10).

15. Palabras del escritor en el documental *Jorjamado no cinema* (Glauber Rocha, Brasil, 1977).

16. Elisabeth Roudinesco y Michel Plon, *Dictionnaire de la psychanalyse*, París, Fayard, 1997, p. 146. El primer encuentro ocurre en 1946, cuatro años después del surgimiento de la Asociación Psicoanalítica Argentina. Tres de sus fundadores, Ángel Garma, Celes Cárcamo y Marie Langer, así como Arminda Aberastury, orientaron a sus colegas brasileños en momentos cruciales, la creación de la pionera Sociedad Psicoanalítica de Porto Alegre (1947) y la crisis provocada por la actitud durante la dictadura militar. Argentina y Brasil son «las dos potencias del freudismo latinoamericano», en opinión de Roudinesco y Plon (p. 147). Asimismo, Emilio Rodrigué y Juana Elbein dos Santos ejercieron su magisterio en Bahía.

17. *Cf.* Jorge Ruffinelli, «Bajo cinco banderas: el cine multinacional de Carlos Hugo Christensen», seguido de «Conversaciones con Carlos Hugo Christensen», *Nuevo Texto Crítico*, año XI n° 21/22, Stanford, enero-diciembre de 1998, pp. 277-339.

cursiones del dramaturgo *paulista* Oduvaldo Vianna por los estudios
porteños (director de *El hombre que nació dos veces*, 1938; argumentista de
Amor, Luis Bayón Herrera, 1940). El uruguayo Fernando Borel triunfó
en los casinos brasileños, antes de emprender giras por países latinoamericanos y radicarse en la Argentina[18]. El cómico aragonés Pablo Palitos
tuvo una temporada carioca muy recordada por Grande Othelo[19], antes
de viajar a Buenos Aires con la compañía de Jardel Jércolis. El hijo de este, Jardel Filho, interpretaría algunas películas argentinas (entre ellas, *Setenta veces siete* de Leopoldo Torre Nilsson, 1962). Aunque Jardel Filho
coincidiera con Tonia Carrero, estrella del Teatro Brasileiro de Comédia
(TBC) y de la Vera Cruz, en la coproducción *Socia de alcoba/Sócio de al-
cova* (George M. Cahan, Argentina-Brasil, 1962), los intérpretes circulan
menos que los técnicos: Irma Álvarez debutó en la Argentina, en las tablas y en la pantalla, antes de radicarse en Brasil; a su vez, la carioca Fa-
da Santoro, incursionó tres veces en los sets porteños; Tonia Carrero
figuró asimismo en un filme característico de la generación del 60, *Alias
Gardelito* (Lautaro Murúa, Argentina, 1961). En cambio, a los directores
de fotografía les resultó más fácil. A Ricardo Aronovich lo anteceden en
Brasil Mario Pagés, Juan Carlos Landini, Anibal González Paz, formados
en Buenos Aires, sin olvidar al aragonés José María Beltrán, que hizo carrera en los estudios porteños y trabajó para la Vera Cruz *paulista*. Aronovich tampoco fue el último, después vinieron Roque Funes, Rodolfo
Sánchez, Félix Monti, Hugo Kovensky... Por lo menos tres montadores
recorrieron el mismo camino, el madrileño José Cañizares, Nelo Melli y
María Guadalupe. El flujo en un solo sentido confirma la preponderancia de la cinematografía argentina sobre la brasileña. En ciertas ocasio-
nes, el cine refleja la persistencia del circuito de giras del espectáculo en
vivo. Enrique Cadícamo, autor de memorables tangos como «*Madame
Ivonne*» y «*Che, papusa, oí*», realizó dos únicas películas en su vida, una
en Buenos Aires (*La virgencita de Pompeya*, 1935) y otra en Río de Janeiro (*Noites cariocas*, 1935), como si uno y otro escenario estuvieran a un
paso. La misma impresión causa el italiano Ernesto Remani, que dirigió

---

18. Roberto Blanco Pazos y Raúl Clemente, *Diccionario de actores del cine argentino,
1933-1999*, Buenos Aires, Corregidor, 1999, pp. 82-83.

19. *Depoimentos III*, Río de Janeiro, Serviço Nacional de Teatro/Funarte, 1977, pp. 93
y ss.

sucesivamente los primeros largometrajes argumentales en color en la
Argentina (*El gaucho y el diablo*, Emelco, 1952) y en Brasil (*Destino em
apuros*, Multifilmes, 1953), en ambos casos en Anscocolor (derivado del
Agfacolor) y en colaboración con el técnico alemán H. B. Corell. Otro
director italiano, Alberto D'Aversa, también pasó por los estudios porteños, antes de afincarse en São Paulo, trabajar para el TBC y realizar una
de las primeras adaptaciones de Jorge Amado (*Seara vermelha*, Brasil,
1963). Eso sin olvidar que Federico Figner, introductor del kinetoscopio
Edison a fines del siglo XIX, se estableció primero en Buenos Aires y luego en Río de Janeiro.

Cabe subrayar el papel de la emigración italiana en la circulación entre
las principales metrópolis sudamericanas y en la importación de procedi-
mientos técnicos u opciones formales (fundamentalmente, el neorrealismo). A pesar de la competencia en los festivales europeos, la renovación
supuso cierta convergencia. Paulo Emilio Salles Gomes (mentor de la
Cinemateca Brasileira) invitó a Fernando Birri a que dictara conferencias
en Brasil (1963). Como resultado, Maurice Capovilla y Vladimir Herzog
fueron a conocer la experiencia del Instituto de Cinematografía de la
Universidad Nacional del Litoral en Santa Fe, mientras dos discípulos de
Birri, Manuel Horacio Giménez y Edgardo Pallero, se integraron al equipo de documentalistas vinculados al productor *paulista* Thomaz Farkas.
En el ámbito argumental, los episodios de *El ABC del amor/ABC do amor*
(1967) fueron dirigidos por Rodolfo Kuhn, Eduardo Coutinho y Helvio
Soto, nombres representativos de las nuevas generaciones surgidas en los
países de las tres iniciales, Argentina, Brasil y Chile. Fue sin duda una
iniciativa voluntarista de la productora carioca Saga Filmes (Joaquim Pedro de Andrade, Leon Hirszman, Marcos Farías). Luego emigraron a
Brasil el guionista platense Alfredo Oroz y el cineasta Héctor Babenco,
el de mayor proyección internacional durante los años Embrafilme. No
obstante, las estrategias transnacionales propiamente dichas pertenecen
a la época de los estudios, mientras que en el período ulterior la trashu-
mancia es ante todo una cuestión de decisiones individuales, como si el
mercado de trabajo entre los dos países hubiera perdido permeabilidad
o se hubiera diluído en un conjunto ampliado.

Por fin, el antecedente inmediato del viaje de Atilio Mentasti por
varios países de América Latina habría sido el éxito de un filme desaparecido, *¡Éramos seis!* (Carlos Borcosque, Argentina Sono Film, 1945), ba-

sado en una novela de la brasileña María José Dupré. En esa ocasión, el directivo de Argentina Sono Film compró los derechos de la pieza de Joracy Camargo (por algo más de tres mil pesos, según Di Núbila, una módica suma) y contrató a Arturo de Córdova. Para su distribución en Brasil, *¡Éramos seis!* habría sido incluso doblado al portugués[20].

Volviendo a *Deus lhe pague*, el crítico e historiador Décio de Almeida Prado (amigo y compañero de Paulo Emilio Salles Gomes en la revista *Clima*, São Paulo, 1941-1944) opina que la conversación entre el Mendigo y el Otro es la base de sustentación de la obra. Todo lo demás, incluso la disputa por la mujer, no pasa de pretexto para que dos pordioseros sentados a la sombra de una iglesia discurran sobre el sentido de la vida. Ya en plena decadencia, cuando Procópio Ferreira seguía representando su papel de mayor éxito en el interior de Brasil, recurrió a una estratagema:

> Procópio mandó hacer, con escasos recursos técnicos, una versión cinematográfica de la mayoría de las escenas, dejando intactas, sin embargo, las conversaciones entre los dos mendigos, interpretadas por él en vivo. Semejante mezcla heterodoxa de cine y teatro le permitía ahorrar fuerzas físicas, aparte de dispensar el cambio de decorados y reducir sustancialmente la nómina de pagos del elenco.[21]

Evidentemente, la adaptación de *Dios se lo pague* filmada en los estudios de Argentina Sono Film respondió a otras consideraciones. La estructura de la película es muy distinta, pero lo importante no son los desplazamientos en el relato, ni la multiplicación de escenarios y personajes en sí mismos, sino los deslizamientos de sentido operados por su inserción en el conjunto. Aunque *Dios se lo pague* vuelva tres veces al diálogo entre los dos pordioseros, la narración fílmica no resulta de la conversación con el discípulo, ni está siempre identificada con el punto de vista de un único protagonista, muy por encima de todos los demás. Ello debilita el «apólogo filosófico», aun antes de que entremos a analizar otras modificaciones significativas.

El filme *Dios se lo pague* empieza con el encuentro y el primer intercambio de los dos mendigos en el umbral de la iglesia, después de los

---

20. Claudio España, *Medio siglo de cine, op.cit.*, p. 213. Di Núbila, *op. cit.*, vol. II, p. 94.
21. Décio de Almeida Prado, *Peças, pessoas, personagens, op. cit.*, pp. 48 y 66.

créditos sobre una obscura calle embarrada. La secuencia siguiente ocurre en el Club de Residentes, justo enfrente, donde funciona un casino clandestino. Allí se conocen Nancy y Richardson, un jugador que ha perdido el crédito en el establecimiento, como lo muestra un áspero diálogo con el gerente. Una redada de la policía facilita el encuentro entre la mujer y el Mendigo, que le propone frecuentar otros ambientes si desea entablar relaciones más estables: la música favorece los sentimientos. En el hotel donde vive, Nancy zafa de la cuenta siguiendo los consejos del «viejito». Al día siguiente, recibe flores y una invitación anónima para un concierto. En el lujoso Auditorium, mientras escuchan «*Tannhauser*» y «*Lohengrin*» de Wagner, el hombre despojado del disfraz de pordiosero –el público lo reconoce, ella no– primero la libra del chofer de taxi que intenta cobrarse y luego le hace la corte. La galantería es atribuida en parte a la melodía y se sirve de los motivos de las composiciones ejecutadas por la orquesta. Sin embargo, ella siente un malestar y confiesa que está en ayunas. Van a un restaurante y salón de baile. Cuando ella regresa al hotel no puede eludir el desalojo y vuelve enseguida a los brazos del seductor. Ambos establecen una especie de pacto, consistente en no averiguar el pasado del otro.

Hasta aquí, predominan en *Dios se lo pague* los recursos de la alta comedia, a ratos algo solemne. Transcurrida media película (la duración total es de 119 minutos), hay un progresivo cambio de tono, como si el *melo*-drama acompañara la ambientación musical. Con excepción del encuentro entre los dos indigentes, el falso y el verdadero, el maestro y el discípulo, todo lo demás ha sido añadido por el guionista de *Dios se lo pague*, Tulio Demicheli. Incluso la siguiente frase atribuida al Mendigo: «El dinero es triste, tiene como el hombre su pecado original». No solamente la ecuación pecaminosa no consta en la pieza, sino que refleja una «filosofía» bastante alejada de la expuesta en tono risueño por Joracy Camargo. «Todo dinero es vil», llega a decir Péricles da Silva (145). Pero la religión está presente en el autor brasileño bajo la forma de un claro relativismo: «Todas las religiones son perfectas. Los hombres son los que son imperfectos. Si fundáramos una secta que ofreciera a la hora de la comunión, en lugar de la hostia, un suculento bife con patatas, veríamos como no le faltarían adeptos. (…) Si un día convocaran un congreso de todas las iglesias para discutir los puntos controvertidos, terminarían por negar la existencia de Dios…» (pp. 127-128).

Volviendo al filme *Dios se lo pague*, los dos pordioseros se dirigen hacia la mansión de Mario Álvarez, nombre del que logró amasar una fortuna a costa de limosnas. Por la calle, constatan la hipocresía de la servidumbre y de los convivas invitados a una fiesta. Cuando Nancy, la dueña de casa, reencuentra a Pericles, su temor es que pueda chantajearla y revelar su vida anterior. Una serie de evocaciones, cortos *flashs-backs*, desfilan en sobreimpresión sobre su cabeza, mientras ella observa la ventana de espaldas a la cámara. En la pantalla, Pericles Richardson y Mario Álvarez tienen edades y físicos absolutamente equivalentes, otra diferencia fundamental respecto a la pieza, donde Pericles da Silva enfrenta a «un viejo que podría ser mi abuelo» (74). Dicho sea de paso, la principal disparidad en cuanto a los nombres de los personajes no radica en el divertido y significativo cambio de apellido de Pericles, sino en que el Mendigo (Mario Álvarez) y el Otro (Barata) hayan salido del anonimato en que los mantuvo voluntariamente Joracy Camargo.

Luego, los dos pordioseros de *Dios se lo pague* van al taller donde el primero guarda sus utensilios «profesionales» y asistimos al desmaquillaje del falso Mendigo. Allí, este se refiere a una época en que «todavía no se habían inventado las leyes de protección obrera», introduciendo el único *flash-back* de la película, dividido en dos partes sucesivas, sobre la visita del patrón a su casa, el robo de los planos elaborados por el empleado, el suicidio de la esposa engañada, el intento de revancha en la fábrica, seguido de los años de cárcel. El Mendigo ofrece a su aprendiz Barata el taller, con dos puertas que dan hacia calles de aspecto distinto, lo que llama la atención sobre la importancia de los dispositivos escenográficos bipolares.

Richardson promete a Nancy el matrimonio, en lugar del concubinato. Aunque su situación material sea precaria, respecto al rival él encarna cierta respetabilidad, o mejor dicho, una mayor conformidad a las convenciones sociales. Las bromas entre Pericles y el falso «Sócrates» sobre la Grecia antigua se reducen a un *intermezzo* cómico, sin establecer la rivalidad basada en la inteligencia (ni la edad). Por el contrario, al convocar al antiguo patrón, sin saber que se trata del padre de Richardson, Mario Álvarez antepone la venganza al amor, a ojos de la decepcionada Nancy. Solo cuando él le revela su doble identidad, por medio de una flor-amuleto entregada al viejo Mendigo, la mujer recapacita. Acto seguido, en el umbral de la iglesia, Mario aparece sin la barba postiza, con un aspecto intermedio, ni elegante ni andrajoso. Su reflexión, a modo de moraleja, tampoco fue escrita por Joracy Camargo: «Los sentimientos son más fuertes que todas las teorías». Una procesión a la Virgen entra al templo. El Mendigo confiesa que nunca había rezado antes. El desenlace del filme equivale pues a una conversión, a una doble redención de dos pecadores: ella le devuelve el dinero y las joyas, él a su vez se las ofrenda a la Virgen.

El melodrama de Argentina Sono Film rescata la fuerza de los sentimientos, algo que no cuadra con la «filosofía» de *Deus lhe pague*: «Amor, odio, *saudade*, egoísmo, honor, carácter y la propia caridad de la que vivimos, son fantasías que andan por ahí dificultando la vida, cuando la vida es tan sencilla. Vivir es sólo respirar, comer, beber y dormir», dice el sentencioso Mendigo (56). Fiel discípula del viejo, Nancy asegura: «Todas las mujeres quieren a otros... Yo... sólo quiero a mí misma... Sólo el amor logra perturbar la felicidad. Y la mujer debe amar, necesita amar, no puede rehuir ese sentimiento... ¡Sólo es feliz quien ama a sí misma!» (75). Menos aun encaja en la comedia brasileña la respetuosa religiosidad de la versión filmada en los estudios porteños.

La adaptación cinematográfica confiere un lugar central a la religión, desde la misma organización del espacio —basta cruzar la calle para encontrar en ambas veredas las disyuntivas entre las que oscila la mujer: el casino y la iglesia, el antro del vicio y el templo de la virtud. Igual ocurre con la construcción dramatúrgica y el desenlace al pie del altar, en plena misa: la comunión de los fieles y el acto de caridad se confunden, el desprendimiento sella la reconciliación de la pareja. Si bien una nota del autor recomendaba la utilización de «música litúrgica», sobre todo al final, en el teatro *Deus lhe pague* no transpone el umbral de la iglesia, no hay ninguna clase de «conversión» del Mendigo. En la pieza existe casi una unidad de lugar, puesto que el decorado donde vive el obrero y la mansión del millonario surgen por efectos de iluminación, sólo para situar las sucesivas peripecias. El dispositivo espacial que pone frente a frente el templo de la redención y el antro del pecado no sólo es absolutamente extraño a las intenciones de Joracy Camargo, sino que introduce las típicas polarizaciones melodramáticas del bien y el mal. El «apólogo filosófico» se transforma en parábola religiosa.

La religión era uno de los temas discutidos entre el Mendigo y el Otro, contribuyendo a fundamentar el relativismo racionalista que impregna el texto original. Mientras la comedia de Joracy Camargo pretendía exaltar la racionalidad de una inteligencia superior, la película entronca con la tradición religiosa del melodrama latinoamericano. Las nociones de redención y conversión son típicas del *pathos* melodramático y ajenas al arsenal cómico. Al mismo tiempo, *Dios se lo pague* es un melodrama que encuentra buena parte de su interés en las brillantes réplicas y reflexiones de una dramaturgia basada en las frases de efecto y no sólo en los *coups de théâtre* del drama decimonónico. La comicidad no desaparece en la película, pero se integra a una estructura decididamente melodramática, subrayada por el patetismo del *flash-back* y la solemnidad litúrgica del desenlace. En la pieza brasileña, no existe ningún vínculo de familia entre los principales personajes, no hay filiación entre Péricles y el antiguo patrón abusivo que explica el desdoblamiento del falso Mendigo. Tampoco se suicida la mujer engañada por el empresario, conforme ocurre en la pantalla. En *Deus lhe pague*, el deseo de venganza no mueve al protagonista, que limita su revancha sobre la sociedad a sus invectivas «filosóficas».

En el cine clásico, los resultados no dependen solamente de la personalidad del director, sino que pasan por la conjunción armoniosa de los valores de producción y las convenciones de género. No obstante, Luis César Amadori (Pescara, Italia, 1902-Buenos Aires, 1977) es el nombre con mayor relieve en los créditos y resume bien la fluida circulación entre las principales formas del espectáculo porteño, el teatro, la música y el cine, que concurren al éxito de *Dios se lo pague*. Propietario del Teatro Maipo, uno de los templos de la revista musical, estratégicamente ubicado en la calle Esmeralda entre Corrientes y Lavalle, Amadori compuso tangos en colaboración con Discépolo, Canaro, Charlo, Malerba y Rubinstein[22]. La música ciudadana es sensible al entorno social, aunque carezca de la entidad atribuída por la película a Wagner o Schubert. La esmerada producción de Argentina Sono Film combina los impecables decorados del refugiado español Gori Muñoz, una eficaz iluminación y fotografía de Alberto Etchebehere, un vestuario y maquillaje de la rubia Zully Moreno (Nancy) que evocan la moda y el aspecto de Eva Perón: aparte de la iconografía política de la época, el personaje femenino de

---

22. Horacio Ferrer, *El libro del tango: crónica & diccionario, 1850-1977*, Buenos Aires, Galerna, 1977, p. 251.

Dios se lo pague también recuerda a Evita por su trayectoria de la vida ligera a la beneficiencia. Medio siglo después, la exaltación de la caridad no está demasiado alejada de las propuestas actuales de condonación de la deuda de los países pobres (el socialcristianismo a menudo reencarnado en las ONGs), aunque en la película refleje bien la ideología asistencial del peronismo. La hipocresía de las caritativas damas, denunciada por el protagonista de *Dios se lo pague*, remite al conflicto entre la alta sociedad porteña y Evita Perón, cuando esta empezó a concentrar en instituciones oficiales las acciones de bienestar social (en 1948, justamente, se crea la Fundación Eva Perón).

Según Clara Kriger, «el deseo de conciliar posiciones entre el capital y el trabajo», característico del peronismo, encuentra una encarnación paradigmática:

En *Dios se lo pague*, el cuerpo del protagonista, Mario Álvarez (Arturo de Córdova), es el recipiente que une dos condiciones sociales antagónicas, un burgués acomodado de día y un mendigo miserable de noche. Su trayectoria en el filme no será otra que la de lograr conciliar internamente los dos mundos a los que pertenece. En el comienzo, estas dos versiones de la misma persona se hallan en conflicto permanente, el mendigo afirma que «honestidad y decencia son mentiras burguesas», ya que ellos «viven del trabajo ajeno» y no «terminan en la cárcel». Recordando su pasado, nos informa que ha sido un obrero («cuando todavía no se habían inventado las leyes de protección obrera») engañado por empresarios inescrupulosos que provocaron su ruina. Pero esa dicotomía irá desapareciendo hacia el final del filme, cuando decide concretar su venganza y unificar los dos mundos en los que vive, convirtiéndose en dueño de una empresa pero sin olvidar que hay que «dar lo que se tiene y pedir lo que se desea».[23]

23. Clara Kriger, «El cine del peronismo: una reevaluación», *Archivos de la Filmoteca* n° 31, Valencia, febrero de 1999, pp. 144-145; Clara Kriger, «Dios se lo pague», *Tierra en trance: El cine latinoamericano en 100 películas*, Alberto Elena y Marina Díaz López (eds.), Madrid, Alianza, 1999, pp. 85-88. La fortuna crítica póstuma de la película es más bien reservada: pocas líneas le están dedicadas en el opúsculo reivindicativo de Claudio España, *Luis César Amadori*, Buenos Aires, Centro Editor de América Latina/Instituto Nacional de Cinematografía, 1993, 64 pp., il., col. Los directores del cine argentino n° 12. Diana Paladino firma una notita sobre *Dios se lo pague* en la novedosa *Encyclopedia of Contemporary Latin American and Caribbean Cultures*, Daniel Balderston, Mike Gonzalez y Ana M. López (eds.), Londres-New York, Routledge, 2000, vol. 1, pp. 474-475.

Si bien el suspense final depende de la decisión de Nancy, estamos frente a un melodrama estrictamente masculino, muy sintonizado también con el caudillismo populista y el rol supuestamente protagónico de la mujer, un papel en realidad subordinado como el de Evita, cuando no decorativo: el derecho de voto del «segundo sexo» en la Argentina fue adoptado por ley en 1948 (año del estreno de *Dios se lo pague*), pero se hizo efectivo en la elección de 1951, cuando Eva Perón tuvo que renunciar a su candidatura a la vicepresidencia. Ambos personajes femeninos, absolutamente esquemáticos, de una sola pieza, encarnan la pasividad. Cuando toman una iniciativa, precipitan el drama: la esposa del obrero traiciona sus intereses y entrega su secreto al patrón, la amante de la vida fácil pretende abandonar al hombre que le brindó un lugar en la sociedad por un estafador. En cambio, la riqueza de la figura interpretada por Arturo de Córdova es tal que lo obliga prácticamente a encarnar tres personajes, el obrero, el mendigo y el millonario. El segundo pordiosero, su discípulo, es casi un desdoblamiento del protagonista. El conflicto por la belleza femenina opone dos formas distintas de masculinidad, transformando a la hembra en juguete, mientras a los hombres les reserva el papel de motores del drama. La apariencia resume la esencia de la mujer, lo que no ocurre con los dos arquetipos masculinos, contrapuestos por el carácter (cálculo intelectual y entereza moral versus parasitismo e irresponsabilidad). El discurso del Mendigo destila misantropía y misoginia en dosis desiguales: las responsabilidades de los individuos se diluyen en la responsabilidad mayor de la sociedad, pero nada viene a disminuir la insensatez femenina. En la fiesta, hombres y mujeres son igualmente hipócritas, todos encarnan un rol social, pero mientras las hembras son pedigüeñas, los hombres se juegan el dinero. En la puerta de la iglesia como en la mesa de juego, en la fábrica como en la mansión, todo gira alrededor del poder del dinero, confirmando la supremacía masculina.

Aunque una serie de aspectos remitían al espectador argentino de la época al discurso y a la iconografía peronistas, la ambientación descontextualiza la ficción, situándola en una urbe genérica, sin particularismos nacionales, de acuerdo a la estrategia exportadora. Así y todo, el Club de Residentes simbólicamente situado frente a la iglesia, remite al Club de Residentes Extranjeros, el primer centro social creado en Buenos Aires, a mediados del siglo XIX. Y el apellido Richardson evoca a la importante comunidad inglesa (el peronismo nacionalizó los ferrocarriles británicos).

A la contribución de Argentina Sono Film y a la pieza del autor brasileño se suma Arturo de Córdova (1908-1973), la estrella masculina mexicana con mayor carrera internacional (filmó en Hollywood, Venezuela, Brasil y España). La elección del protagonista es significativa, pues simboliza un México moderno, cosmopolita, donde el nacionalismo revolucionario ha sido definitivamente institucionalizado, domesticado, congelado. En cambio, Jorge Negrete (1908-1953) y Pedro Armendáriz (1912-1963) estaban identificados con un México prerrevolucionario, rural e indigenista, con la «añoranza porfiriana», según la terminología inventada por Ayala Blanco[24] (si bien nuestra tipificación es injusta con Armendáriz, que mostró una versatilidad comparable a la de Arturo de Córdova). Pedro Infante (1917-1957), el más joven y carismático de los cuatro, había cumplido recién treinta años, insuficiente tal vez para las dos vidas sucesivas encarnadas por el doble protagonista de *Deus lhe pague* (aunque Procópio Ferreira la estrenó con 34 años).

En lo ideológico, la transformación de la comedia de Joracy Camargo en melodrama de Argentina Sono Film muestra la amplia circulación de las tesis sociales del populismo latinoamericano, de Vargas a Perón, sin olvidar al nacionalismo mexicano. Así como el obrero se volvió mendigo por un artilugio varguista, gracias al peronismo el trabajador se transforma en descamisado; el primero filosofa a la buena de Dios, mientras el segundo vota a San Perón. En ambos casos, el desclasado conjura el fantasma de un proletariado organizado. Tal vez podamos atribuir la mayor irreverencia de la pieza a la efervescencia de los años treinta, cuando el populismo aun busca su lugar y perfil a través de sucesivos reacomodos institucionales, mientras la película refleja la consolidación estatal de posguerra. Entre la Revolución del 30, la *intentona* comunista de 1935 (el fracasado golpe militar organizado por el PCB), el *Estado Novo* de 1937 y la democratización de 1945, Brasil busca penosamente la estabilidad. En México, el Jefe Máximo, Plutarco Elías Calles, domina hasta la elección del general Lázaro Cárdenas, que nacionaliza el petróleo e impulsa la reforma agraria: el Partido Revolucionario Institucional sólo merece su nombre definitivo en 1946, con la elección de Miguel Alemán, civil y católico, después de décadas de caudillos militares y persecuciones antirreligiosas. En la Argentina, también, las dos presidencias de Juan Do-

---

24. Jorge Ayala Blanco, *La aventura del cine mexicano, op.cit.*, pp. 43-51.

mingo Perón representan un mínimo de continuidad gubernamental, por primera vez desde 1930. En los tres países, la unción de la Iglesia católica fue fundamental en la inmediata posguerra: las necesidades del melodrama iban de la mano con las conveniencias políticas.

Según el testimonio de Procópio, Getúlio Vargas (en el poder, como dijimos, de 1930 a 1945) fue a ver *Deus lhe pague* en el teatro unas diez veces. Al asistir al ensayo general, el mismísimo censor Armando Pamplona le dijo a Procópio: «es una pieza genial»[25]. Dos anécdotas confirman la identificación del caudillo *gaúcho* y su *entourage* con la pieza. *Marabá*, otra obra de Joracy Camargo, puesta en escena en 1934, fue prohibida por la censura, porque según el mismo Procópio «era absolutamente comunista, abiertamente comunista». El actor fue convocado por el jefe de policía, el temido Felinto Müller, que lo conminó a que la reemplazara por... *Deus lhe pague*. En Portugal, en 1935, la censura del *Estado Novo* de Salazar pretendía prohibirle a Procópio que presentara su mayor éxito. El asunto casi provoca un incidente diplomático, resuelto por la firme intervención de la Presidencia brasileña en defensa de *Deus lhe pague*[26].

En cuanto a la película *Dios se lo pague*, fue plenamente endosada por el peronismo, no sólo al representar a la Argentina en Venecia y junto a la Academia de Hollywood, sino sobre todo al ser elegida para inaugurar el primer festival de cine argentino de Mar del Plata, el 16 de marzo de 1948 (cinco días después del estreno en la Capital Federal), bajo la presidencia del coronel Domingo Mercante, gobernador de la provincia de Buenos Aires (y testigo de matrimonio de Juan Domingo Perón y Eva

25. *Procópio Ferreira apresenta Procópio, op. cit.*, p. 241.

26. *Depoimentos I, op. cit.*, pp. 100-101, 109-110. Vargas creó el Servicio Nacional del Teatro, así como otras instituciones culturales, gracias a la cooptación de intelectuales modernistas en la administración del ministro de Educación, Gustavo Capanema. Una hija de Procópio, Ligia Ferreira, afirma que su padre estuvo afiliado al Partido Comunista Brasileño, algo poco probable (Jalusa Barcellos, *op. cit.*, pp. 39-40). En cambio, Joracy Camargo es el autor de un libro apologético, *O teatro soviético* (Río de Janeiro, Leitura, s.f. [1944], 280 pp., il.). El éxito de la temporada lusitana desembocó en una de las primeras apariciones de Procópio Ferreira en la pantalla, *Trevo de quatro folhas* (Chianca de Garcia, Sonarte, Portugal, 1936), un filme desaparecido (Luís de Pina, org., *Chianca de Garcia*, Lisboa, Cinemateca Portuguesa, 1983, pp. 69 y ss.). El portugués Chianca de Garcia sería contratado a su vez por la Cinédia de Adhemar Gonzaga para dirigir el mencionado *Pureza* (Brasil, 1940, inspirado en una novela de José Lins do Rêgo) y *24 horas de sonho* (Brasil, 1941), a partir de un argumento de Joracy Camargo, primeros pasos de su radicación en Brasil.

Duarte). El enviado especial del diario carioca *O Globo*, aparte del orgullo de ver a un nombre brasileño (Joracy Camargo) asociado al primer festival, expresa su confianza en «el cine argentino, ya tan pujante y ahora incorporado al plan quinquenal de liberación industrial, económica y artística del Gobierno Perón.»[27]

Si bien la actriz argentina Zully Moreno tuviera todas las razones del mundo para ser la elegida (era una figura consagrada y Amadori la había desposado justo antes del rodaje), la opción por una rubia en lugar de una morena contribuye sin duda a la desterritorialización y al cosmopolitismo, sin el menor sacrificio a la identificación del espectador local: en el *star system* porteño predominan las trigueñas, mientras en el mexicano ocurre lo inverso[28]. El público de los tres países latinoamericanos más populosos podía regocijarse de reconocer algo suyo en la pantalla –para los brasileños, era la consagración internacional del mayor éxito del teatro nacional–, sin que eso excluyera al vecino ni fuera un obstáculo para los demás. *Dios se lo pague* reúne pues a valores de los tres principales países de América Latina, en un esfuerzo por sumar bazas y aumentar sus posibilidades en el mercado internacional. A la estrategia transnacional del proyecto corresponde la transformación de la pieza original y la hibridación del resultado.

La pareja protagónica mexicano-argentina volvió a reunirse con éxito en *Nacha Regules* (Argentina Sono Film, 1950), otro melodrama social, filmado en los mismos estudios porteños, y en *María Montecristo* (Filmex, México, 1950), rodado en los estudios Azteca, ambos dirigidos por Luis César Amadori. Argentina Sono Film perseveró en su estrategia: Atilio Mentasti contrató acto seguido a la estrella mexicana Dolores del

27. Edmundo Lys, «*Deus lhe pague* inaugurou o festival de Mar del Plata: A versão cinematográfica da peça de Joracy Camargo abriu as sessões fílmicas do certame –Um êxito, a realização dos produtores vizinhos», *O Globo*, Río de Janeiro, 17 de marzo de 1948. Se trata por supuesto del festival nacional, el certamen internacional surge en 1959. Las referencias de la prensa brasileña sobre *Dios se lo pague* se encuentran todas en el archivo del productor Adhemar Gonzaga, conservado en los estudios de la Cinédia (Río de Janeiro). Agradecemos las fotocopias a Hernani Heffner y a Gilberto Santeiro (Cinemateca del Museo de Arte Moderno de Río de Janeiro).
28. *Cf.* Paulo Antonio Paranaguá, «L'Amérique Latine, des velléités aux mythes», *Stars au féminin*, París, Centre Pompidou, Gian Luca Farinelli y Jean-Loup Passek (eds.), 2000, pp. 247-254 («La star nel cinema latinoamericano. Dalle velleità ai miti», *Star al femminile*, Boloña, Cineteca, 2000, pp. 232-241).

Río para *Historia de una mala mujer* (Luis Saslavsky, Argentina Sono Film, 1948), basada en *El abanico de Lady Windermere* de Oscar Wilde, adaptado varias veces a la pantalla (Ernst Lubitsch, 1925; Otto Preminger, 1949). El mismo año, el productor Cesáreo González se llevó a María Félix a España. Las nuevas estrategias transnacionales se desplegaban a ambos lados del Atlántico. El cine mudo había recurrido a negativos distintos para la exportación de ciertas películas. El cine sonoro empezó con la filmación de versiones múltiples de una película y la realización de cintas en diversos idiomas en un mismo estudio. La posguerra desarrolló en escala notable las coproducciones entre dos o tres países, sumando fuerzas en todos los rubros, artísticos, técnicos y empresariales[29]. Sin embargo, no todos los proyectos apostaron a idénticos mecanismos de hibridación. Mientras *Dios se lo pague* combinó desterritorialización y convergencia simbólica, *Jalisco canta en Sevilla* (Fernando de Fuentes, México-España, 1948) optó por el simulacro del folclore, celebrando el encuentro entre la comedia ranchera y la españolada, encarnadas en el charro cantor Jorge Negrete y la joven Carmen Sevilla[30]. La yuxtaposición de referentes folclóricos, musicales, idiosincrásicos, étnicos o culturales de orígen diverso es una estrategia que se repite en México, Argentina, Brasil y Cuba. Tiene un antecedente en el emblemático título de una de las primeras producciones «hispanas» filmadas en Estados Unidos: *Charros, gauchos y manolas* (Xavier Cugat, Hollywood Spanish Pictures Company, 1930). La combinación de ingredientes heterogéneos puede desembocar incluso en una redoblada y explícita hibridación genérica. Verbigracia, *Gángsters contra charros* (Juan Orol, España Sono Films, México, 1947) remite por lo menos a tres géneros o subgéneros de distinta procedencia y no a dos como sugiere el título: pistoleros estadounidenses y figuras típicas de la comedia ranchera mexicana tercian con

---

29. Aldo Bernardini considera hitos iniciales del desarrollo de las coproducciones europeas *la Chartreuse de Parme/La Certosa di Parma* (Christian-Jaque, Francia-Italia, 1947) y otras películas de la época; el historiador italiano hace un balance positivo de las coproducciones, a menudo denostadas, en «Le collaborazioni internazionali nel cinema europeo», *Storia del cinema mondiale*, Gian Piero Brunetta (ed.), Turín, Einaudi, vol. I, 1, pp. 1013-1048.

30. Marina Díaz López, «Las vías de la Hispanidad en una coproducción hispanomexicana de 1948: *Jalisco canta en Sevilla*», *Cuadernos de la Academia* nº 5, Madrid, Academia de las Artes y las Ciencias Cinematográficas de España, mayo de 1999, pp. 141-165.

rumberas y artistas tan caribeños como Kike Mendive, sin hablar del aura de gallego cosmopolita del mismísimo Juan Orol, inefable director e intérprete.

Dios se lo pague se estrenó en el Gran Rex, en Buenos Aires, el 11 de marzo de 1948, y batió el récord de recaudaciones del cine argentino hasta entonces, sumando los ingresos dentro y fuera del país[31]. En México, la película se mantuvo cinco semanas en la sala de estreno (Mariscala, 18 de junio de 1948), lo que la sitúa entre las más exitosas del año[32]. En Río de Janeiro, tuvo un estreno excepcional en ocho salas (São Luiz, Palácio, Rian, Carioca, Ideal, Pirajá, Icaraí, Capitólio de Petrópolis, 4 de abril de 1949) y permaneció en cartelera por lo menos siete semanas. En São Paulo, el impacto se repite, con seis salas de primera línea (Ipiranga, Majestic, Paramount, Rosário, Esmeralda, Sabará, 6 de mayo de 1949). En Porto Alegre, *Dios se lo pague* se proyecta en dos cines (Marabá y Baltimore) durante dos semanas, «un nuevo record en la cinelandia local»[33]. El éxito de la adaptación cinematográfica dió un segundo aliento a la pieza original. Joracy Camargo habla con entusiasmo de nuevas puestas en escena en Francia, Italia y España, «gracias a la divulgación hecha por la película»[34]. Procópio siguió interpretándola a lo largo de las décadas de los cuarenta y los cincuenta, con un último montaje en 1968.

Sin embargo, la recepción de la crítica brasileña revela controversias. El muñequito del diario *O Globo* aplaudió sentado: el *bonequinho* no se puso de pie (su máxima cotación), pero consideró que *Dios se lo pague*

31. Domingo Di Núbila, *op. cit.*, vol. II, p. 93.

32. Apenas 17 títulos, de un total de 445, estuvieron cinco o más semanas en cartel en las salas de estreno de Ciudad de México. De los 17 mencionados, 4 son mexicanos, 8 norteamericanos, 3 europeos y 2 argentinos (el segundo es *Corazón*, otro melodrama, basado en la novela de Edmondo d'Amicis, dirigido por Carlos Borcosque, Argentina, 1947). Triunfan en el Distrito Federal tanto las producciones mexicanas prestigiosas (*Maclovia*, Emilio Fernández), como las películas mexicanas netamente populares: la comedia anual de Cantinflas, el melodrama tremendista *Nosotros los pobres* (Ismael Rodríguez) y el costumbrismo populista de *¡Esquina bajan!* (Alejandro Galindo). Datos de María Luisa Amador y Jorge Ayala Blanco, *Cartelera Cinematográfica 1940-1949*, México, UNAM, 1982, pp. 313, 390-391.

33. Según un artículo del diario *Folha da Tarde*, Porto Alegre, 6 de julio de 1949. Las demás informaciones sobre Brasil provienen de recortes de prensa del archivo de Adhemar Gonzaga.

34. F.C.M., «Cinco minutos com Joracy Camargo», *Radar*, São Paulo, 21-27 de junio de 1949 (Archivo Adhemar Gonzaga).

«honra al moderno y adelantado cine argentino». La adaptación le pareció «primorosa», «sin traicionar el original», «no podía ser más feliz la adaptación (...). Conservando toda la esencia del original, adquirió valores cinematográficos»[35]. Tampoco la *Folha da Tarde* de Porto Alegre escatima los méritos del filme: «otra victoria brillante, indiscutible, del cine argentino. Desnecesario decir aqui el elevado nivel técnico y artístico alcanzado desde hace mucho por la industria fílmica de Buenos Aires». El diario *gaúcho* elogia asimismo «la forma inteligente en que fue aprovechada la historia de Joracy Camargo, que gana en la pantalla nueva vida, nuevo interés, que a menudo no logra alcanzar en el palco»[36]. Una publicación *paulista*, *Radar*, está de acuerdo: «el cine argentino marcó un tanto». Nadie cuestiona el derecho e incluso el interés de que sea una industria de otro país la encargada de llevar a la pantalla el taquillazo del teatro brasileño. Prevalece entonces una conciencia aguda de la incapacidad de la producción local para emprender grandes proyectos (otro estado de ánimo muy distinto, a diez años de distancia, explica las reticencias brasileñas frente al *Orfeu negro* del francés Marcel Camus, 1959, a pesar de estar filmado en Río). A lo sumo, el cronista Paulo de Alencar confiesa: «*Dios se lo pague* llega a despertar, incluso en los corazones más empedernidos, una punta de melancolía y –¿por qué no?– un velo de resentimiento al recordar el cine nacional»[37].

No obstante, «el espíritu de la pieza es uno y el de las imágenes es otro», escribe el crítico Jonald. «Tantas fueron las alteraciones introducidas en la pieza de Joracy Camargo, que el sentido general quedó un tanto sacrificado. Sin embargo, a pesar de la supremacía de los diálogos, el conjunto revela un nivel satisfactorio»[38]. La revista *O Cruzeiro* adopta una postura parecida: «aunque básicamente disociada de la pieza de Joracy Camargo (lo que no importa en términos de lenguaje cinematográ-

35. Fred Lee, «Deus lhe pague», *O Globo*, Río de Janeiro, 7 de abril de 1949 (Archivo Adhemar Gonzaga).
36. «Deus lhe pague», *Folha da Tarde*, Porto Alegre, 6 de julio de 1949 (Archivo Adhemar Gonzaga).
37. Paulo de Alencar, «Deus lhe pague», *Radar*, São Paulo, 3 de mayo de 1949 (Archivo Adhemar Gonzaga).
38. Jonald, «Deus lhe pague», Río de Janeiro, 7 de abril de 1949 (Archivo Adhemar Gonzaga). Jonald dirigió *Estrela da manhã* (Brasil, 1950), basado en un argumento original de Jorge Amado.

fico), *Dios se lo pague* todavía conserva resquicios de teatro, pero no deja por ello de ser un buen filme.». Después de confesar que no esperaba nada de un cine argentino que «aun está gateando» a pesar de su nivel técnico, el crítico del importante semanario admite que se trata de la mejor película argentina después de *La guerra gaucha* (Lucas Demare, Artistas Argentinos Asociados, 1942)[39]. Aunque no hubiera visto la pieza, al decano de la crítica carioca, Pedro Lima, tampoco le gustó la «secuencia religiosa, buena para cierto público, pero fuera de propósito para un filme de finalidad tan diferente. En todo caso, hay que subrayar el esfuerzo del cine argentino en llevar a la pantalla un original brasileño, con artistas de renombre y un tratamiento de clase»[40].

La melancólica conclusión de Paulo de Alencar merece un desarrollo explícito de otro *paulista*, José Carlos: «no se puede exigir del cine argentino un nivel técnico y artístico que se equipare al de las industrias fílmicas de Estados Unidos, Gran Bretaña y Francia. Urge que el público *paulista*, que ha sido tan tolerante con el cine de Brasil, también encare la progresista industria cinematográfica del Río de la Plata con benevolencia». Aparte de asegurar que los argentinos son «gente muy simpática y generosa; al contrario de lo que mucha gente equivocadamente piensa, son amigos sinceros y admiradores de Brasil», el periodista advierte: «hay mucha mala fe y animosidad, por lo tanto, en esta guerra sorda que aquí se mueve contra las películas porteñas. Sobre todo en este principio de campaña contra *Dios se lo pague...*»[41]

Por lo visto, la referida guerra no se molesta en adoptar la sordina. Jorge Ileli empieza su crítica con las siguientes palabras: «Un filme argentino parece un tango: plañidero, desdichado, nostálgico y romántico». Ileli considera la preferencia por el melodrama «capaz de conducir al cine argentino hacia un camino equivocado». El cine brasileño prefiere la comedia, género apreciado por el futuro realizador Jorge Ileli. En su opinión, «la adaptación cinematográfica de Tulio Demicheli está hecha con sentido de cine, pero traiciona su origen». A pesar de insistir en el fon-

39. José Amadio, *O Cruzeiro*, Río de Janeiro, 23 de abril de 1949 (Archivo Adhemar Gonzaga).
40. Pedro Lima, «Deus lhe pague», *O Jornal*, Río de Janeiro, 9 de abril de 1949 (Archivo Adhemar Gonzaga).
41. José Carlos, «Deus lhe pague», *Diario da Noite*, São Paulo, 29 de abril de 1949 (Archivo Adhemar Gonzaga).

do social de la pieza original, el autor de esas líneas apunta en otra dirección: la película «no consigue ocultar el origen teatral de la obra. Su mayor valor sigue siendo el texto. La originalidad del asunto y la fuerza de
los diálogos dan consistencia al filme y el mérito pertenece, en gran parte, a Joracy Camargo». El crítico del periódico de izquierda *Diretrizes*
aun tiene otro reproche: «La dirección de Luis César Amadori puede ser
considerada buena (…). Su error imperdonable reside en la modificación del final de la pieza de Joracy Camargo, desvirtuando el mensaje para ser agradable al clero. Fue una concesión absurda e injustificable. No
solamente fue modificado el mensaje. El propio fondo fue parcialmente
alterado». Y todo en nombre de un «americanismo enervante», según el
ulterior director de un documental hagiográfico sobre el varguismo, *No
mundo em que Getúlio viveu* (Jorge Ileli, Brasil, 1963).[42]

Sin embargo, el nacionalista Ileli está lejos de ser el más severo. Desde el catolicismo conservador, la derecha antipopulista o la izquierda
dogmática, surgen críticas que parecen rebasar el solo caso de *Dios se lo
pague*. En la crítica católica aun empeñada en dirimir la cotación moral
de las películas, encontramos una arremetida contra el argumento folle-
tinesco de la película: el adaptador «no consiguió quitarle el tono teatral.
Y tomen diálogos. La filosofía comunizante y fácil del sr. Joracy Camargo tenía que ser expuesta. Y tomen diálogo. La cuestión del patrón malo
y del buen obrero tenía que ser presentada como problema social. Y tomen dialéctica…». Aunque el *happy end* termine «incluso con una bendición del Santísimo», el inquisidor no se deja convencer: «¿Habrá el
millonario-comunista Joracy Camargo aceptado así sin protesta o reluc-
tancia un final tan disconforme con su filosofía de la línea justa?»[43].

Justamente, los partidarios de la ortodoxia se hacen la misma pregunta. Carlos Ortiz considera *Dios se lo pague* «pésimo cine». La obra de Joracy Camargo fue «tremendamente estropeada, exactamente donde la
pieza de teatro poseía más fuerza y sentido polémico». Ortiz critica los
diálogos prolongados, la construcción teatral, «las lecciones de socialismo utópico en la puerta de una iglesia». Pero no soporta aquel «final ba-

---

42. Jorge Ileli, «Deus lhe pague», *Diretrizes*, Río de Janeiro, 7 de abril de 1949 (Archivo Adhemar Gonzaga).

43. Fan n° 1, *Diario de Belo Horizonte*, 8 de mayo de 1949 (Archivo Adhemar
Gonzaga).

rroco y ñoño, en un rezo de mes de mayo, con la conversión edificante del mendigo millonario. Amigo Joracy, ¿cómo permitiste que deturparan la letra y el espíritu de tu famoso *Deus lhe pague?*»[44].

Antonio Moniz Vianna estaba entonces empezando su larga trayectoria crítica, pero a los veinticinco años ya pontificaba como lo hará luego frente al *Cinema Novo*:

> El cine argentino sigue siendo un problema sin solución. Por más que nos sintamos predispuestos a aceptarlo, no lo podemos hacer sin transigir. El mexicano evoluciona y nos dá obras de considerable belleza e importancia (…). El argentino responde a México –la analogía nace del idioma que los une y los vuelve rivales en términos comerciales– con cintas inferiores, pero ambiciosas, y *Dios se lo pague* no es más que una réplica débil de quien no puede, aunque desea, sostener polémica. Ya no hablo de la técnica en sí, que uno y otro tienen en buen nivel, sino de la manera de usar esa técnica. El argentino la usa para dar contornos a cuanto dramón negociable exista. El mexicano también produce sus dramones. Es lo malo –o la concesión, que es un mal terrible– del cine latino, al que están sujetos hasta el italiano y el francés. Pero ese mal se agrava en el cine latinoamericano. Hay una especie de tropismo positivo hacia la ñoñería, en la Argentina y en México (…). *Dios se lo pague* no escapa a la tendencia que se viene observando (…) de crear un cine sin personalidad, sin vida interior, sin belleza. La evolución técnica notada en el filme de Luis César Amadori no atenúa esa impresión. No es la encuardenación en cuero con letras doradas la que hace un buen libro (…). Sin técnica no se concibe una pieza de arte. Pero la técnica solamente tampoco la hace (…). La película no es nada, ni película es, pero no digan eso delante de Perón. Nacionalismo excesivo –aunque con temas extranjeros– ahí está en lo que se debate el cine argentino y ahí está resumido lo que vendrá a perderlo, si es que no lo ha hecho ya.[45]

Aparte del estilo mordaz, característico de uno de los críticos más incisivos y personales de la prensa brasileña, el texto de Moniz Vianna es

44. Carlos Ortiz, «Deus lhe pague», *Folha da Manhã*, São Paulo, 8 de mayo de 1949 (Archivo Adhemar Gonzaga). Poco después, Ortiz fue el crítico del periódico *Noticias de Hoje* y de la revista *Fundamentos*, ambos del PCB.
45. [Antonio] Moniz Vianna, «O filme argentino», *Correio da Manhã*, Río de Janeiro, 9 de abril de 1949 (Archivo Adhemar Gonzaga).

una toma de posición acerca de los dilemas de la cinematografía latinoamericana en general (el título del artículo es «el filme argentino»). Cabe recordar que fue un enemigo implacable de la *chanchada* carioca, lo que no autoriza a interpretar su rechazo al melodrama como una preferencia por la comedia. Tampoco sería justo achacar su severidad a un reflejo de defensa del cine brasileño frente a sus competidores del continente, porque pocos críticos fueron tan exigentes con la propia producción nacional. Quizás sí pudiera verse en filigrana su gusto por el cine clásico norteamericano en su vertiente menos sentimental, en una coyuntura de renovada influencia italiana y francesa. En todo caso, sería demasiado fácil descartar sus incómodas observaciones en nombre de una evidente antipatía hacia el peronismo.

La estrategia transnacional de Atilio Mentasti y Argentina Sono Film no arrojó los resultados esperados, más allá del ámbito iberoamericano. Aunque el historiador Domingo Di Núbila mencione recaudaciones en México y Estados Unidos superiores al costo de la película[46], la ausencia de reseñas en *Variety* y el *New York Times* (o de referencias en el anuario *Screen World*) indicaría que *Dios se lo pague* no llegó a los cines norteamericanos[47]. Aparte de la figura y el talento de Arturo de Córdova, su elección para el papel protagónico tenía en cuenta su reciente carrera en Hollywood, aunque esta fuera sujeta a controversia. El actor mexicano era una baza de cara a su propio país y al resto de América Latina, pero también hacia otros mercados. Es cierto que al año siguiente Argentina y Estados Unidos estaban enfrascados en un pleito, porque a las nuevas autoridades peronistas se les ocurrió exigir reciprocidad en los estrenos.

La candidatura al Oscar, presentada por la Argentina, no tiene siquiera el valor atribuido hoy a las nominaciones, una selección efectivamente avalada por la Academia[48]. Tampoco tiene mayor significación el premio

---

46. Di Núbila, *op. cit.*, vol II, p. 94. Los derechos sobre ambos territorios habrían sido cedidos a Arturo de Córdova, que los revendió al distribuidor Mohme.

47. Internet Movie Data Base menciona *God Reward You* como «informal English title» para los EUA, donde la película figura como «Unrated», es decir, sin clasificación de censura. En cambio, IMDB informa sobre la existencia de telenovelas basadas en *Dios se lo pague* en Colombia (1997) y quizás en Argentina (1981) y México (1990).

48. Claudio España ha tenido la atención de comunicarme las siguientes líneas, publicadas en el principal órgano gremial de la Argentina: «Hollywood, marzo. – Entre las cinco candidatas para recibir el diploma a la Mejor Película de Habla No Inglesa, fue in-

(o los premios) obtenidos en el Certamen Cinematográfico Hispanoamericano de Madrid, en junio de 1948. En palabras de José Luis Borau, «como se trataba de no herir susceptibilidades y de que la satisfacción fuera general, se decidió que cada uno de [los largometrajes] sólo compitiera con los de su propia nacionalidad»[49]. Hubo pues galardones para griegos y troyanos, o por lo menos para españoles, mexicanos y argentinos, los únicos condignamente representados (estos últimos, por Miguel Machinandiarena y Ángel Luis Mentasti, entre otros). En resumen, aparte de los laureles que la misma industria argentina se trenzó, *Dios se lo pague* pasó sin pena ni gloria por las competencias internacionales.

En España, por lo menos, sí se estrenó la película, en Barcelona el 25 de enero de 1949, en el cine Cristina[50], y en Madrid, el 23 de junio de 1949, en el Rex[51]. El veterano crítico Antonio Barbero parecía acosado por las dudas:

Faltaríamos a la verdad si dijésemos que nos ha gustado esta película en su totalidad; pero no seríamos sinceros si afirmásemos que no nos ha gustado. Trataremos de explicarnos. Nos parece muy bueno el argumento; no carece de novedad y está desarrollado con muy buenos toques de humor e ironía. Pero nos parece equivocado el guión, que ha conservado toda la teatralidad de la obra original, sin prescindir de los diálogos, intencionados, graciosos y hasta oportunos, pero anticinematográficos. Nos ha parecido bastante buena la dirección, que ha salido triunfante de su desigual lucha con una adaptación que no adapta nada, ni aclara muchos pasajes confusos; y, sin embargo, en *Dios se lo pague* existe una dignidad y unas calidades cinemato-

cluida la argentina *Dios se lo pague*, con A. de Córdova y Z. Moreno, que dirigió Amadori. Integraron el grupo: *Río Escondido*, mexicana, *Dias de Ira*, sueca, *Dios se lo pague*, argentina, *Paisà*, italiana y *Monsieur Vincent*, francesa, correspondiendo el premio a esta última» (*Heraldo del Cinematografista*, Buenos Aires, 30 de marzo de 1949, p. 59). Claudio España informa también que Amadori formó parte de la Academia de Artes y Ciencias Cinematográficas de Hollywood, en la que ingresó como socio activo en septiembre de 1945, con el carnet n° 229, conservado por su hijo. No obstante, habría que investigar otras fuentes.

49. José Luis Borau, *Diccionario del cine español*, Madrid, Alianza Editorial/Academia de las Artes y las Ciencias Cinematográficas de España/Fundación Autor, 1998, pp. 207-209.

50. A. Elena y M. Díaz López, *Tierra en trance, op. cit.*, p. 85.

51. Según la documentación española subsiguiente, amablemente comunicada por Alberto Elena.

gráficas que la diferencian de un modo notable de lo que despectivamente llamamos teatro fotografiado.[52]

Otra reseña dubitativa sugiere resquemor hacia la problemática social, estrechamente controlada por la censura franquista: «El cine argentino, en esta película, denota preocupación por los temas de altura, sin recatarse tampoco de hacer una intencionada crítica social. La tesis de *Dios se lo pague* es diáfana, pero al pasar por el guión ha perdido fuerza y unidad. En todo el film hay un diálogo elaborado con profunda filosofía, que convengámoslo, no es cine, sin que por ello deje de gustar...»[53]. Otra nota de la prensa especializada ve antes que nada la revelación de «un gran intérprete: Arturo de Córdova»[54], sin recordar, por supuesto, su papel en *¿Por quién doblan las campanas?* (*For Whom the Bells Toll*, Sam Wood, EUA, 1943), adaptación de la novela de Hemingway *non grata* en la España de posguerra.

Sin embargo, la revista más oficialista, directamente vinculada al aparato de propaganda falangista, *Primer Plano*, no disimula el entusiasmo e incluso arriesga consideraciones generales que valen también para el cine español en ciernes:

Hemos visto un cine argentino tan escaso generalmente de calidad o tan preocupado por el esteticismo –dos extremismos que son las enfermedades infantiles de las más jóvenes cinematografías–, que la aparición de una cinta como *Dios se lo pague* induce a algunas consideraciones generales. La más importante es que hay que quitarse el sombrero ante el esfuerzo que en todos los órdenes se ha tenido que realizar allí para llegar desde los lamentables engendros que tantas veces hemos visto como «cine argentino», hasta esta, relativamente reciente, producción, de cuya perfección no caben dudas. Gran película, con lo que queremos significar que la calidad no es sólo técnica, sino interpretativa, de realización y argumental. Especificando, creo que lo más importante es la originalidad del argumento de Joracy Camargo. Más de una vez la visión del mundo, según la filosofía de los vagabundos, se ha aso-

52. Antonio Barbero, «Dios se lo pague», *Cámara*, año IX n° 156, Madrid, 1 de julio de 1949, p. 9.

53. «Dios se lo pague», *Imágenes*, año V n° 45, Barcelona, marzo de 1949.

54. «Dios se lo pague», *Fotogramas*, año IV n° 54, Barcelona, 1 de febrero de 1949, p. 20.

mado a la pantalla. (…) El mendigo de *Dios se lo pague* constituye en realidad el motor de una intriga, que se desarrolla y evoluciona según ángulos de
sorpresa ininterrumpida, mientras Barata es la picaresca desnuda. Y el diálogo de los dos a la puerta de la iglesia y el club quedará como algo que hubiera firmado René Clair, aunque es posible que Clair hubiera dejado hablar a
la imagen, y el cine argentino, por aquello de la raza, prefiere que hable la
palabra.[55]

Aparte de comprobar la circulación de los motivos y figuras del populismo latinoamericano, *Dios se lo pague* ejemplifica asimismo la convergencia ideológica entre el peronismo y el falangismo. En las salas de
cine donde poco después se proyectaría la película, las imágenes del noticiero español *NO-DO* dejaron amplia constancia de la alianza entre
Franco y Perón, así como de la triunfal visita de Evita a España[56]. A pesar de cierto desfase en el tiempo, en España se reproducía la comple-
mentaridad entre documental y ficción, cuya yuxtaposición y suma
permitía interpretar cabalmente las sugerencias de la proyección cinematográfica en su contexto original, la Argentina peronista: lo no-dicho o
lo alusivo de *Dios se lo pague*, lejos de permanecer fuera de campo, encontraba su explicitación introductoria en la misma pantalla, a través de
las imágenes de propaganda, legitimadas en su «veracidad» por su propio carácter «documental».

En Francia, el filme se distribuyó recién unos años después, a la vez
en versión original subtitulada y en versión doblada, lo que supone la expectativa de llegar a un público amplio, popular. *Le Mendiant de minuit*
se estrena en París el 6 de junio de 1952, permaneciendo dos semanas en
cartelera en el Normandie (situado en los Campos Elíseos, 1.632 localidades) y el Rex (ubicado en los Grandes Bulevares, 3.292 butacas, la segunda mayor capacidad de la capital, justo después del Gaumont
Palace). La taquilla debe haber decepcionado al distribuidor, Les Films

---

55. Luis Gómez Telles, «Dios se lo pague», *Primer Plano*, año X n° 455, Madrid, 3 de
julio de 1949.

56. Las referencias al viaje de Evita (1947) y al protocolo Franco-Perón (1948) figuran
en el programa *Iberoamérica en las imágenes del NO-DO*, Madrid, Casa de América, 1996,
pp. 22-24 (gracias a Teresa Toledo); véase también el texto de Vicente Sánchez-Biosca,
«La Hispanidad en la pantalla del NO-DO», en el mencionado libro *Cine documental en
América Latina*.

Marceau, que obtuvo salas de tanto prestigio. El Normandie atrae 4.590 espectadores la primera semana, 2.884 la segunda; el Rex reúne primero 14.859 espectadores y luego 10.762. En total, 33.095 personas fueron a ver *Dios se lo pague* en la capital francesa, un número modesto en aquellos tiempos. Para tener un punto de comparación, la cifra más elevada, la del estreno en el Rex, está muy cercana a la peor semana de la temporada en esa sala, 14.603. Tanto el Rex como el Normandie llegan a congregar un público tres, cuatro o incluso cinco veces superior. Los taquillazos del momento en París suman más de cien mil espectadores en la exclusividad[57].

Enseguida después del estreno, el crítico del diario *Combat* empezaba su reseña con algunas consideraciones generales acerca del cine argentino:

> Hace unas semanas, los cineastas argentinos me confesaban que en su país, encerrado sobre sí mismo, carecían terriblemente de guionistas. El complejo de inferioridad sudamericano limitaba el campo de sus indagaciones, descartando cualquier relato teñido de color local; ni indios, ni gauchos, ni peones. ¡Cómo tenían razón! El cine argentino está reducido a reinventar un oficio, sin importarse con los tópicos, las repeticiones, el ridículo y la puerilidad. Uno puede, si quiere, enternecerse con los primeros pasos vacilantes de este bebé; el hecho de que disponga de material perfeccionado para aprender a caminar no obsta que sea incapaz de disputar una partida. Por ahora, sigue en el estilo Montéhus, o sea, las eternas variaciones del mito de Montecristo, los malvados ricos, los pobres valerosos, los pobres enriquecidos que se vengan de los ricos que se vuelven pobres a su vez. Es como para echarse a llorar. Una prudencia elemental (si a uno le gustaran los juegos de palabras podría incluso decir alimentaria) lleva sin embargo a precisar: cuando el buen obrero fue frustrado de su patente por el malvado patrón, eso ocurría en el antiguo gobierno. ¡Nada de historias con la familia Perón![58]

En el lado opuesto del espectro político, la reseña del diario conservador *Le Figaro* es igualmente severa: «Hay ahí algunos diálogos entre men-

---

57. Datos de *Le Film Français* (París) del 20 de junio de 1952 (p. 18), 27 de junio de 1952 (p. 11) y 18 de julio de 1952 (p. 8).

58. R[odolphe]-M[aurice] Arlaud, «Le Mendiant de minuit, L'éternel Montéhus», *Combat*, París, 7 de junio de 1952. Aparte de la crítica, el suizo Arlaud trabajó como guionista en el cine francés.

digos sobre la pobreza y la riqueza, un trozo de tragedia realista (el pobre diablo víctima de las intrigas de los grandes), un melodrama mundano, todo interpretado por un mismo personaje que simboliza a la vez las furias de Némesis y la sabiduría de Salomón». El protagonista

no busca solamente las limosnas. También busca la *verdad*. Nosotros beneficiamos un poco con ello, por supuesto. Las frases que pronuncia frente a un colega novicio, casi tan distinguido como él, son a veces significativas. Pero también son abordados temas generales: ¿Qué vale la fortuna sin felicidad? ¿Y la felicidad sin la fortuna? ¿El amor puro logrará sobreponerse a las contingencias materiales? En suma, mucha filosofía, mucho problema psicológico. Uno se orienta a duras penas. Para jugar con todo ello a la vez hubiera hecho falta un autor genial. Y el Sr. Luis César Amadori no maneja con deslumbrante habilidad los resortes del pensamiento. La obra deja una impresión confusa, pesada. Su romanticismo solloza.[59]

El crítico francés de mayor gravitación en la posguerra, André Bazin, puede darnos la clave del fracaso, al escribir:

Alexandre Dumas debe gozar de una respetable popularidad en la Argentina, a juzgar por su influencia indirecta en esta historia de mendigo millonario que, cada día de las 16 horas hasta la medianoche, tiende un sombrero mugriento en las puertas de las iglesias y las casas de juego, y aparece en *smoking* a las dos de la mañana en las recepciones que ofrece en su propia mansión. La mendicancia, ya se ve, rinde en la Argentina. Resulta que nuestro mendigo tiene dotes singulares: su conocimiento del alma de sus conciudadanos es digna de Diógenes y Sócrates, siempre sabe tan precisamente lo que hay que desearle a cada uno que las monedas llueven en el sombrero. Esa fortuna, adquirida de incógnito, le sirve primero para seducir a una mujer encantadora en búsqueda de una relación ventajosa, y luego para perpetrar una sorda venganza contra un malvado industrial que en otros tiempos le sustrajo los planos de una máquina de tejer. Nuestro mendigo, discípulo también de Arquímedes, era entonces apenas un pobre obrero. Poseedor hoy de la mayoría de las acciones de la fábrica, va a poder, a su vez, echar al capitalista a la calle. Pero tanta filosofía adquirida tendiendo la mano lo disuade y se

---

59. Louis Chauvet, «Le Mendiant de minuit», *Le Figaro*, París, 12 de junio de 1952.

contenta con gozar de su fortuna y de su amor hacia la bella de paso, por fin desposada. Todo esto está condimentado con barba postiza, falsa nariz y muchas verdades elementales. Un melodrama como ya no los sabemos hacer en nuestro hemisferio. Por cierto, bastante sabroso para quien se encuentre dispuesto a entrar en el juego.[60]

En suma, la película habría envejecido respecto al gusto del espectador francés, si interpretamos correctamente la opinión de Bazin, que escribe en un diario sumamente popular, *Le Parisien Libéré*, aparte de volcar su especulación en la revista *Cahiers du Cinéma* y en los cine-clubs. Ya no estaban de moda los melodramas que solía producir el mismísimo cine francés, como lo recordaba el brasileño Moniz Vianna. La afición estaba evolucionando respecto a los géneros clásicos, una nueva mentalidad estaba surgiendo en los cine-clubs o en las salas de arte y ensayo, el público de antaño se estaba dividiendo. Por cierto, ni *Cahiers du Cinéma*, ni su rival *Positif*, ambas recién fundadas, ni siquiera la revista católica *Téléciné*, anterior, dedicaron la menor atención a la película de Argentina Sono Film.

Un libro publicado en la «época de oro» de los estudios tal vez aclare el contexto de alternativas en que se insertaba *Dios se lo pague*. Una editorial de Buenos Aires publicó una ambiciosa y documentada reflexión sobre el cine en una colección de ensayos que incluía títulos de Elie Faure, Thomas Mann y André Gide. El autor de *Cine de Hoy y de Mañana*[61] es un español, Francisco Madrid, discípulo confeso de Unamuno y de Ortega y Gasset. La dedicatoria menciona al productor argentino Miguel Machinandiarena y su esposa Lina, revelando la intimidad del autor con el dueño de Estudios San Miguel, que ha sido calificado como un «estudio eminentemente antifranquista» por la cantidad de refugiados republicanos que congregó[62]. De Estudios San Miguel salió *La dama duende*

60. André Bazin, «Le Mendiant de minuit, Mélo d'un autre hémisphère», *Le Parisien Libéré*, París, 14-15 de junio de 1952, p. 2. La ficha de «Le Mendiant de minuit» en *L'Ecran* n° 1335 (órgano oficial del Sindicato Francés de los Directores de Teatros Cinematográficos, *L'Exploitation Cinématographique* n° 124, París, 1952), menciona también opiniones negativas de *Franc-Tireur* y *Le Canard Enchaîné*.
61. Francisco Madrid, *Cine de Hoy y de Mañana*, Buenos Aires, Editorial Poseidon, 1945, 220 pp.+ 16 p. il., col. Ensayos.
62. Abel Posadas, «La caída de los estudios: ¿Sólo el fin de una industria?», *Cine Argentino: La otra historia*, Sergio Wolf (comp.), Buenos Aires, Ediciones Letra Buena, 1994, p. 228. Discrepa o matiza Héctor R. Kohen, «Estudios San Miguel», *Cine argentino, In-*

(Luis Saslavsky, Argentina, 1945), adaptada de la obra de Calderón de la Barca por Rafael Alberti y María Teresa León. Lina Courtade de Machinandiarena produjo *Las aguas bajan turbias* (Hugo del Carril, Argentina, 1952), uno de los pocos alegatos sociales explícitos del cine peronista de ficción, basado en una novela del comunista Alfredo Varela. El mismo Francisco Madrid, aparte de su labor como crítico en el diario *La Prensa* y en la revista *Cine*, trabaja como guionista y colabora con Mario Soffici (*La cabalgata del circo*, Argentina, 1945), el director argentino que más elogios le merece. Por lo tanto, las especulaciones del ensayista no están desprendidas del quehacer cinematográfico del momento, no tienen siquiera la autonomía relativa adquirida más adelante por la crítica[63]. Independientemente de otras convergencias, la empresa de los Machinandiarena y la de los Mentasti estaban asociadas: Estudios San Miguel distribuye en Brasil la producción de Argentina Sono Film, reservándole un tratamiento especial a *Dios se lo pague*.[64]

---

dustria y clasicismo, 1933/1956, op.cit., vol. I, pp. 359-360. Estudios San Miguel entra en la fabulación de *Tangos Volés/ Tangos robados* (Eduardo de Gregorio, Francia-España, 2002), una evocación nostálgica e irónica de la tradición porteña, escrita por un realizador argentino «anclao en París», identificado con la modernidad, guionista de varias películas de Jacques Rivette, en colaboración con Suzanne Schiffman, la principal asistente de François Truffaut y del mismo Rivette.

63. Como su nombre no lo indica, aunque la lectura de su libro sí sugiere, Francisco Madrid era catalán. Su paisano Román Gubern informa que trabajó en el diario *El Sol*, fue corresponsal de periódicos peninsulares en París, Berlín, Ginebra y Londres, publicó las novelas *Sangre en Atarazanas* y *Un suicida en el Hotel Ritz* y un segundo ensayo: *Cincuenta años de cine: Crónica del séptimo arte* (Buenos Aires, Tridente, 1946, 234 p., il.). Para Benito Perojo, escribió el guión de *La copla de la Dolores* (Argentina Sono Film, 1947), una de las mejores películas de ambientación española filmadas en América (Román Gubern, *Cine español en el exilio*, Barcelona, Lumen, 1976, p. 66). Según Di Núbila, Francisco Madrid falleció en 1952 (*op. cit.*, vol. II, p. 159).

64. Para implantarse mejor en el vecino país, Estudios San Miguel adopta otro argumento de Joracy Camargo, *No me digas adiós* (Luis Moglia Barth, Argentina, 1950), con interpretación binacional, e incursiona en las aventuras amazónicas con la coproducción *Mundo extraño* (Francisco Eichhorn, Argentina-Brasil, 1950): «Cinema argentino para o Brasil», *O Jornal*, Río de Janeiro, 13 de marzo de 1949 (Archivo Adhemar Gonzaga). A su vez, Argentina Sono Film incluye a Arturo de Córdova en una intriga policiaca en la capital brasileña, *Pasaporte a Río* (Daniel Tinayre, 1948), que logra metamorfosear a la rubia *ingénue* Mirtha Legrand en *femme fatale* de cine negro. Tulio Demicheli, guionista de *Dios se lo pague*, había adaptado también una novela del *gaúcho* Erico Veríssimo, *Mirad los lirios del campo* (Ernesto Arancibia, Argentina, 1947). Argentina Sono Film coprodujo asimismo *Chico Viola não morreu* (Román Viñoly Barreto, 1955), según fuentes brasileñas (Alex Viany, *Introdução ao cinema brasileiro*, Río de Janeiro, INL, 1959,

El capítulo final, «Películas nacionales y nacionalistas», confirma la familiaridad del autor con el debate de ideas alrededor del cine en América Latina y específicamente en la Argentina, así como la voluntad de influirlo de acuerdo a sus convicciones: «Mucho se habla del destino político de la cinematografía. Algunos creen que la pantalla tiene un deber de utilidad social y política...» (p. 133). Aunque un capítulo anterior se explaya sobre el documental y el cine pedagógico, Francisco Madrid pretende abordar la producción de ficción y

> la polémica sobre la ruta que debe seguir el cine en cada país. Para unos debe estar de espaldas al exterior contemplando, únicamente, la vida de los hombres de cada tierra y para los demás la pantalla es un arte universal que no admite fronteras de ninguna especie porque la cámara se sitúa allí donde surja un conflicto humano (...). El grupo que defiende la tendencia del nacionalismo también se divide, a su vez, en dos ramas. Una tiende a aceptar todo lo que es del país y la otra considera que la mejor manera de exaltar lo nacional, lo autóctono, es olvidarse de la ciudad y contemplar el campo. (pp. 133-134) (...)
> La polémica no se establece entre lo nacional y lo universal puesto que cuanto una obra es más nacional es, a su vez, más universal. La lucha está abierta entre quienes confunden lo nacional con lo nacionalista. Entendámonos. No es lo mismo nacional que nacionalista. Lo primero es orgullo; lo segundo, una vanidad. Lo primero puede alcanzar la categoría de pecado; lo segundo de engreimiento. (Dios perdona a los pecadores pero no dice nada sobre los tontos). (p. 135) (...) Lo mismo en México que en Buenos Aires hay quienes proponen que se circunscriba en la historia y las costumbres el fomento y firmeza de sus pantallas nacionales. Como queda dicho, eso puede conducir a un cine nacionalista por poco propenso que se sea al resbalón. (p. 137) (...) En México y en Buenos Aires se hallan partidarios de hacer una sola clase de cinematografía: bastarse con la historia, las costumbres y el cancionero autóctonos. (p. 144).

Frente a las polarizaciones apuntadas, Francisco Madrid esboza una respuesta matizada: «Las cinematografías nacionales deben tener su acen-

p. 198; Salvyano Cavalcanti de Paiva, *História ilustrada dos filmes brasileiros, 1929-1988*, Río de Janeiro, Francisco Alves, 1989, p. 72).

to. Y desde luego, está naciendo esa personalidad. Pero hay que evitar los extremismos ridículos. Las escuelas estéticas terriblemente revolucionarias pasan de moda.» (p. 141). Contra la tentación nacionalista, el autor resume su opinión con la siguiente fórmula: «Poner aduanas a la cinematografía es destruirla» (p. 145). Y otra todavía más contundente: «La pantalla tiende a la universalización y no al localismo. Es ciudad y no tribu.» (p. 139).

La posición del ensayista español plantea un camino intermedio entre los dos extremos que son el refugio en la literatura universal (a la cual recurrrieron los productores de México y Buenos Aires durante la Segunda Guerra Mundial) y el nacionalismo folclorista, que redundaría en la marginación del aporte de los inmigrantes, como los republicanos españoles. Están en juego las opciones de producción de unos y las posibilidades de trabajo de otros. El fomento al cine argentino está entonces en discusión y se barajan argumentos de cuño nacionalista y pedagógico para legitimar la intervención estatal: en los gobiernos militares después del golpe de 1943, así como en el peronista, el Ministerio de Educación parecía reunir al nacionalismo más cerril. Para los productores, lograr la conjunción de intereses ideológicos y comerciales dispares permitía mostrar la adecuación de la iniciativa privada a la nueva política y evitar por lo tanto el peligro de una estatalización. *Dios se lo pague* resuelve la contradicción creando un nuevo imaginario, que no recurrre al folclore o al costumbrismo pero tampoco se aparta de la vivencia del espectador predominantemente urbano. El proceso de urbanización acelerada que conoce América Latina en general y la Argentina peronista en particular exige otras referencias: la pantalla será pues ciudad y no tribu. El populismo encuentra así un espacio simbólico a la vez desterritorializado y acorde con la iconografía o el discurso del momento. La metamorfosis operada desde el teatro varguista de Joracy Camargo al melodrama peronista de Argentina Sono Film permite reconciliar los valores conservadores y populistas, la religión y la tensión clasista, la pulsión nacionalista y la experiencia cosmopolita, la tradición y la modernidad, en una hibridación característica de la modernización conservadora que ha prevalecido en América Latina.

9. Cosmopolitismo

La década de los cincuenta no fue una época de conciliación sino de radicalización. América Latina reanuda con el espectro revolucionario. El siglo XX empezó con la Revolución mexicana. La segunda mitad del siglo comienza con la Revolución boliviana (1952), seguida por la Revolución cubana (1959) y la nicaragüense (1979). Si los populismos sudamericanos están acosados (caída de Perón, suicidio de Vargas), el nacionalismo reverdece en clave revolucionaria, en franco rechazo al reformismo. Los años cincuenta fueron ricos en transformaciones a todos los niveles de la sociedad latinoamericana, aunque los contemporáneos no siempre se percataran de su alcance. La Segunda Guerra Mundial provocó una nueva oleada de inmigración, no solamente en los países tradicionales, sino también en otros. La demografía y la urbanización, a veces la industrialización, cambian las pautas de comportamiento, alborotan las mentalidades. La revolución parece destinada a corregir la incontenible pero lenta evolución.

Introducida desde 1950, la televisión va a multiplicar el impacto de tales modificaciones solamente a partir de la década siguiente, a medida que crece el parque de receptores. Por esa misma razón, el cine todavía tiene para algunos sectores una importancia crucial, a medio camino entre los medios de comunicación masiva y las formas modernas de cultura. En Brasil, los grandes estudios de la Vera Cruz estuvieron en el centro de la batalla entre el nacionalismo cultural y la influencia extranjera, asimilada a un pernicioso cosmopolitismo. En São Paulo, lo que se criticaba no eran solamente los modelos importados, sino también el aporte de inmigrantes cuyo lugar en la comunidad nacional se veía cuestionado. Los agitados años cincuenta empiezan con la campaña por la nacionalización del petróleo («O petroleo é nosso») y culminan con la construcción de Brasilia. El presidente Juscelino Kubitschek encarna bien el frenesí de aceleración de la historia, con su pretensión de avanzar cincuenta años en cinco (de mandato). Que las inversiones se destinaran a la construcción o a la industria (simbolizada por las multinacionales del automóvil), postergando como siempre la educación y la salud pública y por lo tanto el futuro, no parecía preocupar demasiado a los campeones del mundo (Copa de Suécia, 1958). La arquitectura monumental de la capital reflejaba el entusiasmo por lo nuevo y lo moderno, perceptible en diversos ámbitos de la vida y la cultura. Cuando un crítico dogmático y ortodoxo condenaba a la *Bossa Nova* como un fenómeno de la pequeña burguesía extranjerizante y enajenada, fascinada por el jazz, el alegato parecía ridículo. Río de Janeiro estaba lejos de Praga o Moscú, donde la acusación de cosmopolitismo podía conducir a la horca o al *gulag*.

La Companhia Cinematográfica Vera Cruz (1949-1954) fue el principal intento de implantar una industria fílmica en Brasil, basada en el sistema de estudios. Hubo intentos anteriores, como la Cinédia (1930-…) y la Atlântida (1941-1962). Pero la Vera Cruz es una empresa más ambiciosa y moderna, que dispone de los recursos de la burguesía *paulista*. Los industriales que fundan la compañía, Francisco «Ciccilo» Matarazzo Sobrinho y el ingeniero Franco Zampari, encarnan la prosperidad de una parte de la colonia italiana: habían recién creado el Museo de Arte Moderno y el Teatro Brasileiro de Comédia (TBC), también en São Paulo. Al caer la dictadura de Getúlio Vargas, en el clima de efervescencia de posguerra, São Paulo vuelve a tomar la iniciativa cultural, antes simbolizada por la Semana de Arte Moderno de 1922, vinculada a las vanguardias europeas, y la fundación de la Universidad de São Paulo (1934), bajo fuerte influencia francesa.

Las contradicciones de la experiencia de la Vera Cruz, el hibridismo de sus producciones, la extensa gama de tensiones internas o externas concentradas en unos pocos años, resultan en parte del desfase histórico, puesto que el período corresponde a la transición entre el sistema de los estudios y el cine de géneros, de un lado, y los impulsos de renovación de los sesenta, de otro. La tradición o el clasicismo parecen agotados, pero la modernidad aun está en gestación. En la década de los cincuenta, período de intensas transformaciones moleculares en la recepción y en las formas del espectáculo cinematográfico, los estudios no están en crisis solamente en Buenos Aires y México: el modelo entra en crisis en la misma Meca, en Hollywood. El desfase temporal introduce imperceptiblemente variaciones en la adecuación del modelo a una realidad distinta. La Vera Cruz muestra también la imposibilidad de atribuir un valor unívoco a determinadas influencias: la fundación de la compañía por la burguesía italobrasileña de São Paulo representa un auge de la influencia europea. Sin embargo, aunque entonces Italia estuviera presente en el debate latinoamericano de ideas a través del neorrealismo, lo que los empresarios de la Vera Cruz pretenden implantar es el sistema de estudios. El modelo hollywoodiense llega así a la metrópoli industrial brasileña por la mediación de los sets de Cinecittà o de la Ealing, de donde provienen algunos de sus cuadros importantes, buen ejemplo de triangulación en las relaciones entre América Latina, Europa y Estados Unidos.

El alma del proyecto debía haber sido Alberto Cavalcanti, que entra rapidamente en conflicto con los dueños de los estudios construidos en São Bernardo do Campo (en el ABC, el «triángulo industrial» del estado de São Paulo, formado por Santo André, São Bernardo y São Caetano). La Vera Cruz padece el síndrome del mimetismo. De hecho, si bien el modelo es Hollywood, la mano de obra calificada es importada de Europa: entre ellos, técnicos notables, como el fotógrafo británico Chick Fowle, el montador austríaco Oswald Hafenrichter y el ingeniero de sonido danés Eric Rassmussen. Personas de más de veinticinco nacionalidades trabajan en la moderna Babel *paulista*, tan cosmopolita como los estudios de Joinville-le-Pont al principio del sonoro (donde Cavalcanti se ejercitó). Los italianos son particularmente numerosos. Adolfo Celi, luego actor con una carrera internacional, asume la dirección del primer largometraje de la Vera Cruz, *Caiçara* (1950), así como de uno de sus mayores éxitos, *Tico-tico no fubá* (1951). Otro debutante conocido después de su vuelta a Italia es el realizador Luciano Salce, igualmente solvente en la comedia *Uma pulga na balança* (1953), como en el melodrama *Floradas na serra* (1954). Un tercer italiano, Ruggero Jacobbi, director de *Esquina da ilusão* (1953), es una personalidad significativa del teatro brasileño. No obstante, São Paulo no tiene la exclusividad de la aportación italiana: la Atlântida confió la dirección de una de las primeras *chanchadas* a un Riccardo Freda menos inexperto que sus compatriotas contratados por la Vera Cruz: *O caçula do barulho* (1949) tenía como actriz protagónica a la protegida del director Gianna Maria Canale (junto a Oscarito y Grande Othelo, símbolos de la picardía carioca), como productores al conde Mario Fabio Carpi y Livio Bruni (uno de los mayores exhibidores de Río), como fotógrafo y asistente de cámara a Ugo Lombardi y Amleto Daissé, como editora a Carla Civelli, como director musical a Lirio Panicalli, amén del argumento basado en *Ecco i nostri...*

Alicia Arango de Mejía (Lina) y Harold Maynham (Mister Adams) en *Bajo el cielo antioqueño*
(Arturo Acevedo y Gonzalo Mejía, Colombia, 1925).

Foto para la publicidad de *La Virgen de la Caridad*, interpretada
por Miguel Santos y Diana V. Marde (Ramón Peón, Cuba, 1930).

En página anterior: Dolores del Río en *Las abandonadas*
(Emilio Fernández, Films Mundiales, México, 1944).

Miguel Inclán y Marga López en *Salón México*
(Emilio Fernández, CLASA-Films Mundiales, México, 1948).

La Cinelandia carioca en 1927. (Fotografía de Augusto Malta.)

Arturo de Córdova (Mario Álvarez) y Enrique Chaico (Barata) en *Dios se lo pague*.
(Luis César Amadori, Argentina Sono Film, 1948).

Anselmo Duarte en *Tico-tico no fubá* (Adolfo Celi, Vera Cruz, Brasil, 1951).

María Félix en *La estrella vacía* (Emilio Gómez Muriel, México, 1958).

Paulo Goulart y Gianfrancesco Guarnieri en *O grande momento* (Roberto Santos, Brasil, 1958).

Araya (Margot Benacerraf, Venezuela, 1959).

Enrique Alzugaray (Encarnación) y Carlota Ureta Zamorano (Juana) en *Caín adolescente*
(Román Chalbaud, Venezuela, 1959).

Pedreira de São Diogo (Leon Hirszman, episodio de *Cinco vezes favela*, Brasil, 1962).

Vivian Gude y Raquel Revuelta en *Cuba baila* (Julio García Espinosa, ICAIC, Cuba, 1960).

Assumpta Serna en *Yo, la peor de todas* (María Luisa Bemberg, Argentina, 1991).

Priscila Assum (Branquinha) y Sílvio Guindane (Japa) en *Como nascem os anjos*
(Murilo Salles, Brasil, 1996).

La elección de algunos argumentos de la Vera Cruz muestra una preo-cupación por conciliar la universalidad de los códigos narrativos de Hollywood y el «color local». Ese es el caso de *Caiçara*, del melodrama musical *Tico-tico no fubá*, biografía novelada del compositor Zequinha de Abreu, así como del melodrama histórico abolicionista *Sinhá Moça* (Tom Payne, 1953). *O cangaceiro* (Lima Barreto), premiado en Cannes en 1953, representa la culminación de esa pulsión nacionalista. La Vera Cruz produce también las primeras comedias costumbristas con Mazzaropi, que luego se volvería un campeón de la taquilla. Junto a ese nacionalis-mo culto o populista, la compañía produce melodramas convencionales y pretensiosos.

Antes de *O cangaceiro*, el cine brasileño había explorado vanamente el género épico, a menudo presente en la producción de América Latina bajo la forma popular de las aventuras con moraleja, en vez de los edifi-cantes oropeles de la gesta cívica. Lima Barreto basa su argumento en un fenómeno reciente: el bandolerismo social, el llamado *cangaço*, aun esta-ba vivo en las memorias (Lampião, el *cangaceiro* con mayor fama, fue abatido en 1938). La película inaugura una veta fértil del cine popular, que sirve como referencia al mismo Glauber Rocha, a pesar de su seve-ridad hacia Lima Barreto[1]. El Nordeste se volverá una región emblemá-tica para el cine brasileño, si bien con un signo marcadamente social del que carece *O cangaceiro*.

Sinhá Moça (premiado en Venecia) admite su modestia ideológica, al citar desde el principio *La cabaña del Padre Tomás*. El guión es primario y torpe, según suele ocurrir en la Vera Cruz, aunque mezcle acción, ro-mance y humor. El campo de los esclavos ni siquiera llega a darle sin-gularidad a los personajes: la actriz Ruth de Souza apenas pronuncia algunas frases de diálogo. Pero la evocación de la violencia de la esclavi-tud logra su impacto. Los esclavos actúan y luchan, contradiciendo así la leyenda nacional de una abolición caída del cielo, por obra y gracia de la princesa Isabel (1888). El campo de los blancos presenta mayor varie-dad: el latifundista esclavista y sus agentes (el comisario, el capataz); los abolicionistas que no molestan a nadie y aquellos que prefieren actuar en la sombra; las mujeres, que reaccionan colectivamente, a pesar de la división entre conservadoras y progresistas; el ejército, que rechaza dos

---

1. Glauber Rocha, *Revisão crítica do cinema brasileiro, op.cit.*, pp. 63-73.

veces el papel de instrumento de la opresión. El protagonista de *Sinhá Moça* parece el Zorro, con su doble vida; no obstante, su papel de mediador exterior que trae desde afuera la emancipación a una comunidad, representa un esquema retomado luego por el *Cinema Novo*[2]. El rol del sacerdote confiere a *Sinhá Moça* una especie de premonición: el diálogo con el terrateniente sobre las relaciones entre la Iglesia y la política se acerca más a la evolución ulterior del catolicismo posconciliar que a las mentalidades de los años cincuenta.

El melodrama puede inspirar lo mejor y lo peor. *Appassionata* (Fernando de Barros, 1952) es una película tan mal estructurada que parece deshacerse y reducir sus personajes a la condición de marionetas. A pesar de la artificialidad, podemos descubrir un contrapunto social en los muchachos del reformatorio, cuya vivacidad no responde a una necesidad dramatúrgica (como no sea inconsciente). El melodrama contemporáneo tiene una traducción más conmovedora en *Floradas na serra*, el canto del cisne de la Vera Cruz, con una de las dos únicas apariciones en pantalla de Cacilda Becker (máxima estrella del TBC). Quizás el melodrama histórico obtenga mejores resultados con *Tico-tico no fubá* y *Sinhá Moça*, que el melodrama romántico con *Appassionata*, justamente porque aquél dependía de las competencias profesionales reunidas por el sistema de los estudios.

Una película menor, de la última fase de la Vera Cruz, cuando las filmaciones eran hechas a los apurones en lugar de arrastrarse como al principio, encierra algunas virtudes. *Na senda do crime* (Flaminio Bollini Cerri, 1953) intenta adaptar al paisaje urbano de São Paulo el *film noir*, el clásico policial de Hollywood de la década de los cuarenta. El modelo de referencia está incluso presente en la misma diegesis, durante el asalto a un cine donde los personajes pelean y se confunden con las imágenes de una película estadounidense, vista por detrás de la pantalla. El jefe de la banda es el sobrino de un banquero, algo a ser atribuido tal vez a las ambivalentes relaciones entre la Vera Cruz y la burguesía *paulista*. Los claroscuros de Chick Fowle encuentran en *Na senda do crime* su aplicación ideal. El contraste visual tiene su desdoblamiento espacial: São Paulo parece una ciudad de sorprendente mobilidad vertical, con figuras

---

2. Jean-Claude Bernardet, *Brasil em tempo de cinema: Ensaio sobre o cinema brasileiro de 1958 a 1966*, Río de Janeiro, Civilização Brasileira, 1967, 184 pp., il.

que suben o bajan escaleras y cuestas, o circulan en medios sociales de distintos niveles. El clima predominante es nocturno. Sin embargo, en el desenlace la cámara se eleva en plena luz del día para mostrar la caída del protagonista y la multiplicación de los rascacielos.

El esfuerzo de la Vera Cruz es también palpable en la diversificación de la comedia, respecto al modelo dominante de la *chanchada* carioca, que exploraba el registro de la carnavalización, la farsa y el grotesco. Las situaciones de *Uma pulga na balança* la acercan de las rarísimas incursiones brasileñas en la comedia sofisticada. Antes de adoptar los rasgos del *caipira*, el campechano inspirado por el Jeca Tatu del escritor nacionalista Monteiro Lobato, el cómico Mazzaropi encarna al arquetipo de los barrios pobres de São Paulo, en curiosa resonancia con Cantinflas. Una comedia urbana como *Sai da frente* (Abílio Pereira de Almeida, 1952) evoca la burocracia anquilosada y el populismo en su vertiente local, cuando el corrupto gobernador Adhemar de Barros regenteaba el estado de São Paulo. En su segunda aparición, *Nadando em dinheiro* (Abílio Pereira de Almeida y Carlos Thiré, 1952), Mazzaropi satiriza a los nuevos ricos, lo que no deja de ser curioso tratándose de la Vera Cruz...

Sai da frente refleja la ebullición popular de la metrópoli, agigantada por las sucesivas oleadas de inmigrantes de distintos orígenes. El productor Mario Civelli y la Multifilmes, surgida a la sombra de la Vera Cruz, abordan justamente en *Modelo 19* (Armando Couto, 1952) las ilusiones y dificultades de italianos, franceses, alemanes, rumanos y polacos recién llegados a São Paulo (el título se refiere al documento de identidad para inmigrantes, la *green card* brasileña). En cambio, después del *Cinema Novo* las películas *paulistas* prefieren enfocar las migraciones internas, provenientes del norte y nordeste de Brasil, desde el documental *Viramundo* (Geraldo Sarno, 1965) hasta *A hora da estrela* (Suzana Amaral, 1985), basada en la obra de Clarice Lispector. Hay que esperar *Gaijin, caminhos da liberdade* (Tizuka Yamasaki, 1979) para ver reivindicada por primera vez en la pantalla la aportación de la inmigración japonesa. Un filme como *O quatrilho* (Fabio Barreto, 1995) aun sorprende al recordar a los colonos italianos del sur del país. Es como si el nacionalismo desarrollista hubiera ocultado durante muchos años las sucesivas oleadas que conformaron a la nación.

La bancarrota financiera de la Vera Cruz y el posterior auge del *Cinema Novo* –con opciones distintas en términos de producción y expresión–

acabaron sepultando la experiencia *paulista*[3]. La moda del «cine de autor» parecía arrojar al basurero de la historia las películas de género. La Vera Cruz tuvo un papel ambivalente. Por un lado, prolongó la tradición industrial, el *studio system*. Por el otro, cumplió una función modernizadora. No obstante, aun los adversarios más empedernidos de la época admiten la contribución de la compañía a nivel de calidad técnica e interpretación. Hasta entonces, el cine brasileño se debatía en la discontinuidad e improvisaba por la carencia de recursos. Del punto de vista temático y artístico, sufría una excesiva dependencia hacia la radio, el teatro de revistas y el espectáculo musical. Los europeos traidos por Cavalcanti formaron a profesionales brasileños en áreas tan variadas como la fotografía, el montaje, el sonido, la producción, la escenografía, los trabajos de laboratorio y el maquillaje. La simbiosis entre el TBC y la Vera Cruz tuvo la desventaja de descartar a talentos de Río de Janeiro (excepto sus mejores galanes, provenientes de la *chanchada* carioca, Alberto Ruschel y Anselmo Duarte). Así y todo, la Vera Cruz dejó en las pantallas las muestras de profesionalismo e incluso ingenio de intérpretes como Cacilda Becker, Tonia Carrero, Paulo Autran y Jardel Filho (luego reunidos ambos por Glauber Rocha en *Terra em transe*, 1967), Ziembinski, Cleyde Yáconnis, Waldemar Wey, Abílio Pereira de Almeida, Carlos Vergueiro, Célia Biar, Renato Consorte, Sérgio Cardoso, Marina Freire, Luiz Linhares y Milton Ribeiro (los cazadores de talentos fueron menos felices con los fotogénicos debutantes como Marisa Prado, Eliane Lage o Mário Sérgio). El desconocimiento del mercado brasileño e internacional fue el talón de Aquiles de la Vera Cruz, que pretendía proyectar sus películas «desde el bendecido altiplano a las pantallas del mundo»: semejante subestimación no deja de ser una paradoja, viniendo de empresarios que eran auténticos industriales. La ausencia de planificación adecuada, la distribución confiada a Columbia Pictures[4], el lento e insuficiente reintegro de las inversiones, todo ello en un contexto de dependencia estructural, precipitaron la frustración de las inmensas esperanzas despertadas, cuando los primeros éxitos internacionales parecían avalar

---

3. A pesar de la excelente investigación de Maria Rita Galvão, *Burguesia e cinema: o caso Vera Cruz*, Río de Janeiro, Civilização Brasileira/Embrafilme, 1981, 286 pp. + 12 pp. il.

4. No obstante, en el campo opuesto de la batalla cultural e ideológica, *Rio, 40 gráus* (Nelson Pereira dos Santos, 1955) también fue distribuída por la Columbia.

las expectativas. Los estudios de São Bernardo do Campo fueron intervenidos por el Banco del Estado de São Paulo (luego pasarían a manos de los hermanos William y Walter Hugo Khouri).

El conflicto entre Cavalcanti y los dirigentes de la empresa revela las fuertes tensiones que agitaron a la Vera Cruz e impiden caracterizarla en forma unilateral. Aunque el modelo fuera el sistema de estudios, la compañía fue la primera en sistematizar el rodaje en locaciones naturales, contrariamente a lo que habían practicado hasta entonces la Cinédia o la Atlântida (a pesar de que esta careciera de instalaciones adecuadas). Aunque ello se debiera en parte a la demora en la construcción de las galerías de São Bernardo do Campo (*Caiçara*; *Terra é sempre terra*, Tom Payne, 1951), coexistieron en la Vera Cruz dos tendencias distintas, para no decir contradictorias: la de construir una ciudad escenográfica completa (como las de *Tico-tico no fubá* o *Sinhá Moça*) y la consistente en buscar y adaptar locaciones, aunque no correspondieran necesariamente a la región evocada (como en el caso de *O cangaceiro*). Cavalcanti adoptará el mismo eclecticismo en las películas que dirigirá después de su ruptura con la Vera Cruz, como si estuviera en búsqueda de las fórmulas de producción, género y dramaturgia adaptadas a la situación de Brasil. *Simão, o caolho* (Alberto Cavalcanti, 1952), comedia ambientada en los barrios populares de São Paulo, está más próxima del neorrealismo que de la *chanchada* carioca, al mezclar pinceladas sociales, políticas y religiosas con una dosis de fantasía ingenua. *Mulher de verdade* (Alberto Cavalcanti, 1954), aun menos pretensiosa, es una comedia de situaciones que favorece ciertas ironías sobre las relaciones entre hombres y mujeres. Ambos títulos contribuyen a una diversificación de la comedia (como la producción de la Vera Cruz), único género con un mínimo de continuidad hasta entonces en el cine brasileño.

O canto do mar (Alberto Cavalcanti, 1953) y *Ana*, el episodio brasileño de la producción germanooriental *Die Windrose* (1956), escrito y supervisionado por Cavalcanti, tienen mayor trascendencia: representan un giro en la temática *nordestina*, después del desaparecimiento de los ciclos regionales del período mudo. Mientras *O cangaceiro* procura aclimatar las convenciones del género épico y el lirismo musical del cine mexicano a la producción industrial *paulista*, Cavalcanti prefiere explorar los caminos inéditos en Brasil de un realismo humanista. Contrariamente al filme de Lima Barreto, *O canto do mar* y *Ana* fueron efectivamente rodados en el Nordeste, una región que volvería a atraer a Trigueirinho Neto y a Miguel Torres, respectivamente coguionista e intérprete del *sketch* brasileño de *Die Windrose*, ambos vinculados a la renovación de los años sesenta (Trigueirinho como director de *Bahia de Todos os Santos*, 1961; Torres como guionista de Ruy Guerra en *Os cafajestes*, 1962, y *Os fuzis*, 1963). Reducir *O canto do mar* a un mero *remake* de *En rade* del mismo Cavalcanti (Francia, 1927) o criticar sus aspectos folclóricos es parte de la miopía de la época. El hibridismo entre la antigua vanguardia y la creciente sensibilidad social comprueba sencillamente que la película y el realizador son figuras de la transición entre lo viejo y lo nuevo. El tono desesperanzado, alejado de las normas vigentes en el «realismo socialista», parece sintonizado con el sentimiento moderno perceptible en los filmes del *Cinema Novo* menos empapados de mesianismo militante.

Lejos de cualquier actitud mimética o dogmática, Alberto Cavalcanti (Río de Janeiro, 1897-1982) seguía siendo un hombre preocupado en experimentar e inventar formas, como lo había hecho antes en Francia y Gran Bretaña[5]. La mezcla de nacionalidades distintas en la Vera Cruz era una especie de antídoto contra el dogmatismo, aunque este fuera novedoso, como lo era entonces el neorrealismo en América Latina. En lugar de traer uno de sus colaboradores de los estudios Ealing de Michael Balcon, Cavalcanti elige un fotógrafo formado en la dura escuela del documental social inglés y el reportaje de guerra. El brasileño errante conoció a Henry Edward «Chick» Fowle en el General Post Office Film Unit, creado por John Grierson (una personalidad muy respetada en Sudamérica en los cincuenta). Al trasladarse a Brasil, Fowle tenía escasa experiencia en el largometraje de ficción, pero había demostrado el ingenio de los autodidactas (entró al GPO como mensajero) y una capacidad de adaptación seguramente valoradas por Cavalcanti. La Vera Cruz jamás cumplió el vasto programa de documentales diseñado por su primer director general, pero Fowle asumió el desafío que representaba la fuerte luminosidad de la tierra caliente, en armonía con las escenas de interiores. Así lo hizo desde *Caiçara* y *Terra é sempre terra,* las dos primeras produc-

---

5. *Cf.* Wolfgang Klaue, *Alberto Cavalcanti*, Berlin, Staatlichen Filmarchiv der DDR, 1962, 196 pp. + 20 pp. il.; Lorenzo Pellizari y Claudio M. Valentinetti, *Alberto Cavalcanti*, Locarno, Festival international du film, 1988, 464 pp., il. (traducción brasileña: São Paulo, Instituto Lina Bo e P. M. Bardi, 1995, 448 pp., il.).

ciones de la compañía. Cuando José María Beltrán abandonó el set de *Tico-tico no fubá*, Chick lo reemplazó en la iluminación del inmenso decorado, sin haber filmado previamente más de treinta películas en los estudios porteños (amén de diez años de experiencia en España), como el diestro aragonés. La versatilidad y el talento del fotógrafo británico quedan comprobados en *O cangaceiro*, que le debe una plasticidad y unidad tironeadas entre la violencia épica y el lirismo musical de Lima Barreto. A la sombra de los rascacielos de São Paulo o en el asoleado paisaje rural, Fowle capta la luz más adecuada a cada película, con la misma exigencia en cuanto a homogeneidad y transparencia. Aunque su rigor agotara la paciencia de los improvisados artesanos de entonces, él no impone un estilo determinado, sino que se adapta a las necesidades del tema, género y director. Si acaso tiene algún sentido hablar de una «luz brasileña», sus tres descubridores fueron el «alemán» Edgar Brazil (fotógrafo de *Limite*), el inglés Chick Fowle y el argentino Ricardo Aronovich (*Os fuzis*).

Nadie poseía entonces en Brasil una experiencia tan rica y diversificada como la de Cavalcanti, en la dirección y en la producción, en la vanguardia experimental y en grandes estudios, en la formación de equipos y nuevos cineastas. Sin embargo, fue víctima de los prejuicios de conservadores y comunistas, de la alta sociedad y la intelectualidad, sometidos a la vez a modelos importados y a un provincianismo atávico. Atacado por unos y otros por su homosexualidad o por su alianza con la burguesía, terminó regresando a la melancólica condición de persona desplazada[6]. En Europa, Cavalcanti era considerado un «compañero de viaje», pero en su propio país fue tratado por la izquierda oficial con dogmatismo e intolerancia. «Abominábamos la enajenación cosmopolita de los grandes estudios *paulistas*», confiesa Alex Viany[7], crítico, historiador y cineasta vinculado al Partido Comunista Brasileño. Su libro *Introdução ao cinema brasileiro* (1959), empapado del nacionalismo y voluntarismo del perío-

---

6. Dos libros contienen sus frustrados proyectos institucionales y fílmicos: Alberto Cavalcanti, *Filme e realidade*, São Paulo, Martins, 1953, 256 pp., il. (Río de Janeiro, Casa do Estudante do Brasil, 1957, 288 pp.; Río de Janeiro, Artenova/Embrafilme, 1977, 276 pp., il.); Claudio M. Valentinetti, *Um canto, um judeu e algumas cartas: Uma pequena homenagem e duas grandes «obras malditas» de Alberto Cavalcanti*, São Paulo, Instituto Lina Bo e P. M. Bardi/Cinemateca do Museu de Arte Moderna do Rio de Janeiro, 1997, 352 pp. + 16 pp. il.

7. Alex Viany, *Agulha no palheiro*, Fortaleza, Universidade Federal do Ceará, 1983, pp. 13-14.

do, inaugura prácticamente la historiografía latinoamericana[8]. Pero la actitud nacionalista bordea la xenofobia cuando Viany elimina a Franco Zampari de su minucioso inventario del quehacer fílmico, después de haberlo acusado de «invadir» el campo cinematográfico[9]. Zampari no era un extranjero de paso, sino un miembro eminente de la comunidad italiana de São Paulo, al que difícilmente se le podía cuestionar la ciudadanía.

Anselmo Duarte retoma las enseñanzas y la destreza de la Vera Cruz –empezando por el fotógrafo Chick Fowle– en *O pagador de promessas*, consagrado en Cannes en 1962 con la única Palma de Oro a un largometraje latinoamericano[10]. Aunque las primeras imágenes recuerdan las siluetas de *O cangaceiro*, la filmación en las locaciones de Salvador de Bahía representa un nuevo desafío para Fowle. La fotografía es una de las mayores bazas con que cuenta Anselmo Duarte: el blanco y negro expresa todas sus posibilidades plásticas, una riqueza de matices y tonalidades que ya no limita el movimiento de los intérpretes y figurantes, como ocurría hasta hace poco. La fusión es perfecta entre los rostros anónimos y los actores oriundos del teatro (ya sea el TBC en el caso del protagonista Leonardo Vilar, ya sea el teatro bahiano, en los casos de Geraldo del Rey, Othon Bastos, Antonio Pitanga, pronto figuras de primer plano del *Cinema Novo*). El director logra integrar al drama las figuras y paisajes del cine entonces en gestación en Bahía, que terminaría por renovar la imagen de Brasil. Mientras la generación del *Cinema Novo* opta por la ruptura radical como ocurría en otras cinematografías de la década de los sesenta, Anselmo Duarte esboza una tranquila transición entre la experiencia anterior y la dramaturgia audiovisual que aun estaba por surgir: Dias Gomes, autor de la obra teatral *O pagador de promessas*, se va a convertir en uno de los principales creadores de la novela televisiva. El autodidacta Anselmo Duarte constituye un eslabón entre varias corrientes y momentos del cine brasileño, de la Cinédia a los años setenta (los

---

8. Alex Viany, *Introdução ao cinema brasileiro, op. cit.*; para una apreciación crítica, *cf.* Jean-Claude Bernardet, *Historiografia clássica do cinema brasileiro, op. cit.*, pp. 13-147; Paulo Antonio Paranaguá, *Le cinéma en Amérique Latine: Le miroir éclaté, historiographie et comparatisme, op. cit.*, pp. 11-17.

9. Arthur Autran, «Alex Viany e a *Introdução ao cinema brasileiro*», *Cinemais* n° 26, Río de Janeiro, noviembre-diciembre de 2000, pp. 161-203.

10. El dibujo animado *El héroe* (Carlos Carrera, México, 1994) conquistó la Palma de Oro del cortometraje.

años Embrafilme), pasando por la Atlântida y los estudios de São Paulo: la comedia *Absolutamente certo!* (Anselmo Duarte, 1957), su debut como director, ya lo muestra atento a las transformaciones introducidas por la televisión.

Los dieciocho largometrajes de la Vera Cruz –una producción bastante diversificada– comprueban como el melodrama, la comedia, el filme histórico, las películas de aventuras y el cine negro fueron asimilados en un determinado momento. La compañía refleja también aspectos insuficientemente estudiados de la historia cultural, como la influencia italiana en Brasil (y América Latina de manera general), el papel de São Paulo en la modernización de la cultura, las dificultades de una industria cultural en un país del hemisferio sur, los orígenes de la producción audiovisual brasileña. La preocupación de la Vera Cruz con las normas de calidad internacional resurge más adelante en la principal empresa de comunicación del Brasil, la red de televisión Globo, así como en el *mainstream* de los años Embrafilme y en la *retomada* de la producción de los noventa. São Paulo seguirá siendo el único polo productivo capaz de rivalizar con Río de Janeiro, aparte de conquistar la hegemonía en el campo de la publicidad, gracias a la infraestructura y al *know-how* dejados por la Vera Cruz.

En definitiva, entre Cinecittà y el neorrealismo, entre la tradición y la modernidad, los *paulistas* no eligieron ni lo uno ni lo otro, sino todo lo contrario...

10. Neorrealismo

La versión canónica de la historia, la leyenda dorada del Nuevo Cine Latinoamericano, resume la aportación neorrealista a dos pioneros, el brasileño Nelson Pereira dos Santos[1] y el argentino Fernando Birri, a los que se añade un cortometraje cubano, *El Mégano* (Julio García Espinosa y Tomás Gutiérrez Alea, Cuba, 1955). Esa venerable trinidad supone un neorrealismo químicamente puro, por supuesto militante, capaz de desembocar en la renovación de los sesenta. Ni el original en Italia corresponde a un esquema tan homogéneo, ni el impacto en América Latina se limitó a los sectores intelectuales y artísticos de izquierda.

Al ubicar al neorrealismo como un factor de deflagración del *Cinema Novo* brasileño y del Nuevo Cine Latinoamericano, se lo está caracterizando como una influencia externa, sin duda determinante, pero nada más que eso. La visión predominante tiene el siguiente presupuesto implícito: la historia empieza con el cine de los años sesenta, lo anterior es apenas una prehistoria, con aislados pioneros en el mejor de los casos[2]. La concepción cíclica de la historia aplicada paralelamente al desarrollo de los nuevos cines privilegia la ruptura y la expectativa de la revolución, en lugar de la evolución, la transición y la transformación. Más allá de los factores de discontinuidad, cabe al historiador investigar y deslindar las líneas de continuidad, latentes o subterráneas. Justamente, en contra de lo que supone la historiografía, detectamos la existencia de un neorrealismo latinoamericano entre los fenómenos característicos de la transición

---

1. Mayor consideración merece el estudio de Mariarosaria Fabris, *Nelson Pereira dos Santos: Um olhar neo-realista?*, São Paulo, EDUSP, 1994, 216 pp., il. Si bien su concentración en los dos primeros largometrajes del director es perfectamente justificable, resulta discutible la exclusión de su producción paulista *O grande momento* (analizada más adelante) por el hecho de ser una comedia, algo que, supuestamente, el neorrealismo italiano no habría contemplado jamás. El neorrealismo no es un género, por supuesto, ni está identificado tampoco con un género en particular.

2. La invención de una tradición bajo medida y la tentación de la tabula rasa están representadas por Glauber Rocha y Alfredo Guevara, cuyas posiciones discuto en *Le cinéma en Amérique Latine: Le miroir éclaté, op. cit.*, pp. 18 y 36-42

entre el modelo industrializante de los estudios y el «cine de autor» o cine independiente, basado en la fusión entre el director y el productor (e incluso el guionista). En lugar de una mera influencia externa, tenemos una tendencia interna, operando en una escala, un espacio y un tiempo amplios. Suponer que neorrealismo hay uno sólo –como la madre, o mejor la matriz italiana– equivale a imaginar que no existe un barroco latinoamericano, puesto que sus raíces son europeas[3].

Los cineastas con una mirada renovada fueron inicialmente espectadores con una percepción distinta. El nuevo espectador surgió antes que el nuevo cine. En el centro de esa renovación de la mirada se encuentra lo que podemos llamar la «generación neorrealista», la que tenía alrededor de veinte años cuando se hizo *Ladrón de bicicletas* (*Ladri di biciclette*, Vittorio De Sica, Italia, 1948). A ella pertenecen los cubanos Tomás Gutiérrez Alea, Julio García Espinosa, Alfredo Guevara, José Massip, Eduardo Manet, Guillermo Cabrera Infante, Roberto Fandiño, Ramón F. Suárez, Jorge Herrera, Edmundo Desnoes, Walfredo Piñera, Héctor García Mesa, José Triana, Ambrosio Fornet, Alberto Roldán, Enrique Pineda Barnet e Iván Nápoles, además de Néstor Almendros, los brasileños Nelson Pereira dos Santos, Roberto Santos, Rodolfo Nanni, Geraldo y Renato Santos Pereira, Jorge Ileli, Flavio Tambellini, Walter Hugo Khouri, Trigueirinho Neto, Ruy Guerra, Roberto Farías, Joaquim Pedro de Andrade, Eduardo Coutinho y Paulo César Saraceni, los argentinos Leopoldo Torre Nilsson, Simón Feldman, Fernando Birri, Manuel Antín, David José Kohon, José Antonio Martínez Suárez, Mauricio Berú, Mario David, Jorge Prelorán, Rodolfo Kuhn, Alejandro Saderman y Héctor Olivera, los mexicanos Manuel Barbachano Ponce, Benito Alazraki, José Miguel García Ascot, Rubén Gámez, Alberto Isaac y Alfonso Arau, los chilenos

---

3. «No existió ni existe un neorrealismo latinoamericano», según Jorge Ruffinelli, «Un camino hacia la verdad», *El ojo que piensa*, revista virtual de cine iberoamericano, n° 1, Universidad de Guadalajara/Fipresci, septiembre de 2002 (www.elojoquepiensa.com o www.thethinkingeye.com). José Lezama Lima analizó la singularidad del barroco americano respecto a sus orígenes europeos, en «La curiosidad barroca», incluido en *La expresión americana* (1957), reproducido en *El reino de la imagen*, Caracas, Biblioteca Ayacucho, 1981, pp. 384-399, y *Confluencias*, La Habana, Letras Cubanas, 1988, pp. 229-246. La importancia del proceso de transculturación y mestizaje hizo de América Latina un laboratorio de la modernidad, en opinión de Serge Gruzinski, «Les effets admirables de l'image baroque», *La guerre des images: de Christophe Colomb à Blade Runner (1492-2019)*, París, Fayard, 1990, pp. 149-242 y 334-336.

Patricio Kaulen, Aldo Francia, Sergio Bravo, Lautaro Murúa, Helvio
Soto y Pedro Chaskel, los peruanos Armando Robles Godoy, César Villanueva, Manuel Chambi y Luis Figueroa, los venezolanos Margot Benacerraf, Román Chalbaud y Carlos Rebolledo, los bolivianos Jorge
Ruiz y Humberto Ríos, los uruguayos Ugo Ulive y Mario Handler, los
colombianos Gabriel García Márquez y Francisco Norden, así como José
María Arzuaga. La formación intelectual de esa generación es contemporánea del neorrealismo italiano; descubrieron el cine enseguida después
de la Segunda Guerra Mundial. Todos tuvieron un papel en la renovación del quehacer cinematográfico[4].

Hay una diferencia generacional entre esos jóvenes de posguerra respecto a los brasileños Glauber Rocha, Leon Hirszman, Luiz Sérgio Person,
Gustavo Dahl, Walter Lima Jr., David E. Neves, Geraldo Sarno, Maurice Capovilla, Carlos Diegues, Arnaldo Jabor, Jorge Bodanzky, Eduardo
Escorel, João Batista de Andrade, Antonio Carlos Fontoura, Carlos Reichenbach, Sylvio Back, Julio Bressane, Neville d'Almeida y Rogério
Sganzerla, los argentinos Fernando E. Solanas, Octavio Getino, Leonardo Favio, Alberto Fischerman, Hugo Santiago, Raúl de la Torre, Adolfo
Aristarain, Eliseo Subiela, Raymundo Gleyzer, Eduardo Calcagno, Ni-
colás Sarquis y Gerardo Vallejo, los chilenos Raúl Ruiz, Patricio Guzmán
y Miguel Littín, los mexicanos Arturo Ripstein, Paul Leduc, Felipe Ca-
zals, José Estrada, Jorge Fons, Jaime Humberto Hermosillo y Mauricio
Wallerstein, los cubanos Fausto Canel, Humberto Solás, Nicolás Guillén
Landrián, Rogelio París, Sergio Giral, Manuel Pérez, Pastor Vega, Juan
Carlos Tabío, Luis Felipe Bernaza, Manuel Herrera, Mario García Joya y
Miguel Torres, el boliviano Jorge Sanjinés, los colombianos Julio Luzardo
y Ciro Durán, que todavía estaban leyendo comics o usando pantalones
cortos en el estreno de *Ladrón de bicicletas* (en los filmes neorrealistas, ya
se sabe, la infancia estaba en la pantalla y no en las butacas). Todos ellos
abrazarían el cine en la década de los sesenta, con una precocidad a la
que sus mayores no podían aspirar[5].

---

4. En total, setenta nombres, nacidos entre 1921 y 1933. Los cubanos Santiago Álvarez
y Óscar Valdés, los argentinos Francisco Ayala y René Mugica, el paraguayo Augusto
Roa Bastos, los brasileños Alex Viany y Anselmo Duarte, el mexicano Luis Alcoriza, na-
cieron antes.

5. Entre las dos generaciones deslindadas a grandes rasgos, siempre quedan algunos
nombres en el medio, como los cubanos Manuel Octavio Gómez, Jorge Fraga y Octa-

Podemos rastrear el interés y la discusión sobre el neorrealismo no so-lamente en Brasil, Argentina y Cuba, sino también en Venezuela, Co-lombia, Uruguay, Chile o México, no sólo en las revistas de la nueva crítica y los cineclubs que reflejan una diferenciación de la mirada y del público, sino también en las publicaciones gremiales o profesionales tra-dicionales, que expresaban los puntos de vista de productores, distribui-dores y exhibidores. Los intelectuales no fueron los únicos impresionados con las películas italianas. Además, hasta entonces el cine no era asun-to de intelectuales, con contadas excepciones. El brasileño Mário Audrá Jr., fundador-propietario de la Cinematográfica Maristela (São Paulo, 1950), explica sin rodeos lo que le «entusiasmaba» en el «renaciente cine italiano»: los «costos bajísimos». Tales condiciones de producción vol-vían perfectamente compatibles «la opción por la línea del neorrealismo italiano y la tentativa de conquistar el mercado externo»[6]. Entre sus pri-meros colaboradores estuvieron inmigrantes como Ruggero Jacobbi o los hermanos Mario Civelli y Carla Civelli, amén del fotógrafo peninsular Aldo Tonti.

En la Argentina, el actor Aldo Fabrizi dirigió *Emigrantes* (1948) ense-guida después del éxito porteño de *Roma, ciudad abierta* (*Roma, città aperta*, Roberto Rossellini, Italia, 1945), en el que interpretaba al cura. *Pelota de trapo* (Argentina, 1948), dirigida por el veterano Leopoldo To-rres Ríos, interpretada por Armando Bó, puede ser considerada una de las primeras películas que procura emular la frescura del neorrealismo: en pantalla, un potrero de barrio, una pandilla de chicos, la ilusión del futbol, bastantes exteriores. El hijo de Torres Ríos, Leopoldo Torre Nils-son, a menudo caracterizado como expresionista y barroco, realizó con tintes neorrealistas y crudos *El secuestrador* (Argentina Sono Film, 1958), intercalado entre su famosa «trilogía» intimista *La casa del ángel* (Argen-

---

vio Cortázar... También hubo mujeres que se pusieron los pantalones, pero largos: la ar-gentina Eva Landeck, la mexicana Marcela Fernández Violante, la cubana Sara Gómez, la brasileña Ana Carolina y otras, de las que se hablará mas adelante.

6. Mário Audrá Jr., *op.cit.*, pp. 22-23. En definitiva, de las dos principales produccio-nes de la Maristela, *Simão, o Caolho* (Alberto Cavalcanti, Brasil, 1952) y *Mãos sangrentas* (Carlos Hugo Christensen, Brasil, 1954), solamente la primera mantiene cierto diálogo con el neorrealismo. La Maristela asumió la producción y el traspaso del episodio brasi-leño de *Die Windrose* de Cavalcanti a Alex Viany, lo que confirma la relativa porosidad o fluidez de las corrientes activas en los cincuenta (*cf.* pp. 93-96).

tina Sono Film, 1957), *La caída* (Argentina Sono Film, 1959) y *La mano en la trampa* (Argentina-España, 1961), aparte de otros títulos conocidos.

Un *Diccionario de films argentinos*[7] atribuye ínfulas neorrealistas a *Los pulpos* (Carlos Hugo Christensen, 1948), *Suburbio* (Leon Klimovsky, 1951), *Deshonra* (Daniel Tinayre, 1952), *Donde comienzan los pantanos* (Antonio Ber Ciani, 1952), *Dock Sud* (Tulio Demicheli, 1953), *El paraíso* (Karl Ritter, 1953), *Barrio Gris* (1954) y *Oro bajo* (1956), ambos dirigidos por Mario Soffici, *Viaje al infinito* (Armando Garbi, 1956), *El hombre señalado* (Francis Lauric, 1957). También incluye entre ellos a la simpática *Apenas un delincuente* (Hugo Fregonese, 1949), lo que parece francamente cuestionable. Pero, sin repasar el conjunto bajo una óptica precisa, ¿cómo aclarar la cuestión? Volvemos al punto de partida, a las dificultades de investigación y acceso al patrimonio fílmico, a los consiguientes problemas de revisión y elaboración de una historia comparada. Cinemateca Uruguaya, uno de los mejores archivos del hemisferio, considera definitivamente perdido uno de los títulos emblemáticos del neorrealismo latinoamericano, *Un vintén p'al Judas* (Uruguay, 1959), filmado por Ugo Ulive, cineasta y dramaturgo con actividad ulterior en Cuba (*Crónica cubana*, 1963) y Venezuela... Por lo tanto, el inventario del neorrealismo latinoamericano permanece una cuestión abierta, aunque pueda estimárselo en unos treinta o cuarenta títulos, un conjunto numéricamente significativo (sobre todo en comparación a otros episodios de la producción en América Latina), amén de su importancia en la evolución a largo plazo. Fuera de Italia, el neorrealismo no adquirió tal volúmen y organicidad en otra parte del mundo, ni en India, ni en Egipto, ni en España, por más importancia que tengan determinadas películas y nombres como Satyajit Ray, Yussef Chahine o José Antonio Nieves Conde. En todo caso, es una corriente vigente antes y después de las contadas experiencias consideradas hasta ahora por la historiografía. Ampliar los criterios para valorar el neorrealismo latinoamericano no implica en diluir o vaciar el concepto original, sino todo lo contrario, aumenta su importancia en la historia cultural del continente.

El empeño militante en torno al cine italiano de posguerra favoreció en América Latina una convergencia entre comunistas y católicos, un

---

7. Raúl Manrupe y Alejandra Portela, *Un diccionario de films argentinos*, Buenos Aires, Corregidor, 1995, 744 pp., il.

«compromiso histórico» *avant la lettre*, inimaginable en otros terrenos. Ambas corrientes disputaban la conducción del movimiento de cineclubs, que floreció en los cincuenta y sirvió de base al surgimiento de nuevas revistas especializadas[8]. Marxistas y cristianos atribuían al cine una misión mesiánica: los primeros proyectaban sobre el neorrealismo su deseo de transparencia; los segundos veían contemplada su aspiración a la inmanencia[9]. La búsqueda de una pureza original es perceptible no solamente en experiencias aisladas, sino también en la enseñanza de Fernando Birri: la escuela de Santa Fe rechazaba cualquier eclecticismo, al punto de ahuyentar a quienes preferían otras opciones, como el chileno Raúl Ruiz o el peruano Francisco Lombardi (el argentino Manuel Puig y el colombiano Fernando Vallejo, ambos escritores, tampoco soportaron el clima del Centro Sperimentale en Roma, por motivos similares[10]). Apegada a cierta ortodoxia, la primera experiencia de Birri, la de fotodocumentales, estaba directamente inspirada en *Un paese*, el libro de Paul Strand y Cesare Zavattini[11]. El documental *Tire dié* (Fernando Birri, Argentina, 1958) citaba explícitamente el proyecto zavattiniano *Italia mia*, aunque la escuela de Santa Fe dedicara al mismo tiempo su primer librito al documental británico[12]. Y el primer largometraje de Birri, *Los inundados* (Argentina, 1961), aparte de su deuda hacia el neorrealismo, tenía otra con la picaresca.

Fue probablemente en *La escalinata* (César Enríquez, Venezuela, 1950) donde el neorrealismo surgió como alternativa de expresión y de producción, por primera vez en América Latina. Luis Buñuel realizaba entonces *Los olvidados* (México, 1950) con presupuestos ideológicos y dramatúrgi-

---

8. Esbocé un inventario, periodización y clasificación de las publicaciones periódicas latinoamericanas en *Les revues de cinéma dans le monde*, Guy Hennebelle y Agnès Guy (eds.), *Cinémaction* n° 69, París, 1993, pp. 165-180.

9. *Cf.* Paulo Antonio Paranaguá, «Le vieux rebelle et l'Amérique Latine: un compromis autour du néoréalisme», *Cesare Zavattini*, Aldo Bernardini y Jean A. Gili (eds.), París, Centro Georges Pompidou, 1990, pp. 131-139; «Of Periodizations and Paradigms: The Fifties in Comparative Perspective», *Nuevo Texto Crítico* n° 21/22, Stanford University, enero-diciembre 1998, pp. 31-44.

10. Véase el prólogo de Manuel Puig, *La cara del villano/Recuerdo de Tijuana*, Barcelona, Seix Barral, 1985, pp. 7-14.

11. Paul Strand y Cesare Zavattini, *Un paese*, Turín, Einaudi, 1955.

12. Manuel Horacio Giménez, *Escuela documental inglesa*, Santa Fe, Editorial Documento del Instituto de Cinematografía de la Universidad Nacional del Litoral, 1961, 86 pp., il.

cos muy distintos y en un contexto productivo radicalmente diferente. Mientras los fundadores de Bolívar Films trataban de implantar los modelos industriales y genéricos de Argentina y México, *La escalinata* optaba por una filmación predominantemente en exteriores, en los cerros y quebradas miserables o en las calles y talleres de Caracas. En las modestas instalaciones de los estudios Civenca, del camarógrafo y productor peruano Antonio Bacé, fueron rodadas básicamente un par de secuencias situadas en el interior de una chabola.

César Enríquez se había hecho conocer como pintor. El medio de las artes plásticas, sin duda más abierto a las discusiones estéticas, debió ayudarle a vislumbrar el alcance de las nuevas propuestas llegadas de Italia. Aunque no figure en el anuario de los graduados, Enríquez habría frecuentado los cursos del IDHEC (Instituto de Altos Estudios Cinematográficos), en París. Aparte de los mencionados, los dos otros nombres claves del reducido equipo refuerzan la aportación europea: el fotógrafo Boris Doroslovacki y el coguionista y codirector italiano Elia Marcelli. La figuración fue confiada a no profesionales y la interpretación se resiente de la inexperiancia a ambos lados de la cámara: la actriz María Luisa Sandoval no era todavía una estrella, sino una modelo de la publicidad.

La versión de *La escalinata* restaurada por la Cinemateca Nacional de Venezuela y el especialista brasileño João Sócrates de Oliveira (1993, 73 minutos de duración), nos da una idea imperfecta de lo que representó la película en su estreno: el sonido original se perdió, la imagen deteriorada impide apreciar la elogiada fotografía, que algún entusiasta consideró superior a la de *La balandra Isabel llegó esta tarde* (Carlos Hugo Christensen, Bolívar Films, Venezuela, 1949), obra del español José María Beltrán, premiada en Cannes[13]. Así y todo, podemos reconocer en *La escalinata* el compromiso ético del neorrealismo e incluso el lastre moralizante de su vertiente cristiana. Los créditos desfilan sobre unos escalones en los que suben y bajan pies recortados en primerísimo plano. Luego se alzan las torres de una iglesia, seguidas por panorámicas de Caracas: aparte de la intención documental y del protagonismo atribuido a la urbe, las primeras imágenes establecen el contraste entre la ciudad moderna y sus quebradas pobres.

---

13. Napoleón Ordosgoiti, citado por Ricardo Tirado, *Memoria y notas del cine venezolano, 1897-1959*, Caracas, Fundación Neumann, [1988], p. 206.

Enseguida surge como narrador un hombre (Pablo), que evoca con nostalgia el modesto barrio donde nació. La escalinata del título, notable visualmente por su longitud, adquiere pronto un pronunciado simbolismo: la barriada tiene dos salidas, una hacia abajo, hacia otro barrio pobre, y otra hacia arriba, por los escalones justamente, con el cielo por único horizonte. Pablo, vestido correctamente con chaleco y corbata, dice volver como «enemigo», sin aclarar el porqué. Antes del *flash-back* evocativo de su niñez, recorre el nuevo barrio, con sus pulcras instalaciones y una escuela con la infaltable frase de Bolívar (la coartada institucional para evocar la miseria también existe en *Los olvidados*, dicho sea de paso). Pablo era un alumno aplicado, en conflicto con los otros chicos que juegan en la escalinata. Uno de ellos lo defiende, Juanito. El padre de este, llamado Simón como el Libertador, es un borracho, que muere al caer. La madre, con aspecto de abuelita, explicita la disyuntiva moral: «La escalinata es como la vida, es más fácil deslizar y caer en el barro, pero hay que subir, hay que subir...». El romance infantil con la hermana de Juan, Delia, es interrumpido por la mudanza de Pablo, que promete volver.

Cuando finalmente lo hace, han pasado muchos años y él viene a buscar a Juan, postergando el motivo. Ocupada con los quehaceres de la barraca, Delia cuenta primero. El nuevo *flash-back* ilustra las desgracias del hermano: obrero en una construcción, pierde el empleo por la llegada de un tractor. La reiteración del recurso al *flash-back* establece una distancia ambigua hacia los hechos evocados: el presente puede ser mejor o distinto, aunque la maquinaria moderna sea caracterizada como una amenaza. En todo caso, Juan se deja llevar por un par de delincuentes y toma el mal camino. La madre rechaza el dinero que le trae, producto del robo, y lo echa de casa. Terminado el *flash-back*, surge un policía: fue Pablo el que denunció a Juan. Un nuevo *flash-back* relata el asalto a una empresa metalúrgica, la disconformidad de Juan con la utilización de un revolver, el encuentro con el amigo de infancia que lo reconoce, la muerte de un empleado, la persecución. Escondido en una casa en construcción, el sonido de un bastón le recuerda a Juan las palabras de su madre sobre la escalinata (breve *flash-back* dentro del *flash-back*). La psicología sumaria de los personajes hace que el interés mayor radique en el físico, en los movimientos y en la inserción de las figuras en el paisaje urbano.

Juan encuentra a su hermanito en el centro: Pepito es limpiabotas, como los niños de *Sciuscià* (*El limpiabotas*, Vittorio De Sica, Italia, 1946). En un autobús, ambos son perseguidos por los dos delincuentes en automóvil, lo que justifica un recorrido por Caracas. En el agreste paisaje de las afueras, Pepito sufre un mareo, acosado por el relieve, y pierde la caja de limpiabotas donde estaba escondido el producto del atraco. La acción de *La escalinata* vuelve al diálogo entre Delia y Pablo, arrepentido de la denuncia. Ella rechaza la compasión y discursa contra la injusticia. Después de que se hayan separado, Delia es acosada junto a la fuente de agua por un mulato (sin duda involuntariamente, la pareja central tiene la tez clara, mientras los demás personajes son mestizos). Pablo regresa para defenderla y enfrenta así nuevamente a un elemento malo de su barrio natal. Acto seguido, se le declara a la muchacha y propone sacarla de allí. En el interior del barracón se les suma Juan. Hablan los tres, barajando las opciones de la fuga o la rendición a la autoridad. Cuando tratan de convencerlo del valor que representa entregarse, la cámara encuadra a Juan con diversas estampitas religiosas detrás, pegadas por las paredes. Irrumpe Ramón, el asesino que exige el dinero y amenaza con prender fuego a la chabola. El desenlace lo suscita la aparición de la policía y ocurre evidentemente en la escalinata. Juan levanta los brazos frente al uniformado, su cómplice le dispara, antes de ser abatido a su vez por otro guardia. El suceso atrae a la muchedumbre, que observa cómo Juan, herido, sube los escalones abrazado al policia. En *off*, oímos la frase de la madre: «Hay que subir, hay que subir…».

Resulta demasiado fácil, medio siglo después, apuntar las inconsistencias ideológicas de *La escalinata*, sin hablar de sus defectos de realización. No obstante, si intentamos evitar juicios anacrónicos, más vale observar que el *pathos* melodramático es reducido, a pesar del argumento sentimental –duplicado por la nostalgia de la infancia. Tienen mayor relieve algunos lugares comunes del filme de acción. Pero la integración de los personajes en un determinado paisaje físico y humano es una novedad, para el cine de América Latina en general y el de Venezuela en particular. La lección neorrealista inspira una inédita exploración de la geografía metropolitana, sin que la opción por la modernidad inspire una de aquellas sinfonías urbanas de antaño. Aquí predomina un abordaje humanístico, socialcristiano, preocupado con la emancipación de la miseria, aunque los caminos propuestos oscilen entre la ascensión social y la confianza en las instituciones (familia, escuela, justicia, policía). Puede parecer absurdo, teniendo en cuenta las confusiones del guión de *La escalinata*, pero la novedad también es dramatúrgica. La moraleja se desprende de una serie de peripecias del argumento y de la utilización simbólica de aspectos escenográficos de la misma ciudad: la forma y el fondo tienden a fundirse, el neorrealismo no es un artilugio, sino una elección estética y ética. La presencia infantil, tanto en los *flash-backs* como en el presente diegético, no tiene siquiera un antecedente en *Juan de la calle* (Rafael Rivero, Venezuela, 1941), escrita y producida por el novelista y político Rómulo Gallegos, rodada en estudio a pesar del título, con intenciones de propaganda y profilaxis social. *La escalinata* tiene mucho mérito, aunque el empeño de César Enríquez no se viera recompensado: estrenada en trece cines de Caracas, Maracaibo y Maracay, tuvo éxito de crítica, pero no de público. El director prosiguió su carrera en la televisión, donde fue uno de los precursores de los culebrones venezolanos.

Rio, 40 gráus (Nelson Pereira dos Santos, Brasil, 1955) nació con una tranquila vocación de manifiesto. La contradicción de la expresión sorprenderá apenas a quienes no conozcan la personalidad del director, una mezcla curiosa de modestia y voluntarismo[14]. Joven comunista empeñado en los debates alrededor de la Vera Cruz, Nelson Pereira dos Santos prefiere la práctica a las proclamas teóricas, los hechos a las palabras. Aunque el neorrealismo sea entonces casi un credo, la demostración que pretende hacer a punta de sacrificio y tesón es muy sencilla: la posibilidad de realizar una película con mínimos recursos. La primera novedad de *Rio, 40 gráus* es su filmación gracias a una cooperativa integrada por todos los miembros del equipo, concentrados en un mismo lugar por falta de opción y no por ansias de creación colectiva. Aunque *Rio, 40 gráus* es un retrato de grupo, un panorama paisajístico y humano de Río de Janeiro: desde los mismos créditos iniciales, la verdadera protagonista es la ciudad. El *paulista* Pereira dos Santos descortina la diversidad social y racial de la capital con la frescura de un descubrimiento. Algunos tipos aparecen en forma de caricatura, como los turistas venidos de São Paulo, de origen italiano (como el director, del Veneto por parte de madre).

---

14. Conocerla no es un privilegio, gracias al caluroso perfil trazado por Helena Salem, *Nelson Pereira dos Santos: El sueño posible del cine brasileño*, Madrid, Cátedra/Filmoteca Española, 1997, 408 pp., il.

Hasta la construcción de Brasilia, Río de Janeiro representaba la principal imagen de Brasil, su primera tarjeta postal, dentro y fuera del país[15]. Antes de que la televisión conquistara el imaginario colectivo, la vieja capital era el escenario de las *chanchadas*, las películas brasileñas con mayor arraigo popular. *Rio, 40 gráus* entra inevitablemente en un diálogo conflictivo con el conjunto de imágenes vehiculado por la comedia carioca. La primera sorpresa es que *Rio, 40 gráus* pasa efectivamente en revista el catálogo de bellezas naturales y atracciones turísticas de la *Cidade Maravilhosa*, con la diferencia fundamental de que hasta entonces éstas habían servido apenas para la *back projection* (telón de fondo mediante trucaje). Del ejemplo italiano, Nelson Pereira dos Santos rescató en primer lugar un rodaje mayoritariamente efectuado en escenarios naturales y locaciones. Los jardines de la Quinta da Boa Vista (la antigua residencia imperial) y su zoológico, la playa y las calles de Copacabana, el monumental estadio del Maracanã, el Pan de Azúcar y el Corcovado con su Cristo Redentor, el aeropuerto Santos Dumont en pleno centro de la ciudad, al borde de la bahía de Guanabara, albergan escenas de tono variado, cómico o dramático.

Aparte de la cooperativa de producción y del absoluto predomínio de exteriores, la tercera novedad de *Rio, 40 gráus* es que el *tour* empieza por una *favela* (barrio de chabolas), escenario hasta entonces excepcional en el cine brasileño (el filme *Favella dos meus amores*, Humberto Mauro, Brasil, 1935, estaba desaparecido hace rato). De las tomas aéreas, pasamos a las escaleras del *morro* (cerro) con la lata de agua en la cabeza de un niño, símbolo de las precariedades materiales de sus habitantes. La cuarta novedad de *Rio, 40 gráus* es que un grupo de pequeños vendedores de maní constituye el núcleo central del amplio conjunto de personajes, a veces incluso el vínculo entre ellos y las distintas escenas. La infancia no es una exclusividad del neorrealismo, pero ha quedado como una de sus señas de identidad: por algo será.

La quinta novedad podría ser justamente el carácter coral de *Rio, 40 gráus*, que entreteje una serie de acciones paralelas o independientes, sin tener el aspecto de una película de episodios. *Rio, 40 gráus* es un ensayo de geografía humana sobre la ciudad más conocida del Brasil. La panta-

---

15. Tunico Amancio, *O Brasil dos gringos: imagens no cinema*, Niterói, Intertexto, 2000, 216 pp.

lla remitía una imagen inédita a su propio público. Sin temor a complicar el rodaje, varias secuencias incluyen numerosa figuración alrededor de los personajes, para mejor insertarlos en un espectro social y para diversificar los rasgos o figuras presentes en el retablo. *Rio, 40 gráus* multiplica los tipos humanos distintos, con sus particularidades reconocibles a primera vista, aun a riesgo de caer en el estereotipo. Así es, al principio, cuando el Malandro (Jece Valadão) pelea con el tendero portugués, el Gallego. La misma condición tienen *Seu* Nagib (el «Turco» propietario), los turistas *paulistas* o extranjeros, el político *mineiro*, los *playboys* de Copacabana, los *cartolas* (los empresarios del futbol)... Aunque la animosidad satírica esté presente en esas siluetas, idéntica estilización presentan personajes de carácter netamente popular, como el obrero de la construcción *nortista*, su hermana embarazada y el novio *Fusileiro Naval*, el futbolista joven y el viejo...

En cambio, los niños merecen una atención especial. Cuando uno de ellos camina entre los árboles, absorto, atrás de su lagartija, el chico ocupa todo el cuadro, la efigie se agranda y el registro poético reemplaza la crónica. La futura madre es una joven temerosa, mientras las figuras maternas son personajes fuertes, capaces de hacer frente a un marido débil o ausente. El conflicto es a menudo explícito, ya sea entre hombres y mujeres, entre adultos y niños, entre parientes, entre la hinchada y los dueños del balón... Aunque muchos nudos dramáticos se resuelven sin demora, una pelea entre los chicos desemboca en un trágico desenlace. Curiosamente, coinciden en el clímax el accidente de tránsito fatal y el gol de la victoria, perdedores y vencedores. Hasta entonces, el inventario de las diferencias y desigualdades parecía evitar la violencia latente.

En un segundo epílogo, la confrontación opone el Malandro individualista y el Pueblo, representado por la escuela de samba Unidos do Cabuçú, que tiene el honor de recibir a sus hermanos de la Portela. La luz fuerte de Río ha sido substituida por la pobre iluminación donde los sambistas ensayan (... y el equipo filma con pocos focos). Como en un sueño de compensación frente a la cotidianidad antes descrita, el *samba-enredo* sobre las «Reliquias del Río Antiguo» habla del tiempo del minueto y los carruajes, de serenatas bajo la luna, mientras la *porta-estandarte* evoluciona en círculos. Como la Reina de la escuela se ha buscado otro novio, se espera que el Malandro provoque una pelea. Pero los dos rivales evitan el choque en nombre de la vieja solidaridad de clase: no solamente ya se conocían, sino que se habían respaldado en una huelga. Aunque una madre asomada a la ventana ya no vuelva a ver a su hijo, la reconciliación posibilita un final unanimista, con la canción «Eu sou o samba, a voz do morro...» como himno de un Brasil feliz. La imagen nocturna de la baía de Guanabara cierra las veinticuatro horas transcurridas, desde las primeras vistas documentales de *Rio, 40 gráus*.

Asimismo, Nelson Pereira dos Santos empieza y termina *Rio, Zona Norte* (Brasil, 1957) enfocando la torre del reloj de la estación Central de Brasil, en el centro de la capital, de día y por la noche, al cabo de la jornada diegética. Aquí el actor Jece Valadão ha sido promovido de Malandro callejero a plagiario, un camino ascendente que lo llevará a prototipo de *Os cafajestes* (Ruy Guerra, Brasil, 1962) y a *Boca de Ouro* (Nelson Pereira dos Santos, Brasil, 1962). Sin embargo, son mayores las diferencias que las semejanzas entre *Rio, 40 gráus* y *Rio, Zona Norte*, aunque la segunda parta de donde culmina la primera, un ensayo de escuela de samba (ahora Unidos da Laguna). Del punto de vista dramatúrgico, el tono de crónica a menudo risueña queda desterrado desde la secuencia inicial, que introduce al accidentado protagonista, caído de un tren de suburbio abarrotado. La estructura del relato es radicalmente distinta, pues *Rio, Zona Norte* se desenvuelve en cinco *flash-backs*. Las peripecias responden a una acumulación sucesiva, que descarta la relativa autonomía de las escenas en la película anterior.

Los créditos anuncian no menos de nueve canciones (aparte de la ilustración melódica), algunas interpretadas repetidas veces. La música está en el centro de *Rio, Zona Norte*, pues Espírito (Grande Othelo) es un compositor negro, envidiado por un violinista blanco (Paulo Goulart) y explotado por otras figuras del medio radiofónico. Si la distancia de clases está subrayada en la forma clara y caricatural de *Rio, 40 gráus*, tampoco aquí la diferencia de razas es un obstáculo para una solidaridad efectiva. Nelson Pereira dos Santos parece desechar los determinismos, sin lograr por ello evitar las trampas de una dramaturgia demostrativa. La lección neorrealista se pliega frente a las necesidades de un personaje de padre abnegado y autor inspirado, golpeado por la adversidad y la codicia, capaz de componer otro himno en contacto con sus compañeros de infortunio en el tren: «Samba meu, que é do Brasil também...». No sorprende entonces que los exteriores se vean reducidos a escenas de transición, sin constituir los espacios privilegiados de la acción. Con un número de personajes reducido, *Rio, Zona Norte* se sitúa socialmente en el *morro*, el ferrocarril, la estación de radio, la cantina, pero se dispersa en escenarios sin mayor significación.

La demostración requerida ya no se limita a la existencia de la película, cooperativa mediante, sino a una tesis sobre la cultura nacional, en la que el cineasta se identifica al compositor de origen popular. La autenticidad contra la estilización, el artista contra la industria, lo nacional contra lo importado, esas son las cuestiones en debate en *Rio, Zona Norte*. En una secuencia, Espírito protesta porque la radio transmite una composición suya habiéndole omitido la paternidad de la canción; otro motivo de indignación es oir un *samba de Partido Alto*, tradicional, cantado como un bolero, o sea, deturpado por un ritmo extranjero. Inmediatamente, los convivas reunidos entonan *a cappella* el samba en su pureza original. No deja de ser una paradoja que un antecedente del cine brasileño moderno adopte la defensa a rajatabla de la tradición.

A lo largo de los años, *Rio, Zona Norte* ha tenido mejor fortuna que la película de estreno de Nelson Pereira dos Santos, dentro y fuera de Brasil. Aparte de los méritos del director y de recursos técnicos superiores, una parte del impacto se debe sin duda a Grande Othelo, versátil estrella de la *chanchada* (casi siempre en plan de comparsa junto a Oscarito). *Rio, Zona Norte* no era el primer papel dramático de Grande Othelo, que ya había llamado la atención de Orson Welles, por ocasión de su desventurada *It's All True* (RKO, 1942). Pereira dos Santos filma algunas escenas antológicas y lo conecta con la generación de los sesenta. Tampoco era la primera vez que se abordaba la problemática de la cultura nacional, contrapuesta a la extranjera. La *chanchada* en su veta paródica lo hizo más de una vez y a ratos con la agudeza de *Carnaval Atlântida* (José Carlos Burle, Brasil, 1952). Sin embargo, *Rio, Zona Norte* ha cumplido su función en la apropiación de la experiencia italiana, para expresar las necesidades y sentimientos de los propios cineastas brasileños. En cierta medida, puede decirse que fue una obra de transición entre el primer neorrealismo brasileño y la ambición del *Cinema Novo* de elaborar un lenguaje propio, de mayor complejidad narrativa, sintonizado con la cultura nacional.

Sobran motivos para detectar en *O grande momento* (Roberto Santos, Brasil, 1958) un aire de familia con el cine italiano de posguerra y otorgarle el título de paradigma del neorrealismo latinoamericano. Producida por Nelson Pereira dos Santos, la película es una exaltación del Brás, el barrio popular de São Paulo formado por los inmigrantes españoles e italianos. Allí nació y creció el director, de doble ascendencia peninsular, andaluza por el lado paterno, itálica por el materno. Si bien *O grande momento* se inserta en la práctica y en el debate sobre la producción independiente, provocado por la bancarrota de la Vera Cruz, Roberto Santos filmó la mayor parte de las escenas en los estudios de la compañía Maristela (incomparablemente más modestos que los de São Bernardo do Campo), dirigidos por Mário Audrá Jr.. Ni el clima, ni la circulación de la metrópoli *paulista* facilitaban un rodaje en locaciones urbanas, a la manera de Nelson Pereira dos Santos en Río de Janeiro. Aunque se hubiera presentado como la alternativa al sistema de estudios hollywoodiense en general y a los grandes estudios de la Vera Cruz en particular, el neorrealismo brasileño tenía que mostrarse compatible con las escenografías reconstruidas y el aislamiento de los sets, indispensable para el sonido directo con el viejo material disponible.

O grande momento demuestra que la principal lección venida de Italia no radicaba en el paisaje urbano, sino en el paisaje humano. Roberto Santos presenta un retrato colectivo de los habitantes del Brás, con recursos tan pobres como la figura del fotógrafo de su película (apenas dos tomas por plano; las filmaciones se hacían de noche, porque de día el estudio albergaba otro rodaje). El núcleo central de los personajes es de origen italiano. Su personalidad y gestualidad contribuyen indudablemente al mencionado aire de familia. También lo hacen la presencia de niños, oportunos o inoportunos, la nítida separación de hombres y mujeres, e incluso el simbolismo social de una bicicleta sacrificada en el altar de las convenciones. No falta siquiera un mecánico (de bicicletas justamente), comprometido con ideas avanzadas, que responde al nombre de Vittorio Spartaco Romanato (interpretado por Paulo Goulart, ahora con mayor convicción). En cambio, era difícil encontrar algún personaje negro como el de *O grande momento* en una película italiana contemporánea…

La reconciliación general después de la explosión de los conflictos, el rescate de los personajes inicialmente presentados como antipáticos, o sea el unanimismo final del grupo enfocado, tampoco se apartan del modelo de referencia (los primeros títulos previstos eran *Momento feliz* o *Coração do Brás*). Predomina un amable tono de comedia, con algún brote de *slapstick*. La acción está concentrada en un solo día, alrededor de una boda cuyos gastos sobrepasan la capacidad del protagonista y generan una serie de *qüiproqüos*. Como *O grande momento* no está preocupada con la problemática nacionalista, ni con la pureza de la samba respecto al bolero (contrariamente a *Rio, Zona Norte*), en un momento de la fiesta se escucha un tango, largo y tendido.

La «fanfarronada» de una modesta familia pequeñoburguesa por ocasión del matrimonio del hijo recuerda las perturbaciones y la movilización en torno a una fiesta de quince años en *Cuba baila* (Julio García Espinosa, Cuba, 1960). Filmada después del triunfo de la Revolución castrista, *Cuba baila* era un argumento de García Espinosa, Alfredo Guevara y Manuel Barbachano Ponce, que Cesare Zavattini había tenido la oportunidad de discutir durante su visita a La Habana en 1955, cuando vió *El Mégano*, presentada por el productor Moisés Ades en la tarjeta de invitación como «el primer ensayo de cine neorrealista en Cuba». Con un guión preparado de antemano, *Cuba baila* fue la primera producción del ICAIC, por más que las conveniencias políticas priorizaran el estreno de *Historias de la Revolución* (Tomás Gutiérrez Alea, Cuba, 1960). El italiano Otello Martelli fue uno de los fotógrafos de esta última, aunque el director tuviera la decepción de comprobar que su estilo estaba entonces más cercano al de *La dolce vita* que de *Paisà*... «Neorrealismo ya tardío y desfasado», diría Julio García Espinosa sobre las dos primeras cintas del ICAIC[16].

Lejos de una actitud puramente mimética, *O grande momento* representa una auténtica invención de nuevas formas y dramaturgias, al enfocar una humanidad desconocida en las pantallas brasileñas. Resulta sintomático que Roberto Santos presentara el filme como una respuesta a *Esquina da ilusão* (Ruggero Jacobbi, Brasil, 1953), una producción de la Vera Cruz, considerada una deturpación del barrio natal. El proyecto nació entre camaradas del Partido Comunista Brasileño, del que el director se alejó para no tener que someter el guión a las instancias respon-

---

16. Julio García Espinosa, «Cine en Cuba: Los caminos de la modernidad», *Cinemais* nº 26, Río de Janeiro, noviembre-diciembre de 2000, p. 116. No obstante, el director cubano dedicaría su película *Reina y Rey* (1994) a Zavattini, quizás por la dependencia y volubilidad de la anciana hacia el perrito, a la manera de *Umberto D* (Vittorio De Sica, Italia, 1952).

sables del área cultural[17]. Si la Vera Cruz compartió sus intérpretes con el sofisticado Teatro Brasileiro de Comédia, Roberto Santos buscó una buena parte de los suyos en la escena alternativa del Teatro de Arena, empezando por el protagonista Gianfrancesco Guarnieri, así como Milton Gonçalves y Flavio Migliaccio (rostros familiares del *Cinema Novo*).

Mientras la trilogía carioca de Nelson Pereira dos Santos terminó en el segundo filme (faltó *Rio Zona Sul*), la *paulista* proyectada por Roberto Santos (matrimonio, nacimiento y muerte) no pasaría del primero. Aunque fuera saludada por la crítica como «la primera tentativa válida de un ensayo neorrealista en el cine brasileño»[18] o «la obra de mayor valor hasta ahora realizada en nuestros estudios»[19], Roberto Santos sólo tendría la oportunidad de volver a dirigir un largometraje después del auge del *Cinema Novo* (*A hora e a vez de Augusto Matraga*, Brasil, 1965).

Alex Viany fue otro abanderado del neorrealismo, aunque en sus propias películas lo matizara con la tradición de la *chanchada* e incluso el melodrama. Su *opera prima*, *Agulha no palheiro* (Brasil, 1953) tuvo un guión y una filmación precipitados, incluso improvisados, para aprovechar la oportunidad de un estudio disponible, las modestas instalaciones de la Flama en un casarón del barrio residencial de Laranjeiras, en Río de Janeiro. Una de las condiciones era que tuviera seis números musicales... Alex Viany confiesa que pretendía hacer una comedia carioca en clave neorrealista, sin darse cuenta de que le salió un melodrama sentimental. La severidad del director era sin duda excesiva, así como su supuesto aprendizaje en Hollywood (donde fue corresponsal) era prácticamente nulo. Con todo, en el clima de polarizaciones polémicas de la época, *Agulha no palheiro* fue contrapuesto no solamente a las *chanchadas* de la Atlântida, sino también a *O cangaceiro*, que representaba la pulsión nacionalista de la Vera Cruz frente al aborrecido cosmopolitismo...[20]

---

17. Inimá Simões, *Roberto Santos: a hora e a vez de um cineasta*, São Paulo, Estação Liberdade, 1997, pp. 32-58.

18. Benedito J. Duarte, *Fôlha da Manhã*, São Paulo, 12 de enero de 1959, *apud* I. Simões, p. 53.

19. Sylvio Back, *Diário do Paraná*, Curitiba, 15 de noviembre de 1959, *apud* I. Simões, p. 57.

20. Según el crítico Cyro Siqueira, *Agulha no palheiro* «traerá mucho mayor contribución al cine brasileño que *O cangaceiro*. Este tiene un argumento basado en la extravagancia, en lo desusado, lo que sólo puede lograrse con un presupuesto de mayores proporciones, capaz de brindar al realizador la ociosidad de investigaciones históricas y

El nombre de Alex Viany está vinculado a la militancia comunista y a una película de episodios casi olvidada, *Die Windrose* (1956), una producción internacional de Alemania Oriental, supervisada por Joris Ivens y Alberto Cavalcanti. El episodio brasileño, *Ana*, dirigido por Viany y fotografiado por Chick Fowle, tenía guión de Jorge Amado, Cavalcanti y Trigueirinho Neto (asistente del anterior en la Vera Cruz, luego director de *Bahia de Todos os Santos*, Brasil, 1961). El director inicialmente previsto era Cavalcanti, que prefirió atender otra propuesta europea. Los principales intérpretes eran Vanja Orico (actriz de *O cangaceiro*, futura realizadora) y Miguel Torres (que sería guionista de Ruy Guerra). Como *O canto do mar* de Cavalcanti, la acción estaba ambientada en el Nordeste, donde fue realmente filmada. Los demás *sketchs* tuvieron dirección de Serguei Guerassimov (URSS), Yannick Bellon (Francia), Gillo Pontecorvo (Italia) y Vu Kuo Yin (China). Aparte de ejemplificar los vínculos y proyectos transnacionales identificados con la izquierda comunista, en el caso de Brasil estamos frente a una excepcional confluencia de experiencias o corrientes (Vera Cruz, neorrealismo, realismo socialista, *Cinema Novo*), muy sintomática de la etapa de transición de los cincuenta, etapa de búsquedas y confrontaciones.

La asimilación de la experiencia italiana se hace entremezclada a otras influencias presentes en la posguerra y a las particularidades de la cultura y la cinematografía de cada país. Filtrados por la personalidad de cineastas de formación intelectual diferente, los mismos influjos desembocan en resultados específicos. Para muestra basta un botón: la contribución de la picaresca española a *Los olvidados* es muy distinta de su aportación a *Los inundados* (Fernando Birri, Argentina, 1961). En esta última, lo primero que le llega al espectador es la voz en *off* del supuesto narrador, el propio protagonista Dolorcito Gaitán. Además de explicitar el punto de vista del relato, la voz se refiere a la *película* que sigue, llamando la atención sobre el tipo de narración que empieza. En realidad, el narrador sólo se expresa como tal al principio y al final, sin que ello

el prolongado rodaje, aparte de otras sutilezas...» (*Estado de Minas*, Belo Horizonte, 15 de agosto de 1953). Cita incluida en la edición del guión de Alex Viany, *Agulha no palheiro*, *op.cit.*, pp. 22-23. Conste que Cyro Siqueira fue uno de los fundadores de la importante *Revista de Cinema* (Belo Horizonte, Minas Gerais, 1954-57), en cuyo primer número propuso «La revisión del método crítico», en buena medida inspirada por el debate italiano y francés.

cambie la naturaleza del filme. El punto de vista viene a ser una proclamación de intenciones, una toma de posición ideológica o un simple guiño, para solicitar la complicidad del respetable público. *Los inundados* intenta la fusión de formas populares de representación y expresión, como los payadores, el circo, el radioteatro, el sainete, con los recursos del cine contemporáneo.

Los créditos transcurren sobre unas imágenes de inundación, donde los únicos seres vivientes son animales. Con la misma ternura, Birri presenta enseguida a una familia que vive al margen de un río, en la provincia de Santa Fe. Los pobladores afectados por la crecida son evacuados a la ciudad, en plena agitación electoral. *Los inundados* ha sido filmada en buena medida en locaciones y escenarios naturales, aunque la Villa Piojo creada por los damnificados tenga la mano de un ambientador. La tonalidad de las escenas es francamente irónica. Una parte de la gracia proviene del pintoresquismo de los Gaitán (básicamente el padre, la madre y la hija mayor, aunque niños no faltan) y los demás *inundados*, de su forma de hablar y moverse. Otro factor de comicidad radica en el contraste entre los discursos y las caras humildes («¿somos o no somos todos argentinos?»), entre la clase media y los sectores más modestos («¿somos o no somos *inundados*?»). La descripción de la campaña electoral no retrocede frente a la caricatura (la ceremonia del día del inundado). La picardía está a menudo en los dichos y expresiones, a veces perceptible apenas para espectadores argentinos de la época: la marchita peronista cantada con letra en honor del club de futbol Colón, el niño llamado Juan Domingo, los partidarios que recorren las calles al grito de «Adelante populistas», en un contexto de larga proscripción de Juan Domingo Perón y su partido.

La principal originalidad de *Los inundados* es la fusión entre una materia documental, frecuentemente presente en el cuadro, y un argumento de resorte cómico, expresado en un ritmo que otorga pausas y tiempo para la descripción. El argumento es sencillo, para no decir minimalista, los diálogos también. Aunque en primer plano los personajes actúen en forma exagerada, en el segundo plano, el espacio y la figuración tienen densidad social. Esa contaminación de la ficción por el documental, actualizada por la experiencia italiana, va a ser elaborada con una creciente complejidad en los años sesenta. El director situó la escena de la seducción de Pilar Gaitán en el puente donde los niños de *Tire dié* piden limosna (una moneda de «diez»), cuando el tren disminuye la velocidad. Puede decirse que Fernando Birri adopta dos actitudes estrechamente vinculadas: una ideológica, la de acercarse al pueblo en busca de lo popular; otra cinematográfica, que consiste en partir del documental para construir una poética de naturaleza indudablemente argumental, que no pretende confundir al espectador, sino conquistarlo. Como la música de Ariel Ramírez, las melodías y los motivos pueden provenir del folclore, pero la composición y la construcción no son populares, tienen años o siglos de elaboración.

Aunque Birri no idealiza a sus *inundados*, tampoco se puede decir que el tono elegido permita diseñar personajes de una sola pieza. En cambio, critica sin contemplaciones el absurdo o la hipocresía de los notables. Entran en esa categoría no solamente los poderosos, sino también las figuras de la burocracia ferrocarrilera o de un pueblito del interior. La primera parte de la película tiene como marco la ciudad de Santa Fe y antepone la contradicción rural/urbano (las chabolas de Villa Piojo en pleno centro) o campesino/ciudadano (los *inundados* rodeados por la clase media). En la segunda parte, cuando el vagón de los Gaitán sale de viaje mientras ellos duermen, el lirismo musical de Ariel Ramírez subraya la intención de exaltar las virtudes del interior. No son solamente los paisajes de la pampa húmeda los que provocan la transformación, sino también el modo de vida de un pueblo de provincia adonde va a parar el vagón perdido (un letrero recomienda no maltratar a los animales). En esa apacible localidad, Dolorcito se vuelve campeón de bocha, la mujer no necesita trabajar y Pilar añora al que la trató como un compadrito. Birri no juzga a la familia, aunque la problemática del asistencialismo, la caridad pública o privada y el fatalismo ronde muchas escenas («¿A quién hay que echarles la culpa, a nosotros, al destino? A los gobiernos —contesta Dolorcito—, que hacen puras promesas»). Después de haber descubierto qué grande es el país, la familia vuelve al punto de partida para reconstruir la casa. «Aquello sí que era vida —remata Dolorcito—. Ahora vaya a saber cuando será la próxima inundación...». Treinta años después, la inundación llegó a Buenos Aires, ahora como metáfora de la desgracia de los argentinos (*El viaje*, Fernando E. Solanas, Argentina, 1992).

El neorrealismo de Fernando Birri desemboca pues en una idealización de la provincia, en una exaltación risueña pero no menos resuelta de los valores del interior. Y eso que la película fue filmada en Santa Fe, sin que la vieja rivalidad entre el puerto de Buenos Aires y el interior de la Argentina encontrara una forma de insertarse en la película. En ese sentido, *Los inundados* entronca con una tradición, tal vez minoritaria, pero indudablemente presente en las pantallas argentinas por lo menos desde *Nobleza gaucha* (1915). No se trata tanto aquí de clásicos como *Prisioneros de la tierra* (Mario Soffici, Argentina, 1939) o *Las aguas bajan turbias* (Hugo del Carril, Argentina, 1951), cuyo énfasis en la denuncia y en la reivindicación, así como el tono melodramático, están muy alejados de *Los inundados*. Birri estaría más emparentado con *El curandero* (Mario Soffici, Argentina, 1955), filmado en el Norte argentino, por su crítica amable de las mentalidades. Al rodar al final del gobierno peronista, Soffici respetaba a la autoridad, mientras Birri podía desplegar una amplia irreverencia. A su manera, Birri defiende una tendencia del cine argentino y su lugar en ella, a sabiendas de que las corrientes dominantes son otras (los personajes de *Los inundados* pasan justamente delante de un cine donde proyectan *India* [Armando Bó, Argentina, 1959], con la estrella *sexy* Isabel Sarli).

En la generación del 60, encontramos otras reivindicaciones del interior como reserva de virtudes. La principal es sin duda *Shunko* (Lautaro Murúa, Argentina, 1960), basada en una obra de Jorge W. Abalos, adaptada por Augusto Roa Bastos, que entabla un diálogo entre un maestro rural, agente de modernización por excelencia, y la tradición del Norte argentino. Murúa haría gala de la tendencia urbana predominante en *Alias Gardelito* (Argentina, 1961) y *La Raulito* (Argentina, 1974). El debut de un segundo actor de Torre Nilsson, *Crónica de un niño solo* (Leonardo Favio, Argentina, 1965), muestra la intacta vitalidad del neorrealismo latinoamericano tardío. Sin embargo, al experimentar fórmulas expresivas distintas, Favio prefiere enfocar personajes y situaciones típicamente pueblerinos (*Este es el romance del Aniceto y la Francisca, de cómo quedó trunco, comenzó la tristeza y unas pocas cosas más...*, Argentina, 1966; *El dependiente*, Argentina, 1969). Otro principiante de aquellos años, conocido por sus novedosas exploraciones de la capital, ubica el encuentro de los protagonistas de *Prisioneros de una noche* (David José Kohon, Argentina, 1960) en una subasta de la provincia de Buenos Aires. Kohon contrapone así el primer paseo, diurno, por las calles desiertas del pueblo, a la larga deambulación nocturna entre el gentío de la zona céntrica de Buenos Aires, antro de malvivientes y marginados: la vieja oposición entre la ciudad y el campo resurge en una película que se propone justamente describir e incluso reivindicar la proliferación urbana y humana de la moderna metrópoli. Tampoco habría que olvidar la adaptación de *Don Segundo Sombra* (Argentina, 1969), la clásica novela de Ricardo Güiraldes, así como la versión de *Allá lejos y hace tiempo* (Argentina, 1978), inspirada en el relato de Guillermo Enrique Hudson, a manos de un cineasta de la misma generación profundamente identificado con la cultura porteña, Manuel Antín, tres veces adaptador de Julio Cortázar (*La cifra impar*, Argentina, 1961; *Circe*, Argentina, 1963; *Intimidad de los parques*, Argentina-Perú, 1964). Si el *Cinema Novo* brasileño tuvo una primera fase predominantemente rural y luego una segunda preferentemente urbana, el Nuevo Cine está lejos de haber sido un fenómeno exclusivamente porteño.

Lección de expresión, pero también opción de producción en cinematografías subdesarrolladas, vegetativas o intermitentes, el neorrealismo latinoamericano se prolonga hasta los sesenta, cuando el *Cinema Novo* brasileño, el Nuevo Cine argentino o el cine cubano posrevolucionario exploraban ya otros caminos. En Colombia, el español José María Arzuaga capta personajes y paisajes urbanos con agudeza en *Raíces de piedra* (1962) y sobre todo *Pasado el Meridiano* (1967). Arzuaga no parece cuestionar la modernidad, sino su cuota de deshumanización. A su vez, *Largo viaje* (Patricio Kaulen, Chile, 1967) pasea una mirada feroz por Santiago de Chile, como si el neorrealismo tardío en América Latina tuviera que teñirse con los colores de las pinturas negras de Goya. El punto de partida de ese *Largo viaje* es el velorio de un angelito, es decir de un niño. En *El secuestrador*, Torre Nilsson había puesto en escena la muerte de otro angelito, Bolita, mordido por un cerdo: treinta años después, algo parecido imagina Francisco Lombardi, aunque la intención reemplazó la inconsciencia (*Caídos del cielo*, Perú, 1990).

Vale la pena detenerse sobre *El secuestrador*, película poco conocida y algo maldita de su director, tal vez porque contraría la supuesta preponderancia de su búsqueda de un estilo personal. Torre Nilsson y Buñuel son los dos grandes cineastas de la transición entre los viejos estudios y el nuevo «cine de autor» afianzado en la prodigiosa década de los sesenta. Si bien ambos obtienen el beneficio de la «política de los autores» que empieza a regir en los festivales internacionales, la crítica europea tropieza con cierta dificultad para definir donde radica la personalidad de esos dos directores que trabajan en los sets de México y Buenos Aires, con una atribulada carrera profesional. Así como no se entienden las oscilaciones y concesiones de Buñuel después de *Los olvidados*, tampoco se comprende la trayectoria de Torre Nilsson, ni siquiera cuando el surgimiento de la generación del 60 parece conferirle un contexto más favorable.

En *El secuestrador*, el realizador ha renunciado a los planos inclinados y a la claustrofobia de su trilogía. Sin embargo, los claroscuros se han desdoblado en una alternancia entre el día y la noche, subrayada por la característica música dodecafónica de Juan Carlos Paz. Los exteriores ya no se limitan a los jardines de mansiones señoriales. *La caída* contiene pocas escenas callejeras, aunque se trate de una provinciana desubicada en la capital (una conversación en la vereda de un cafetín recurre incluso a una *back projection* condenada por el neorrealismo al basurero de la historia). Respecto a la trilogía, la diferencia fundamental es que en *El secuestrador* Torre Nilsson y Beatriz Guido se alejan de la clase dominante, para enfocar a los marginados de las villas miseras. Los personajes sobreviven al borde del Riachuelo, cerca de su puente de hierro, en la periferia de Buenos Aires. Un paseo al centro de la ciudad los muestra despojados de todo lo que ha aportado la civilización urbana. Un grupo de niños de diversas edades, entre ellos un bebé, aparecen desde la secuencia de los créditos como los verdaderos protagonistas de una película sumamente coral. Un adolescente, casi tan infantil como ellos, canaliza sus energías hacia la pequeña delincuencia, aunque los menores no carezcan de iniciativa. A todos ellos se les contrapone el mundo de los adultos, un amasijo de seres sórdidos, explotadores y borrachos, con la relativa excepción de algún iluminado o soñador. Diez años antes, *Pelota de trapo* —en la que Torre Nilsson hizo de asistente de su padre Torres Ríos— miraba al potrero de la infancia con ternura y esperanza. En cambio, la mirada de *El secuestrador* es absolutamente desgarrada. La ilusión renace al final, pero antes murieron dos niños por la inconsciencia de sus semejantes y el deseo de los adolescentes desembocó en una violación a manos de terceros.

La infancia también está en el centro de *La caída*, sin conllevar los recursos del neorrealismo. La comparación de los grupos infantiles de *El secuestrador* y *La caída* es instructiva, pues ambos parecen impermeables a la moral, por su ignorancia, encierro o marginalidad. Pero *El secuestrador* tiene una dimensión social, incluso una vocación de denuncia, de la que carece la segunda. Lejos de ser inocente, la acumulación de desgracias proyecta su sombra de culpabilidad no sólo fuera de campo, sino fuera de la pantalla. En víspera del estreno, escribió Leopoldo Torre Nilsson:

Hay dos clases de cine verdaderamente desgraciadas: el cine que no se propone nada, el que se hace porque sí, y el otro, el que se hace proponiéndose cosas deliberadamente; el que se propone hacernos más buenos o más malos; el que trata con fórmulas algebraicas de convencernos de que las cosas son asi o asá. En medio de estas dos tendencias finalmente negativas, hay un tercer tipo de cine: el que se hace por imperiosa necesidad de comunicación, el que nos cuenta sencilla o complicadamente las cosas del mundo, las que son, las que fueron o las que serán. (…) Quizá *El secuestrador* es mi experiencia más terrible, más peligrosa; quizá *El secuestrador* parezca a muchos un film sádico, o una verdad innecesaria; asumo la total responsabilidad de su contenido final y parcial (…). El cine no es una golosina para empalagar imbéciles, ni un sedante para calmar dolores de cabeza. El cine debe ser un dedo acusador, un descubridor de una llaga, un vociferador de la verdad. Y ustedes, espectadores, no deben ir a él para olvidar sus preocupaciones, sino para encontrar reflejadas, por encima de las pequeñas preocupaciones diarias, las grandes preocupaciones del mundo…[21]

El secuestrador ha sido comparada a *Los olvidados*. No obstante, carece de apertura hacia la subjetividad y el imaginario, característica básica

<hr />

21. Jorge Miguel Couselo (ed.), *Torre Nilsson por Torre Nilsson*, Buenos Aires, Editorial Fraterna, 1985, pp. 153-154 (texto publicado en el diario *El Mundo*, Buenos Aires, 24 de septiembre de 1958). Aunque su formación intelectual fuera ecléctica y su capacitación proviniera de los estudios, el director argentino escribió lo siguiente: «La sabia lección del cine italiano probó que se podía hacer una película con pocos pesos y que esa película no era un experimento de gabinete sino un espectáculo que conmovía al mundo entero y que todas las desoladas mamposterías del mito hollywoodense se venían abajo si no le echaban a correr sangre y talento.» (pp. 31-32, *Gente de cine* n° 21, Buenos Aires, abril de 1953). Después de la caída de Perón escribe: «Ha llegado el momento de los grandes temas. No importa que la técnica sea perfecta. Nuestro cine ha superado el momento de los rulos impecables, las mamposterías enyesadas, los travellings sobre la nada. Debe salir a enfrentar la realidad. Ahí están, esperándolos, los barrios construidos con bolsas y zinc, donde diez mil familias viven en diez centímetros de agua…». Y acto seguido cita como ejemplos *Roma, ciudad abierta* y *Lustrabotas (Sciuscià)*, entre otras (p. 47, conferencia en el Teatro de los Independientes, Buenos Aires, 6 de octubre de 1955). Al mismo tiempo, advierte: «Ay de aquellos creadores que pretenden reformar el mundo con sus obras. La obra no da soluciones sino que plantea interrogantes» (p. 56, 1960).

del filme de Luis Buñuel (así como de la trilogía de Nilsson-Guido). Al filmar *Los olvidados* y pronunciar su conferencia en la Universidad de México, «El cine, instrumento de poesía» (1953), Buñuel estaba explícitamente en contra del ideario zavattiniano. Entre 1953 y 1957, Cesare Zavattini viaja tres veces a México y entabla una colaboración con el productor independiente Manuel Barbachano Ponce (el mismo que produciría *Nazarín*, L. Buñuel, México, 1958), y con el cineasta gallego Carlos Velo, refugiado republicano como Don Luis. Vale la pena recordar las palabras del cineasta aragonés, poco dado a polémicas públicas:

El cine parece haberse inventado para expresar la vida subconsciente, que tan profundamente penetra por sus raíces, la poesía; sin embargo, casi nunca se le emplea para esos fines. Entre las tendencias modernas del cine, la más conocida es la llamada neorrealista. Sus films presentan ante los ojos del espectador trozos de la vida real, con personajes tomados de la calle e incluso con edificios e interiores auténticos. Salvo excepciones, y cito muy especialmente *Ladrón de bicicletas*, no ha hecho nada el neorrealismo para que resalte en sus films lo que es propio del cine, quiero decir, el misterio y lo fantástico. ¿De qué nos sirve todo ese ropaje de vista si las situaciones, los móviles que animan a los personajes, sus reacciones, los argumentos mismos están calcados de la literatura más sentimental y conformista? La única aportación interesante que nos ha traido, no el neorrealismo, sino Zavattini personalmente, es la elevación al rango de categoría dramática del acto anodino. En *Umberto D.* [Vittorio De Sica, Italia, 1952], una de las películas más interesantes que ha producido el neorrealismo, una criada de servicio, durante todo un rollo, o sea, durante diez minutos, realiza actos que hasta hace poco hubieran podido parecer indignos de la pantalla. Vemos entrar a la sirvienta a la cocina, encender su fogón, poner la olla a calentar, echar repetidas veces un jarro de agua a una línea de hormigas que avanza en formación india hacia las viandas, dar el termómetro a un viejo que se siente febril, etc., etc. A pesar de lo trivial de estas situaciones, esas maniobras se siguen con interés y hasta con suspense.

El neorrealismo ha introducido en la expresión cinematográfica algunos elementos que enriquecen su lenguaje, pero nada más. La realidad neorrealista es incompleta, oficial; sobre todo razonable; pero la poesía, el misterio, lo que completa y amplía la realidad tangente, falta en absoluto en sus producciones. Confunde la fantasía irónica con lo fantástico y el humor negro.

Lo más admirable de lo fantástico –ha dicho André Breton– es que lo fantástico no existe, todo es real. Hablando con el propio Zavattini hace algún tiempo, expresaba mi inconformidad con el neorrealismo: estábamos comiendo juntos, y el primer ejemplo que se me ocurrió fue el vaso de vino en el que me hallaba bebiendo. Para un neorrealista, le dije, un vaso es un vaso y nada más que eso: veremos como lo sacan del armario, lo llenan de bebida, lo llevan a lavar a la cocina, en donde lo rompe la criada, la cual podrá ser despedida de la casa o no, etc. Pero ese mismo vaso contemplado por distintos hombres puede ser mil cosas distintas, porque cada uno de ellos carga de afectividad lo que contempla, y ninguno lo ve tal como es, sino como sus deseos y su estado de ánimo quieren verlo. Yo propugno por un cine que me haga ver esa clase de vasos, porque ese cine me dará una visión integral de la realidad, acrecentará mi conocimiento de las cosas y de los seres y me abrirá el mundo maravilloso de lo desconocido, de lo que no puedo leer en la prensa diaria ni encontrar en la calle.[22]

Los olvidados presenta una imagen descarnada de la infancia y la adolescencia, uno de los núcleos dramáticos del cine italiano de posguerra: no obstante, difícilmente puede encontrarse algo tan alejado del unanimismo neorrealista como el universo buñueliano. Analizada dentro de la tradición entonces vigente en el cine mexicano, la novedad de *Los olvidados* no es la villa miseria, sino el complejo de Edipo, revelado en el sueño de Pedro. Contrariamente al «realismo mágico» (*Milagro en Milán/Miracolo a Milano*, Vittorio De Sica, Italia, 1951), el surrealismo no es soluble en el neorrealismo. En cambio, sí podríamos rastrear en *Los olvidados*, *El secuestrador* y *Largo viaje* ingredientes típicos del realismo hispánico, una tradición literaria y plástica que vuelta y media dá señales de vida: no le faltan antecedentes a la sordidez de ciertas cintas de Arturo Ripstein. Resumiendo, *Los olvidados* y *El secuestrador* mantienen un diálogo divergente con el neorrealismo: el diálogo de Buñuel es conflictivo, mientras el diálogo de Torre Nilsson es convergente. Ambos coinciden con su ética, más que con su estética. Ambos son una prueba suplementaria de la actualidad ineludible del neorrealismo en el debate latinoamericano de ideas a lo largo de dos décadas: la revista de Guido Aristarco,

---

22. Luis Buñuel, «El cine, instrumento de poesía», *Obra literaria*, Agustín Sánchez Vidal (ed.), Zaragoza, Heraldo de Aragón, 1982, pp. 185-186.

Cinema Nuovo, llegó a tener una edición argentina durante un par de años (1964-65)[23].

Ciertas figuras seguirían asociadas al temario neorrealista, aunque la distancia en el tiempo y en el estilo fuera considerable respecto a la Italia de posguerra. Así ocurre con la infancia, abordada después de *Río, 40 gráus* y *Tire dié* en una amplia gama de tonalidades, desde el documental hasta un pronunciado expresionismo: las diferencias son muchas entre *Gamín* (Ciro Durán, Colombia, 1977) y *La vendedora de rosas* (Víctor Gaviria, Colombia, 1997), entre *La Raulito* (Lautaro Murúa, Argentina, 1974) y *Juliana* (Fernando Espinoza y Alejandro Legaspi, Perú, 1989), entre *Pixote, a lei do mais fraco* (Héctor Babenco, Brasil, 1980) y *Central do Brasil* (Walter Salles, Brasil, 1998). Se diga lo que se diga, los protagonistas de cada uno de esos títulos son opciones dramatúrgicas y no simples recortes de la realidad. Así, tratar la marginalidad colombiana por ese prisma apunta a conmover al espectador con uno de sus síntomas más visibles en las calles de las ciudades, dejando de lado los factores de violencia cuya complejidad representa un auténtico desafío. Por otro lado, algo de la herencia unanimista quizás explique el éxito de *La estrategia del caracol* (Sergio Cabrera, Colombia, 1993). En cambio, la adaptación y actualización de la obra de Gianfrancesco Guarnieri, estrenada en el Teatro de Arena (1958), radicalizan las fisuras de la familia de *Eles não usam black-tie* (Leon Hirszman, Brasil, 1981), sometida a la agudización de la lucha de clases. Varias décadas después de la Segunda Guerra Mundial, la izquierda parece seguir buscando inspiración en el repertorio neorrealista.

La tentación sociológica explicaría la mayor repercusión del neorrealismo en Buenos Aires o São Paulo y Río de Janeiro que en México por el peso de la inmigración italiana en Sudamérica. Pero esta es igualmente fuerte en Estados Unidos, sin que el neorrealismo haya despertado tantas vocaciones como en el resto de América. Tal vez sea la misma solidez del sistema de estudios, por más tambaleante que estuviera en los cincuenta, la que explica el aborto de los proyectos de Zavattini en México. En definitiva, estos tendrían alguna concreción solamente en Cuba, en el marco de una experimentación de distintas fórmulas, enseguida

---

23. La influencia italiana es perceptible en la nueva izquierda, como lo atestan los *Cuadernos de Pasado y Presente* (Córdoba, Argentina, 1963-1973).

después del triunfo de la Revolución castrista. Pero entonces el guión de *El joven rebelde* (Julio García Espinosa, Cuba, 1961), sugerido y trabajado por Zavattini, estaba bastante alejado de los propósitos iniciales del viejo rebelde[24].

La filmografía de Tomás Gutiérrez Alea muestra la progresiva superación de la impronta neorrealista y la adopción de dramaturgias de mayor complejidad. La mencionada *Historias de la Revolución* retoma el modelo rosselliniano de *Paisà* (Roberto Rossellini, Italia, 1946), la reconstrucción de distintos episodios de la gesta libertadora todavía fresca en las memorias. El inexperto cineasta cubano se aleja en la medida de lo posible de la epopeya. El primer *sketch* describe un personaje temeroso, incapaz de compasión, que precipita la pérdida de los prójimos, antes de recibir una lección de solidaridad del lechero (la resistencia urbana desaparecería luego de las pantallas cubanas, hasta la rehabilitadora *Clandestinos*, Fernando Pérez, Cuba, 1987). El segundo *sketch*, el menos satisfactorio, tiene como escenario la Sierra Maestra. El tercero evoca la batalla de Santa Clara y culmina con la celebración de la victoria. Pero a la fiesta popular se suma el dolor y el duelo de la protagonista, que descubre al novio entre las últimas víctimas. La mezcla de sentimientos y el tono matizado del desenlace contrastan con el frenesí épico del final de *Soy Cuba* (Mijail Kalatozov, Cuba, 1964), una de las producciones del ICAIC confiadas a realizadores europeos.

Las doce sillas (Tomás Gutiérrez Alea, Cuba, 1962) responde mayormente al modelo neorrealista, si bien aderezado con la picaresca del amo y el criado, actualizada por la revolución. La sucesión de peripecias típica de la picaresca favorece un recorrido por múltiples escenarios naturales, en un virtual inventario neorrealista: un barrio residencial de la burguesía habanera, el centro de La Habana, un ministerio, un hospital, un santuario de la santería afrocubana, el barrio chino de la capital, el circo Santos y Artigas (pioneros del negocio cinematográfico, dicho sea de paso), la zafra y un centro sindical en el campo. Pocos ingredientes rompen la homogeneidad fílmica, como no sean la animación en los créditos y la aceleración de ciertas escenas con el cura. La elección de la comedia, justo cuando el cine de géneros parecía condenado por el «cine de autor»,

---

24. Cesare Zavattini y Julio García Espinosa, *El Joven Rebelde*, La Habana, ICAIC, 1964, 132 pp., il.

muestra la voluntad de reconciliar la modernidad con la tradición popular[25]. La rica tradición isleña del humor en el espectáculo teatral hacía que muchos lo rechazaran como una vulgaridad. Cuando la comedia costumbrista renace en el cine cubano de los años ochenta, todavía hay quienes la condenen como simple populismo.

Después del intervalo de *Cumbite* (Tomás Gutiérrez Alea, Cuba, 1964), que responde a otras circunstancias, Gutiérrez Alea opta decididamente por la heterogeneidad y la heterodoxia en *La muerte de un burócrata* (Tomás Gutiérrez Alea, Cuba, 1966). La animación ilustra la vida y la muerte del proletario ejemplar, durante el elogio fúnebre introductorio. El relato subsiguiente no enlaza ya episodios sucesivos, sino que progresa en forma gradual y cumulativa. A pesar de ello, *La muerte de un burócrata* logra mezclar la vocación sociodescriptiva del neorrealismo, el burlesco y el humor negro, sin olvidar una buena dosis de surrealismo explícitamente buñueliano en las secuencias oníricas. No deja de ser una paradoja que los ingredientes capaces de dinamitar la sacrosanta homogeneidad narrativa provengan del cine mudo, incluyendo el *slapstick* anarquista. Coerentemente con la abierta polémica en contra del realismo socialista o del culto ritual a Martí, no hay personajes positivos, todos son grotescos. El homenaje de la dedicatoria, el rescate de recursos expresivos heterogéneos, no constituyen una opción de alcance meramente formal. En el contexto de extrema polarización del castrismo, Gutiérrez Alea reivindica la herencia y el diálogo no solamente con Europa, sino también con Estados Unidos. Aunque «Titón» fuera uno de los responsables por el repunte de la influencia europea en el cine y la cultura cubanos, *La muerte de un burócrata* rescata la relación triangular. De Europa, llegaba lo bueno y lo malo, el neorrealismo y el realismo socialista apreciado por los burócratas, la heterodoxia de los sesenta y la institucionalización según el modelo soviético.

Memorias del subdesarrollo (Tomás Gutiérrez Alea, Cuba, 1968) vuelve explícita la triangulación con Europa y Estados Unidos. La heterogenei-

---

25. Paulo Antonio Paranaguá, «Tomás Gutiérrez Alea (1928-1996): tensión y reconciliación», *Encuentro de la cultura cubana* n° 1, Madrid, verano de 1996, pp. 77-88 (*El Amante/Cine* n° 55, Buenos Aires, septiembre de 1996, pp. 46-51); «Tomás Gutiérrez Alea: Órbita y contexto», *Cinemais* n° 1, Río de Janeiro, septiembre-octubre de 1996, pp. 123-152 (*Voir et lire Tomás Gutiérrez Alea: La mort d'un bureaucrate*, *Hispanística XX*, Dijon, Universidad de Bourgogne, 2002, pp. 17-42).

dad de los recursos narrativos e incluso de los materiales fílmicos utilizados alcanza la máxima expresión, un auténtico *collage*, como dice el mismo Gutiérrez Alea en pantalla, en el papel de un director del ICAIC. Incluso los ingredientes heredados del neorrealismo sufren un proceso de transformación. Cuando el protagonista pasea por La Habana, las escenas callejeras no tienen la función de insertar la acción en una determinada realidad, como el paseo por las calles habaneras, prácticamente sin palabras, de la pareja romántica de *La salación* (Manuel Octavio Gómez, Cuba, 1965). La cámara de Titón somete el paisaje urbano y humano a la mirada subjetiva del narrador, a su reflexión irreverente, dubitativa, sin complacencia alguna, ni hacia los demás ni hacia sí mismo. La heterogeneidad está puesta al servicio de la heterodoxia, aunque sea a riesgo de la ambigüedad. Exegetas timoratos creen contrarrestar la carga cuestionadora de *Memorias del subdesarrollo* con decir que Sergio, el protagonista, es un burgués. Como si de mucho sirviera recordar que Don Quijote es un hidalgo... ¿y qué?

El neorrealismo latinoamericano, tan híbrido como el italiano, fue para muchos una alternativa de producción y en algunos casos una fórmula comercial, en lugar de una ética o una estética, lo que no reduce su influencia, sino todo lo contrario, la extiende a un círculo ampliado. La fusión entre formas de expresión y de producción va a ser una de las características del período siguiente. El discurso rupturista de los años sesenta no debe ocultar el largo y complejo proceso de mutación de un cine de estudios concentrado en pocos focos de producción (México y Buenos Aires, esencialmente). Si los géneros del viejo cine eran híbridos, la renovación lo fue igualmente.

11. Laberinto

Si bien el impacto del neorrealismo en América Latina ha sido mistificado y por lo tanto subestimado, la apreciación de su importancia no debería conducir al error inverso, o sea, a aislarlo de la densa red de influencias y tendencias que operan en los años cincuenta, el laberinto de la modernidad. Una obra de gestación demorada y compleja, desde su estreno en las tablas en 1955 y la proyección en las pantallas cuatro años después, puede ejemplificar los meandros de la transformación del cine de géneros en un «cine de autor». *Caín adolescente* (Román Chalbaud, Venezuela, 1959) es una obra de transición, para el cine venezolano como para su director.

Junto a Isaac Chocrón y a José Ignacio Cabrujas, Román Chalbaud sentó las bases de un teatro nacional por sus temas, lenguaje y dramaturgia, en una Venezuela que descubría la democracia sin por ello evitar la experiencia guerrillera. Chalbaud pasa también por la televisión, aparte de una breve estadía en las cárceles de la dictadura de Pérez Jiménez. Autor dramático por excelencia, es un cinéfilo empedernido, con una afición formada en pleno apogeo de Hollywood y en la «época de oro» del cine mexicano. El melodrama representa el principal eslabón entre Bette Davis y María Félix, Jorge Negrete y Charles Boyer, admirados por igual. La filiación de Chalbaud hacia la industria mexicana supera las impresiones del espectador asiduo. En Caracas, la efímera tentativa industrial de Bolívar Films se realizó bajo el doble influjo de Argentina y México: Román Chalbaud hizo su aprendizaje como asistente del director mexicano Víctor Urruchúa en los rodajes de *Seis meses de vida* (Venezuela, 1951) y *Luz en el páramo* (Venezuela, 1952). *Caín adolescente* revela la matriz de los viejos melodramas mexicanos en ciertos momentos de paroxismo, en la presencia de espacios como la cantina o botiquín y el baile, en la gesticulación y la estampa de algunos personajes, sobre todo la joven seducida y abandonada, rechazada incesantemente por sus costumbres livianas.

Caín adolescente contiene otros ingredientes. En el esfuerzo por airear su propia pieza teatral[1], el realizador abre con imágenes documentales (los alrededores de una iglesia, la venta de amuletos y objetos religiosos) y salpica la acción con escenas de exteriores, a veces puramente descriptivas, como al mostrar las chabolas colgadas de los cerros de Caracas y sus escaleras (sin el simbolismo de *La escalinata*, uno de los escasos antecedentes rescatables al respecto). En la puesta en escena de esos exteriores, en los ángulos y movimientos elegidos, así como en la presencia de niños y mujeres, en la selección de determinados «decorados naturales» –la arena, el campo improvisado de béisbol, el taller mecánico– puede detectarse una impregnación del neorrealismo, común a otras películas latinoamericanas de la época. En ese sentido, *Caín adolescente* está sintonizada con sus contemporáneos, prefigura la renovación respecto a una tradición a la que sigue asimismo vinculada.

El principal defecto de *Caín adolescente* coincide con su originalidad: el universo personal del autor ya se encuentra enteramente en la pantalla. No obstante, la adaptación cinematográfica deja que desear, a pesar de las mencionadas «aperturas» hacia el exterior, con su visión prácticamente inédita de una metrópolis en plena proliferación demencial. Una secuencia en el parque de atracciones de Coney Island, con un número musical íntegramente conservado en el montaje, introduce algunos preciosismos visuales y sobre todo una ambientación nocturna que va a empapar progresivamente la misma acción. Asociaciones de imágenes, sonidos o música sirven a veces de transición, sin eliminar todos los problemas de continuidad. Esta se resiente de un rodaje de 59 días útiles a lo largo de dos años, en función de las obligaciones profesionales de unos y otros, de los escasos recursos materiales y varias peripecias. Dadas las circunstancias, el resultado es un auténtico *tour de force*. Pero el adaptador Chalbaud no logra aun traicionar o adoptar la distancia necesaria hacia el autor Chalbaud. No supo cortar o reescribir diálogos, eliminar los personajes que vienen a recitar sus monólogos (como el Mendigo), aligerar las líneas dramáticas entrecruzadas al punto de que el público pueda perder el hilo o encontrarse con falsos finales. En lugar de sintetizar la breve pieza en tres actos, el cineasta desarrolló visualmente escenas apenas mencionadas en el teatro, hasta llegar a dos horas de duración.

---

1. Román Chalbaud, *Caín adolescente* [1955], in *Teatro venezolano*, Caracas, Monte Avila, 1981, vol. I, pp. 13-89.

Confiada en buena medida a los mismos actores que la habían estrenado en las tablas, la interpretación también recuerda excesivamente sus orígenes escénicos.

Sin embargo, *Caín adolescente* presenta ya algunos rasgos característicos de Chalbaud: la frecuente imbricación con formas o referencias religiosas cristianas, la oposición aun demasiado subrayada entre el paraíso perdido de la provincia y el infierno de la ciudad (el *Pandemonium*, según el título de su largometraje de 1997), el peso del sincretismo o del folclore (de las parrandas de aguinaldo salta a las máscaras de Carnaval) y sobre todo la opción llena de sensibilidad y simpatía hacia lugares o personajes de extracción modesta. Hay una verdadera empatía con la cultura popular, sin las cortapisas de las ideologías políticas. Otro aspecto curioso de este filme de transición es la contradicción entre las intenciones aparentes del autor y la pendiente sugerida por sus preferencias dramatúrgicas. Román Chalbaud expresa indudablemente el rechazo a ciertos prejuicios: defiende el derecho al placer de Juana (la madre), a pesar de las reservas de su hijo Juan frente al amante, encerrado en la casa puesto que se esconde de la policía, omnipresente y encima negro. El autor se alza también contra el moralismo que culpabiliza a la joven preñada (intencionalmente llamada Carmen) y apoya sin la menor duda la evolución de Juan, dispuesto finalmente a asumir una paternidad que no es la suya. Pero el melodrama parece tener razones que la misma razón no siempre comprende. La película precipita a la ingenua Juana en un descenso al infierno de la demencia y el alcohol, hasta perecer pisoteada por la muchedumbre, presa del pánico en el umbral de la iglesia (anunciado desde el principio, el desenlace es objeto de una curiosa elipsis: un simple fundido encadenado nos traslada al velorio); o sea, la castiga por no haber esperado al primer pretendiente, tan apegado como ella a los valores de la naturaleza…

La identificación del deseo y el crimen con un Negro, una influencia contrapuesta a otra benéfica, encarnada en un Blanco de ropas claras y asociado a la pureza del mar, tiende a subrayar la dualidad del bien y el mal, mezclados mediante una estructura dramática mestiza (así como la música, en un espectro que va de aires litúrgicos a los tambores caribeños, pasando por las melodías navideñas o carnavalescas y los bailables). El segundo, Antonio Salinas, portador de la moraleja (regresar al pueblo), es un autodidacta: en el teatro el personaje mencionaba sus libros de cabecera, *Los miserables*, *El Conde de Montecristo*, *Crimen y castigo* y sobre todo la Biblia. En cuanto al Negro Encarnación, sus referencias son otras: «La oscuridad es mi color». A la inversa, el protestante Glauber Rocha opondría un dios negro a un diablo blanco, sin conferir un valor positivo ni al uno ni al otro (*Deus e o diabo na terra do sol*, Brasil, 1963). Chalbaud pone en boca de Juana la explícita atracción por su color de piel, en oposición al prejuicio racial tradicional. Y su hijo Juan expresa en forma de síntesis: «Todo lo bueno viene acompañado por su sombra»[2].

El año en que se estrena en Caracas *Caín adolescente*, otra película venezolana, *Araya* (Margot Benacerraf, Venezuela, 1959), obtiene en el festival de Cannes el premio de la crítica internacional (*ex aequo* con *Hiroshima mon amour* de Alain Resnais), además del premio de la Commission Supérieure Technique para la fotografía. Venezuela recibió 1,3 millones de inmigrantes –la mayoría europeos– en la posguerra (1948-1959), lo que creó un nuevo ambiente de efervescencia cosmopolita en el que se insertan a la vez Bolívar Films y el trabajo de César Enríquez, Chalbaud y Benacerraf. Todo parece oponer *Araya* y *Caín adolescente*, Margot Benacerraf y Román Chalbaud, salvo la voluntad de hacer cine en un país desprovisto de tradición en la materia y con escasa valoración del quehacer intelectual. Nacida en Caracas, Margot Benacerraf (1926) estudió en París en el IDHEC, después de cursar filosofía y letras en la universidad. Nacido en Mérida, Chalbaud (1931) es un provinciano trasladado a la capital a los seis años de edad, poco dado a los estudios pero autodidacta talentoso. Al refinamiento de *Araya* todavía no se contrapone la descontracción que va a caracterizar a Chalbaud después de su segundo punto de partida, *La quema de Judas* (Román Chalbaud, Venezuela, 1974), puesto que *Caín adolescente* tiene sus propias ambiciones en el terreno formal. Sin embargo, las fuentes, para no decir los modelos estéticos de uno y otro, están igualmente alejados. *Araya* entronca con la tradición plástica de Robert Flaherty, John Grierson y Gabriel Figueroa, adopta un lirismo clásico, realzado por el texto del poeta Pierre Seghers, se inscribe en una corriente hoy denominada documental de creación, sin objeciones frente a la reconstitución o la puesta en escena. Por el contrario, *Caín adolescente* integra algunas imágenes documentales en un drama sobre-

---

2. La utilización de las máscaras raciales en clave dramática puede prestarse a confusión, como explica Robert Stam, *Tropical Culturalism: A Comparative History of Race in Brazilian Cinema and Culture*, Durham-Londres, Duke University Press, 1997, pp. 349-350.

cargado de líneas argumentales, muestra una deuda indiscutible hacia el cine popular mexicano, a pesar de unas veleidades visuales «modernas».

Todo contrapone a los dos principiantes venezolanos de 1959 en cuanto a su trayectoria. Después de haber detentado los derechos de *Eréndira* de Gabriel García Márquez durante varios años, Margot Benacerraf ya no filmará, aunque tendrá una enorme importancia en el ámbito de la cultura cinematográfica y sus instituciones en Caracas. En cambio, Román Chalbaud se convertirá en uno de los más prolíficos cineastas de Venezuela, con hitos esenciales como *El pez que fuma* (Venezuela, 1976) o *La oveja negra* (Venezuela, 1987). Después del hiato provocado por la discontinuidad estructural de una cinematografía intermitente, *La quema de Judas* muestra una depuración, un humor casi ausente en *Caín adolescente*, a menudo demoledor, así como un estilo descontraído, un lenguaje y unos personajes populares con menos artificio, una dramaturgia cinematográfica y no sencillamente prestada al teatro, aunque se trataba de otra pieza. Chalbaud va a contribuir a hacer del delincuente el antihéroe por excelencia del cine venezolano, a partir del brote productivo de los setenta. El mundo de Chalbaud, cada vez más anclado en los barrios populares, gana mayor universalidad: el dramaturgo conoce sus clásicos, en particular los hispánicos, con la tradición del sainete, el costumbrismo y la picaresca, sin olvidar el teatro musical (en clave paródica, filma una *Carmen, la que contaba 16 años*, Venezuela, 1978).

Caín adolescente exhibe la impureza de sus orígenes teatrales en cada escena, mientras *Araya* refleja en la concepción y pulcra realización una búsqueda estética sintonizada con las experiencias fílmicas más puras. En un caso, estamos frente a una asumida imperfección, en el otro tenemos una estudiada sofisticación. Sin embargo, *Araya* no solamente no tuvo descendencia en el documental latinoamericano, sino que ni siquiera fue correctamente conocida en Venezuela. Después del éxito en Cannes, *Araya* fue estrenada en Caracas en 1977, cuando ya era un objeto museográfico, un título de culto para filmotecas y retrospectivas, sin verdadera continuidad ni de parte de Margot Benacerraf, ni de eventuales partidarios de sus opciones formales[3]. El documental de los sesenta, en Cuba

---

3. Julianne Burton-Carvajal, «*Araya* Across Time and Space: Competing Canons of National and International Film History», *Nuevo Texto Crítico* vol. XI, n° 21/22, Stanford University, enero-diciembre 1998, pp. 207-234.

como en Brasil, en Venezuela o Argentina, tomaría otros rumbos, más comprometido y radical en lo político, menos preocupado con la perfección y la pureza de estilo, atento a las transformaciones brindadas por el sonido directo y otras novedades (la grabadora Nagra, las cámaras livianas, la película de alta sensibilidad). Asimismo, el cine venezolano –como el de otros países de América Latina– sería a menudo autodidacta en lugar de formado en una escuela, de origen modesto y no de estamentos privilegiados, masculino desde luego con mucho mayor frecuencia que femenino, de ficción y no documental, cargado de rémoras del viejo cine clásico y no identificado con las pretéritas vanguardias experimentales, mesiánico o místico y no racionalista, híbrido y no puro.

En la transición entre la década de los cincuenta y la de los sesenta, *Araya* y *Caín adolescente* muestran las múltiples influencias y estímulos que confluyen para la renovación del cine en Venezuela y en América Latina de manera general. El neorrealismo valora sin duda la búsqueda de locaciones y decorados naturales, pero no descarta las escenografías de estudio. El cine italiano de posguerra está lejos de ser el único en replantear la cuestión del realismo. Aparte del hibridismo del modelo de referencia, el neorrealismo latinoamericano adopta formas híbridas porque es el producto de una serie de impulsos, a veces convergentes y otras veces divergentes. Neorrealismo italiano, documental social y cine inglés, realismo socialista, dramas sociales de la Warner, compiten en un mismo campo cultural. Muchas veces se contraponen, otras se mezclan. Las nuevas formas no surgen tampoco de la noche a la mañana, ni de manera cristalina, sino que nacen con la marca de las anteriores modalidades. Por supuesto, la combinación entre el melodrama y el neorrealismo puede rastrearse también en Italia, no es una exclusividad de América Latina. Pero la carga de religiosidad del melodrama mexicano o el cinismo sentimental del tango argentino y sus derivados fílmicos se reflejan de manera particular en las películas latinoamericanas de la transición.

Otra muestra de los meandros de la modernidad es la película *Kukuli* (César Villanueva, Eulogio Nishiyama y Luis Figueroa, Perú, 1961). Por un lado, rescata la tradición indígena, está basada en una leyenda andina y filmada con una cierta ingenuidad, echando mano de una narración con voz en *off*. Por el otro, es la primera película casi enteramente hablada en quechua, utiliza tempranamente el color y el formato 16 mm, luego ampliado a 35 mm para la exhibición, un recurso entonces desusado.

No obstante la presencia de actores no profesionales y escenarios naturales, las fuentes inspiradoras de *Kukuli* no se encuentran prioritariamente en el neorrealismo (salvo como ética), ni siquiera en el cine. *Kukuli* traslada a la pantalla un indigenismo que ya había dado muestras de vigor en la literatura y en las artes plásticas desde principios del siglo XX, sobre todo en el Cusco.

Los realizadores eran miembros del cine club fundado en dicha ciudad en 1955 por Manuel Chambi, que había frecuentado el cine club Gente de Cine durante sus estudios universitarios en Buenos Aires. El denominado Foto Cine Club del Cusco entroncaba con una extraordinaria tradición familiar, puesto que Manuel y Víctor Chambi (intérprete de *Kukuli*) eran hijos de Martín Chambi, incomparable maestro de la fotografía latinoamericana. Aparte de su afición a la pintura, *Lucho* Figueroa era hijo de otro fotógrafo cusqueño, Juan Manuel Figueroa Aznar. Por fin, Eulogio Nishiyama también se ganaba la vida como retratista y César Villanueva era técnico de laboratorio. La plasticidad y el cromatismo de *Kukuli* tienen sus primeros orígenes en la fotografía y en la pintura: la tradición legada por Martín Chambi es de una alta sofisticación plástica y no un mero inventario de temas. La transición entre las representaciones fotográficas y las fílmicas se produce a través de los cortometrajes documentales emprendidos por los Chambi y Nishiyama. En una entrevista sobre el cine club, Manuel Chambi cita un par de veces a Eisenstein[4], sin duda otra de las inspiraciones de *Kukuli*, reflejada en la abundancia de contrapicados enaltecedores, el hieratismo y el énfasis de los intérpretes. Al fin y al cabo, *Kukuli* es un producto del Cine Club del Cusco, de sus experiencias y valoraciones compartidas, de los sueños generados por la fascinación de las imágenes ajenas. Un documental filmado por cineastas extranjeros de paso tuvo un papel deflagrador: *L'impero del Sole* (*El imperio del sol*, Enrico Gras y Mario Craveri, Italia-Perú, 1956) fue un éxito internacional. Aunque los cusqueños lo criticaran en aras de la autenticidad, la madeja del mimetismo y la originalidad seguía estando bastante enredada. La opción por el color, fundamental en la estética de *Kukuli*, venía seguramente de ese antecedente y estaba lejos de ser una evidencia (filmada en Anscochrome de

---

4. Giancarlo Carbone, *El cine en el Perú: 1950-1972, testimonios*, Lima, Universidad de Lima, 1993, pp. 92 y 94.

Kodak, las copias fueron sacadas en Eastmancolor en laboratorios Alex, Buenos Aires) .

En *Kukuli*, lo primero es el paisaje, los Andes, sus ríos y pastos, las llamas y ovejas. La voz en *off* tiene un efecto paradójico. Aunque supla las carencias narrativas y la falta de sincronismo de los diálogos, contamina la ficción con una supuesta raíz documental, le confiere una coartada antropológica, al explicar cada detalle de las costumbres, rituales y fiestas (el texto lo firma el poeta Sebastián Salazar Bondy). Asimismo, la gesticulación teatral, la recitación hierática y la coreografía esbozada por el movimiento de los personajes ennoblecen la leyenda popular. En *Kukuli*, hay una nítida transfiguración desde la descripción etnográfica inicial a la épica naturalización de la mitología, en el desenlace. Cuando aparece, el oso que rapta a la protagonista es una máscara entre tantas otras de los participantes de la fiesta de Paucartambo. Cuando lo cazan y lo matan, tras una batalla campal, auténtica batalla ritual, es un oso el que surge realmente bajo la máscara, al pie de la cruz. Al principio, cuando la bella Kukuli abraza coreográfica y poéticamente a la llama, estamos frente a una expresión de comunión con el universo andino. Al final, cuando Kukuli transformada en llama blanca se reúne al mismo llama negro, éste simboliza al marido asesinado.

Frente al panteísmo del planteamiento, el espectador guarda la debida distancia, gracias a la mediación del narrador en *off*. Sin embargo, las escenas de Paucartambo cambian la actitud. Las calles y construcciones de estilo castellano contrastan con el paisaje de la cordillera. La música omnipresente reemplaza en buena medida a la voz en *off*. Las fiestas muestran el choque entre la tradición pagana y la tradición católica. Los bailes y máscaras de los carnavales se deparan con la austera procesión a la Virgen. En la forma de encuadrar a los enmascarados, de acercarse a ellos y montar sucesivos primeros planos, *Kukuli* abandona la aparente prescindencia etnográfica y se integra al espectáculo de la muchedumbre. La cámara confiere a las figuras disfrazadas una animación que los deshumaniza y los trata insensiblemente como los animales y personajes que representan. El encuentro carnal entre Alaku y Kukuli (descubierta al lavarse las piernas en un riachuelo, momento de discreto erotismo) había sido mostrado con metonímias y elipsis, aun a riesgo de parecer una violación. En cambio, la persecución de Kukuli por el oso tiene desdoblamientos enfáticos, casi expresionistas, como cuando la muchacha se esconde entre imágenes cristianas. Un cielo en llamas, acosado por el demonio, precede la culminación de la caza ordenada por el cura. Los Andes son mucho más que paisaje.

Una confrontación superficial con el cine que se estaba haciendo o gestando en el mismo momento en otros países de América Latina o del mundo podría inducir a engaño. En Perú, la década anterior llegó a ser considerada una travesía del desierto. *Kukuli* es una comprobada amalgama de tradición y modernidad. La superación de determinadas formas es una noción discutible en la historia del arte, aunque esa óptica reduccionista sea práctica corriente en los festivales internacionales de cine, apresurados observatorios de lo «estéticamente correcto», nuevo ropaje de la moda y de las campañas de promoción. Quatro décadas después, la transmutación del enfoque antropológico en mitología se ha invertido y *Kukuli* se ha vuelto un verdadero documento de las representaciones del universo andino idealizado por la intelectualidad cusqueña.

Un examen comparado del proceso de renovación en Brasil y Argentina entre 1955 y 1970 quizás sea útil para determinar el peso respectivo de los factores sociales o políticos y las particularidades de cada cinematografía. Superficialmente, o al menos a cierto nivel de generalidad, existen elementos decisivos en común. En ambos países el populismo alcanza su punto culminante (o su punto de inflexión, según se mire) a mediados de la década de los cincuenta, con el suicidio de Getúlio Vargas (1954) y la caída de Juan Perón (1955). En ambos, la transición entre populismo y desarrollismo implica una transformación del nacionalismo, su alianza con el capital extranjero, simbolizada por la industria automobilística. Del punto de vista social y cultural, esta es una fase de efervescencia y radicalización; del punto de vista institucional, es una etapa de profunda inestabilidad, con sucesivos golpes de estado y pronunciamientos militares.

En cuanto a los factores que gravitan sobre la producción fílmica, los dos países atraviesan un auge de la cultura cinematográfica, con la creación de las primeras filmotecas, la expansión de los cineclubs y la publicación de revistas especializadas de nuevo tipo, dedicadas a la crítica. Todo ello contribuye a un reflorecimiento de la influencia europea, representada sobre todo por la fascinación del neorrealismo italiano y la prédica de la crítica francesa, así como la formación brindada por las escuelas de cine de París o Roma. La leyenda dorada y la vulgata reconocen en uno u otro caso como antecedentes de la renovación a los pioneros en la aplicación de las enseñanzas neorrealistas, Nelson Pereira dos Santos y Fernando Birri. La eclosión del *Cinema Novo* y el Nuevo Cine en la década de los sesenta resulta entonces de un proceso iniciado en la década anterior.

No obstante, en cuanto empezamos a matizar o detallar, sobresalen las diferencias en un terreno y en el otro. La equiparación de los mencionados pioneros neorrealistas tiene el inconveniente de disimular importantes desfases. Fernando Birri puede ejercer una labor pedagógica en el Instituto Nacional de Cinematografía de la Universidad del Litoral, en Santa Fe, *Tire dié* (1958) puede ser un documental con vocación de manifiesto, pero *Los inundados* (1961) es su primer y único largometraje durante años, mientras *Río, 40 gráus* (1955), el debut de Nelson Pereira dos Santos, tiene una pródiga descendencia. Además, la muerte de Vargas y el exilio de Perón tienen consecuencias casi opuestas. Getúlio se mata después de haber logrado su regreso por vía electoral (1950), algo que Perón realiza solamente dos décadas y pico más tarde (1973). En Brasil, la herencia partidista de Vargas se transforma, divide y comparte el movimiento social con otras fuerzas: en suma, se debilita, aun cuando se mantenga hasta el golpe militar de 1964 (y aunque Leonel Brizola siguiera de eterno candidato, algo que la paleontología tal vez explique mejor que la sociología). En cambio, en la Argentina el peronismo, golpeado y reprimido, va a seguir creciendo y absorviendo nuevos sectores sociales.

En un aspecto directamente relacionado con la producción cinematográfica, la proscripción del peronismo suscita una forma particular de censura, obsesionada con el tabú político del movimiento mayoritario. Así como hubo estrellas y profesionales llevados al exilio durante los gobiernos peronistas, después de la «Revolución Libertadora» (así se autodenominó el golpe de 1955), algunos cineastas e intérpretes identificados con el régimen anterior prefirieron proseguir su carrera en el exterior. En las dos cinematografías, estos fueron años de lucha constante por la libertad de expresión. La primera película de Nelson Pereira dos Santos, *Río, 40 gráus*, fue objeto de una amplia movilización de la opinión pública para obtener su autorización. La censura siguió retrocediendo en los años siguientes, prácticamente hasta 1968. El golpe militar (1964) interrumpió la filmación de proyectos más militantes (como *Cabra marcado para morrer* de Eduardo Coutinho) o retrasó la difusión de ciertos documentales. Pero largometrajes filmados justo antes de la asonada, tan comprometidos como *Deus e o diabo na terra do sol* (Glauber Rocha, Brasil, 1963) y

Os fuzis (Ruy Guerra, Brasil, 1963), se estrenan después del golpe a costa de cierto forcejeo y gracias al apoyo europeo. Asimismo, la disputa de espacios de libertad después de la cuartelada permite discutir las alternativas del momento en forma tan directa como en *O desafío* (Paulo César Saraceni, Brasil, 1965).

En cambio, el cine argentino de la época tiene que abordar las cuestiones políticas en forma embozada. Aun películas críticas hacia el caudillismo, como *El jefe* (Fernando Ayala, Argentina, 1958), deben evitar cualquier mención directa al peronismo o remitirse a analogías pretéritas, como *Fin de fiesta* (Leopoldo Torre Nilsson, Argentina, 1960). *Los venerables todos* (Manuel Antín, Argentina, 1962), que describe un protofascismo contemporáneo, jamás obtuvo distribución. Obligado a volcarse hacia el estudio de las mentalidades, en lugar de discutir abiertamente las disyuntivas ideológicas del momento, al Nuevo Cine se le reprochará el psicologismo, aun cuando las películas mencionadas tengan una dimensión política explícita. La recriminación de apoliticismo, provocada por las radicalizaciones del período, empezará por el mismo Torre Nilsson, aunque *Fin de fiesta* provocara airadas protestas de los conservadores por su denuncia de los turbios manejos de la «década infame». Tampoco se percibía su crítica del nacionalismo en *La caída* y de la cultura de la violencia en *La casa del ángel* y *Un guapo del 900* (Argentina, 1960), dos crisoles de la política argentina a lo largo del siglo XX.

Aparte de condicionamientos distintos en materia de censura y contexto político, es posible deslindar otras diferencias fundamentales entre las dos principales cinematografías sudamericanas. Por más que el neorrealismo hubiera catalizado las discusiones sobre las alternativas de producción y expresión, Brasil y Argentina mantenían una relación muy diferente hacia la tradición industrial. En Río de Janeiro, la compañía Atlântida, la principal productora de *chanchadas*, trabajaba en estudios precarios, que ni siquiera merecían tal nombre, mientras las nuevas instalaciones de la Cinédia en Jacarepaguá vegetaban. En São Paulo, la experiencia fundamental de la Vera Cruz no duró más allá de la primera mitad de la década de los cincuenta. El fracaso, proporcional a las inmensas esperanzas suscitadas, destiñó sobre el propio sistema de los estudios, aunque las galerías construidas en São Bernardo do Campo llegaran a ser reutilizadas. En todo caso, la actividad principal volvió a desplazarse a Río, proliferaron las discusiones sobre la producción independiente y los rodajes en locaciones (practicados por la Vera Cruz, como apuntamos oportunamente). Bahía concentra varias filmaciones, algunas más (*O pagador de promessas*, Anselmo Duarte, Brasil, 1962) o menos tradicionales (*Barravento*, Glauber Rocha, Brasil, 1961). El *Cinema Novo* utiliza con bastante radicalidad los escenarios naturales, desechando los sets. El hecho de recurrir a los estudios sirve incluso de discriminante: Walter Hugo Khouri es rechazado no sólo por su temática, sino también por rescatar la herencia de la Vera Cruz.

En cambio, la ruptura con los estudios dista de ser tan radical en la Argentina. Aries, la nueva productora de Fernando Ayala y Héctor Olivera, se sitúa en la continuidad de esa línea. Leopoldo Torre Nilsson, heredero de la misma tradición, frecuenta los estudios de Argentina Sono Film. Al mismo tiempo, Torre Nilsson favorece el debut de varios jóvenes cineastas e incluso produce sus películas (David José Kohon, Leonardo Favio, Eduardo Calcagno, Mario Sábato, Nicolás Sarquis, Juan José Jusid, Bebe Kamin). Mientras en Brasil la diferencia de generaciones y orígenes aparta a Anselmo Duarte del *Cinema Novo*, Torre Nilsson y Ayala tienden un puente entre el pasado y el Nuevo Cine .

En Brasil, la generación del sesenta suplanta a la anterior con muy escasas excepciones, mientras en la Argentina la nueva generación no siempre logra conquistar un lugar. Era probablemente más fácil recomenzar desde cero en Brasil, pero el resultado es un peso relativo dentro de la profesión muy distinto, con evidentes resultados en la pantalla: el recalcitrante academicismo porteño. No es que el Nuevo Cine haya sido menos inventivo que el *Cinema Novo*: un análisis fílmico comparado mostraría que la subestimación de las películas argentinas es injusta. La diferencia es que a mediano plazo el *Cinema Novo* transformó completamente la producción, mientras el Nuevo Cine vió frustrados sus objetivos: la del sesenta es en cierta medida una generación perdida[5].

En los grandes festivales como en los encuentros solidarios, en Francia e Italia, *Cinema Novo* y Nuevo Cine compiten por las mismas alianzas y oportunidades en el circuito de arte y ensayo del hemisferio norte. El

---

5. Simón Feldman, *La generación del 60*, Buenos Aires, INC/Legasa, 1990, 176 pp., il.; Gustavo J. Castagna, "La generación del 60: Paradojas de un mito", *Cine argentino: La otra historia, op.cit.*, pp. 243-263; Laura M. Martins, *En primer plano: Literatura y cine en Argentina, 1955-1969*, Nueva Orleans, University Press of the South, 2000, VIII + 172 pp.

cine argentino dispuso a partir de 1959 de un festival internacional en Mar del Plata, *La casa del ángel* (1957) y *La mano en la trampa* (1961) fueron bien recibidas en Cannes, Torre Nilsson y sus compatriotas se salieron muy bien en *Santa Margarita Ligure* y *Sestri Levante* (1960-62). En Génova, Glauber Rocha busca radicalizar el debate y culpabilizar a los europeos en provecho de los brasileños, con la «estética del hambre» (1965), frente a un Torre Nilsson dispuesto a la conciliación, hacia afuera y hacia adentro. Mientras los brasileños se imponen a partir de 1962 en Cannes, Berlín y Locarno, los argentinos golean en casa (Mar del Plata) y hacen figuración en el exterior. La revancha porteña llega con *La hora de los hornos* (Fernando E. Solanas, Argentina, 1968), encumbrada en Pesaro entre una y otra manifestación callejera. Victoria pírrica, pues en un acto perfectamente autofágico el Tercer Cine de Fernando Solanas y Octavio Getino niega prácticamente todo el cine argentino realmente existente.

La diferencia de liderazgo refleja la mayor o menor continuidad entre tradición y renovación. En Brasil, *Rio, 40 gráus* le confiere un liderato de hecho a Nelson Pereira dos Santos, sobre todo teniendo en cuenta su capacidad para filmar enseguida *Rio, Zona Norte* (1957) y producir *O grande momento* (Roberto Santos, 1958). Entonces, el empuje renovador tiene una gran coherencia estética e ideológica, alrededor del neorrealismo y del Partido Comunista Brasileño. Pero las dificultades profesionales de Pereira dos Santos y la irrupción de la nueva generación provocan un desplazamiento de dirección, en torno a la personalidad carismática de Glauber Rocha (1939-1981), mucho más joven que Nelson (1928). El desplazamiento implica un alejamiento de la ortodoxia formal y política.

En cambio, en la Argentina, el Nuevo Cine no cuestiona la ascendencia intelectual de Torre Nilsson, capaz de acercarse estética y temáticamente a los más jóvenes: sólo los disidentes del Tercer Cine intentarán hacerlo. Aunque su nombre permanezca asociado a la famosa trilogía introspectiva escrita por Beatriz Guido, integrada por *La casa del ángel*, *La caída* (1959) y *La mano en la trampa*, Torre Nilsson despliega una multiplicidad de dispositivos de expresión y producción, una constante búsqueda de adaptación a la sensibilidad moderna. A pesar de ello, la solidaridad interna del Nuevo Cine está minada por la cuestión de la actitud frente al peronismo. Con perspicacia de profeta, Cesare Zavattini les había advertido: «sean peronistas o sean antiperonistas, pero sean algo...»[6]. También en este aspecto, el grupo Cine Liberación de Solanas, Getino y Gerardo Vallejo representa una vuelta de tuerca respecto a la unidad de fachada del Nuevo Cine .

Aunque la «estética de la violencia» sea compatible con una «estética del sueño», formulada por Glauber Rocha en otra circunstancia para seducir a los norteamericanos (1971), la tendencia a la alegoría[7] responde a una búsqueda (compartida en Brasil, Argentina, Cuba o México) de nuevos tipos de narración y no a una mera reacción a la censura: está presente desde *Deus e o diabo na terra do sol* (1963), mucho antes de la explosión del *Tropicalismo*. A su vez, las formas asumidas por el *underground* sí dependen bastante de la presión de los censores, aunque el brote argentino no alcance ni las proporciones del *Cinema Marginal* brasileño, ni la continuidad de Julio Bressane.

En la segunda mitad de la década de los sesenta, la mayor o menor integración de la problemática política va a provocar distintas evoluciones. Por falta de opciones, en la Argentina va a surgir un cine militante, incluso clandestino en su forma de producción y difusión (Cine Liberación, Cine de la Base), que no tiene espacio en Brasil mientras existe el *Cinema Novo*. En general, las relaciones entre vanguardia política y vanguardia artística son tensas, con una mezcla en dosis variables de convergencias y divergencias. El *Cinema Novo* conoció tales conflictos reiteradas veces, desde los primeros pasos hasta *Terra em transe* (Glauber Rocha, Brasil, 1967). Pero los *cinemanovistas* adquirieron cada vez más legitimidad, mientras la ortodoxia comunista se hacía añicos en la constelación de la nueva izquierda. En la Argentina se produce un proceso inverso, pues la radicalización social consolida una nueva forma de ortodoxia, que culmina con la «peronización» de la Universidad después de 1973. La sucesión de tabúes y dogmas tal vez explique la virulencia del conflicto entre militancia política y creación artística, ejemplarmente apuntado por Beatriz Sarlo en su reconstitución de «la noche de las cámaras despiertas» y la presentación de las películas resultantes en un en-

6. Juan Carlos Bosetti, Guillermo Jaim y Salvador Sammaritano, «Así habló Zavattini», *Tiempo de Cine* nº 5, Buenos Aires, febrero-marzo de 1961, p. 11.

7. Ismail Xavier, *Allegories of Underdevelopment: Aesthetics and Politics in Modern Brazilian Cinema*, Minneapolis-Londres, University of Minnesota Press, 1997, 288 pp., il.

cuentro realizado en 1970 en Santa Fe, antaño base de la escuela de Fernando Birri[8].

La tensión se manifestó igualmente en Cuba, en un contexto agravado por los mecanismos de poder en juego, pero mediatizado por la relativa y protegida autonomía del ICAIC (Instituto Cubano del Arte e Industria Cinematográficos). Los cubanos van a pesar en el plano continental en el sentido de la radicalización política, de los reagrupamientos sobre bases más estrechas y sectarias, mientras obtienen legitimación en los festivales ideológicamente adictos (Moscú, Leipzig, Karlovy Vary, Pnom-Penh, Cracovia). Cuando por motivos de orden diplomático-cultural deciden ampliar el juego y crean el festival de La Habana, empiezan a experimentar las contradicciones. El Nuevo Cine Latinoamericano, burocráticamente institucionalizado o cristalizado por el festival y una Fundación del mismo nombre, pronto descubrió la imposibilidad de discriminar quien está dentro y quien queda afuera, quien es y quien no, como antes lo habían comprobado los partidarios del manifiesto del Tercer Cine[9].

El Tercer Cine tuvo más seguidores en Europa y Norteamérica –entre algunos tercermundistas de imaginación febril y generoso voluntarismo–, que en la Argentina y en América Latina. En general, la adhesión al Tercer Cine parece inversamente proporcional a la productividad: en México o en Francia sirve de caución a un cine militante que vegeta en la marginalidad y desaparece en cuanto el documental social adquiere visibilidad. Lejos de inaugurar un movimiento, el Tercer Cine entierra el cadáver del Nuevo Cine argentino, cuyas expectativas ya estaban frustradas. La generación del sesenta tampoco constituyó un movimiento en el sentido estricto. Jorge Schwartz observa que el Modernismo brasileño puede ser caracterizado como «un movimiento propiamente dicho, cuyo proyecto repercutió en una especie de contaminación estética moderna en todas las manifestaciones del arte: literatura, pintura, escultura, música y arquitectura». En cambio, no ocurrió lo mismo con la vanguardia porteña, donde la interrogación nacional y la inquietud moderna no

---

8. Beatriz Sarlo, *La máquina cultural: Maestras, traductores y vanguardistas*, Buenos Aires, Ariel, 1998, pp. 195-269 (gracias a Edgardo Cozarinsky).

9. Fernando E. Solanas y Octavio Getino, *Cine, cultura y descolonización*, México, Siglo XXI, 1973, 206 pp.; Octavio Getino, *A diez años de «Hacia un tercer cine»*, México, Filmoteca UNAM, 1982, 72 pp.; Jim Pines y Paul Willemen, *Questions of Third Cinema*, Londres, BFI, 1989, 246 pp.

coinciden. Aunque esta apreciación parezca aplicarse a otra época y ámbito, la filiación y reivindicación entre el *Cinema Novo* y el Modernismo admiten perfectamente una comparación entre ambos fenómenos[10].

Aunque algunas proclamas escritas de Birri tuvieran vocación o pretensión de manifiesto, jamás fueron reconocidas y aceptadas como tales por sus contemporáneos porteños. Tanto Solanas y Getino como Birri hicieron proposiciones que recortaban el campo de las posibilidades formales o pretendían radicalizar dividiendo y excluyendo. Los manifiestos de Glauber Rocha no eran menos radicales, pero tuvieron la virtud de no predicar formas exclusivas y sumar individualidades más allá de sus características propias. En México, los procesos de renovación fueron todos ellos encauzados burocrática o institucionalmente desde arriba, ya sea por las convocatorias sindicales de los Concursos de cine experimental (1965 y 1967), por la Dirección de cinematografía (en la administración de Rodolfo Echeverría, 1970-1976) e Imcine (Instituto Mexicano de Cinematografía, en la gestión de Ignacio Durán, 1989-1994) o por la participación de las escuelas de cine en la producción. Hasta algún atisbo de autoorganización –como el Frente Nacional de Cinematografistas[11]– tuvo existencia burocrática, vegetativa y efímera.

Cuba plantea otros interrogantes. Tanto la reflexión, la elaboración y el trabajo colectivo, como el papel desempeñado por la revista *Cine Cubano* y el liderazgo mesiánico de Alfredo Guevara, sugieren la existencia de un movimiento cinematográfico y no de una mera suma de individuos en una unidad de producción oficial. La identidad del ICAIC se forjó en un ambiente de efervescencia y amplio diálogo con las corrientes renovadoras de Europa occidental y oriental. Sin embargo, la apertura internacional del ICAIC coexistió con una sistemática preocupación por la delimitación del territorio en el plano local. El primer episodio fue la prohibición del modesto documental *P.M.* (Sabá Cabrera Infante y Orlando Jiménez Leal, Cuba, 1960) –después de su presentación en la televisión– y la consiguiente controversia, clausurada por las *Palabras a los intelectuales* de Fidel Castro («Dentro de la revolución, todo; contra la

10. Jorge Schwartz, *Vanguarda e cosmopolitismo, op. cit.*, pp. 89-90.
11. Tomás Pérez Turrent *et al.*, *Cinema Messicano: il «Frente Nacional de Cinematografistas»*, Pesaro, Dodicesima Mostra Internazionale del Nuovo Cinema, Quaderno informativo n° 66, 1976, 126 pp.

revolución, nada»). Desde entonces, ha sido constante la emigración de profesionales del cine, de Néstor Almendros, Fausto Canel, Alberto Roldán, Eduardo Manet en los años sesenta a Sergio Giral y Jesús Díaz en los noventa. Solamente la Argentina peronista y posperonista sufrió una sangría comparable: unos veinte cineastas, contando apenas los que llegaron a trabajar en el ICAIC (serían más si contáramos a los del período prerrevolucionario, empezando por los mejores, Manolo Alonso y Ramón Peón), aparte de intérpretes, camarógrafos, editores, sonidistas, guionistas, escenógrafos, críticos, productores, músicos[12]… La enumeración tiene el inconveniente de desdibujar a las individualidades. Si bien Néstor Almendros reveló su talento después, Fausto Canel fue el primer discípulo de Gutiérrez Alea (*Papeles son papeles*, Cuba, 1966, estaba basada en una idea de «Titón»), Eduardo Manet se atrevió a dirigir la primera comedia musical moderna (*Un día en el solar*, Cuba, 1965), Alberto Roldán realizó una admirable incursión en los meandros de la memoria (*La ausencia*, Cuba, 1968, menos conocida que sus coetáneas *Memorias del subdesarrollo* y *Lucía*)…

Bajo la conducción de Alfredo Guevara tampoco faltaron otras prohibiciones más o menos largas, de películas de Sara Gómez y Humberto Solás, ambos perfectamente identificados con la revolución, hasta la suspensión del rodaje recién iniciado de *Cerrado por reformas* (Orlando Rojas, Cuba, 1995), título sin duda premonitorio. *Gente en la playa* (Néstor Almendros, Cuba, 1961) sufrió el mismo destino que *P.M.*, probable-

---

12. Directores: Orlando Jiménez Leal, Sabá Cabrera Infante, Fernando Villaverde, Roberto Fandiño, Fausto Canel, Alberto Roldán, Eduardo Manet, Nicolás Guillén Landrián, Antonio Fernández Reboiro, Hernán Henríquez (animación), José Antonio Jorge, Raúl Molina, Jorge Sotolongo, Sergio Giral, Jesús Díaz, Emilio Óscar Alcalde, Jorge Fraga, Guillermo Torres, Lorenzo Regalado, Marco Antonio Abad, Ramón García, Rolando Díaz, Ricardo Vega. Camarógrafos: Néstor Almendros, Ramón F. Suárez, Enrique Cárdenas, Alberto Menéndez, Antonio Rodríguez, Luis García Mesa, Mario García Joya. Editores: Humberto Lanco, Julio Chávez, Amparo Laucirica, Carlos Menéndez, Gloria Piñeiro, Roberto Bravo. Sonidistas: Alejandro Caparrós, Armando Fernández, Mario Franco, Adalberto Jiménez, Rodolfo Plaza. Guionistas: René Jordan, Eliseo Alberto, Armando Dorrego, Zoé Valdés. Intérpretes: Eduardo Moure, Miriam Gómez, Minuca Villaverde. Escenógrafo: Carlos Arditti. Productores: Pepe Horta, Sergio San Pedro. Críticos: Guillermo Cabrera Infante, José Antonio Evora, Wilfredo Cancio Isla. Todos ellos trabajaron en Cuba después de 1959, algunos brindaron su testimonio en *La imagen rota/The Broken Image* (Sergio Giral, Estados Unidos, 1995). Lista no exhaustiva… sin hablar de los músicos.

mente por su apoliticismo. En muchos casos, fueron invocados motivos de calidad, argumento insostenible frente a títulos de igual o menor entidad, debidamente homologados. *Un poco más de azul* (Cuba, 1965) reunía tres *sketchs*: *Elena* de Fernando Villaverde, *El encuentro* de Manuel Octavio Gómez y *El final* de Fausto Canel. Luego le tocó al largometraje de Villaverde, *El mar* (Cuba, 1965), y a un corto de Pastor Vega, *En la noche* (Cuba, 1965). *Guanabacoa: crónica de mi familia* (Cuba, 1966) fue el primer documental prohibido de Sarita Gómez, al que siguieron *Mi aporte* (Cuba, 1969) y *De bateyes* (Cuba, 1971). De Manet no se estrenó *El huésped* (Cuba, 1966). De José Massip se «archivó» el documental *Guantánamo* (Cuba, 1967). ¿Cómo entender la omisión de la contemporaneidad durante los años setenta, sin tener en cuenta la inhibición provocada por la postergación durante seis años del estreno de *Un día de noviembre* (Cuba, 1972), primera realización de Solás después del éxito de *Lucía*? Uno de los principales directores de películas históricas, Sergio Giral, también tuvo prohibida durante seis años su primera incursión en el presente, *Techo de vidrio* (Cuba, 1982), ni más ni menos defectuosa que tantos estrenos. Emilio Óscar Alcalde volvió de la escuela de Moscú con fe en la *perestroika* y un corto de graduación, *El camino del regreso* (1989), que no agradó a la *glasnost* isleña. La renovación de los noventa fue sometida a duras pruebas. Marco Antonio Abad estuvo preso por filmar una manifestación de repudio a una disidente...

Otras películas sortearon con mayor o menor fortuna el muro de la polémica y la desconfianza de las cumbres, desde el paradigmático *Memorias del subdesarrollo* hasta el alegórico *Alicia en el pueblo de Maravillas* (Daniel Díaz Torres, Cuba, 1991), que provocó la peor crisis de la historia del ICAIC. Gutiérrez Alea, el cineasta cubano de mayor prestigio intelectual e independencia de espíritu, contribuyó una y otra vez a ampliar el espacio de expresión, ya sea por su problemática (*Hasta cierto punto*, Cuba, 1983; *Fresa y chocolate*, Cuba, 1993), por su reivindicación de los géneros populares (*Las doce sillas*, 1962) o ambas cosas al mismo tiempo (*La muerte de un burócrata*, 1966). No obstante, la comedia desplegó su potencial crítico solamente cuando Alfredo Guevara fue reemplazado en la dirección del ICAIC por Julio García Espinosa (*Aventuras de Juan Quinquin*, Cuba, 1967), un realizador que demostró reiteradas veces rescatar de la herencia brechtiana la inspiración en la cultura popular y no lo «políticamente correcto». A muchos el costumbrismo sarcástico de los ochenta les pareció populismo inócuo, como si solamente en los pretensiosos arcanos de la «alta cultura», en su sentido más renacentista, fuera posible deslindar los dilemas de la utopía en el *Paradiso* tropical.

Alfredo Guevara mostró a lo largo de su trayectoria una preocupación por preservar el ICAIC de los acosos de la ortodoxia, encarnada por sus antiguos correligionarios del Partido Socialista Popular (browderiana denominación del estalinismo cubano). Aunque ya estuviera cuestionado en Polonia, Hungría e incluso Rusia, el «realismo socialista» parecía adaptarse bien a las polarizaciones maniqueas suscitadas por el embargo norteamericano. De hecho, el ICAIC va a reproducir el síndrome de la fortaleza sitiada que afecta a las instituciones de la isla como un todo, en su relación con otros sectores de la cultura oficial. Aparte de las confrontaciones entre bambalinas, el conflicto con la vieja guardia estalinista estalla en plaza pública por lo menos dos veces: en la polémica provocada por Blas Roca (líder histórico del PSP, futuro redactor de la Constitución socialista) contra la distribución de las películas italianas *La dolce vita* (Federico Fellini) y *Accatone* (Pier Paolo Pasolini), la mexicana *El ángel exterminador* (Luis Buñuel) y la argentina *Alias Gardelito* (Lautaro Murúa), en el año 1963; puede decirse que Alfredo Guevara ganó por puntos. La revancha llega veinte años después, con la controversia suscitada alrededor de *Cecilia* (Humberto Solás, Cuba, 1982), en particular por el veterano crítico estalinista Mario Rodríguez Alemán: esta vez, el duelo embozado termina con el primer alejamiento de Guevara[13]. No obstante, el peor enfrentamiento tuvo lugar por ocasión del Congreso Nacional de Educación y Cultura (1971), cuando los fracasos económicos de Fidel Castro y las derrotas estratégicas de Ernesto *Che* Guevara favorecen el mimetismo institucional hacia el modelo soviético y el encumbramiento de sus idólatras. Mientras otros sectores de la intelectualidad se pliegan a los siniestros rituales del «caso Padilla», el ICAIC prefiere retraerse, practicar la autocensura, exaltar la historia patria e inhibir cualquier atisbo de contemporaneidad. Refugio de intelectuales amenazados, el ICAIC adopta durante el «quinquenio gris» un programa mínimo: preservar la estructura, evitar a sus miembros los rigores de las Unidades Militares de Ayuda a la Producción (UMAP) y otros campos de «reeducación»…

---

13. Paulo Antonio Paranaguá, «Humberto Solás, entre Oshum et Shangô», *Le cinéma cubain*, París, Centro Georges Pompidou, 1990, pp. 141-151.

El ICAIC rehuye cualquier vínculo permanente con las estructuras productivas rivales de otras instituciones (Fuerzas Armadas, Ministerio de Educación), así como con la televisión, mientras las relaciones con diversas áreas de la cultura, como la gráfica, la música y luego la pintura, establecen lazos de solidaridad frente a una coyuntura adversa. Alfredo Guevara intenta infructuosamente defender el monopolio del ICAIC en todos los ámbitos del cine (producción, distribución, exhibición, publicaciones, formación). Cualquier política audiovisual a largo plazo se ve comprometida por la incompatibilidad entre el ICAIC y el ICRT (Instituto Cubano de Radio y Televisión), sometido a severo control burocrático.

La rara mezcla de heterodoxia estética y mesianismo político, tan típica del barroquismo discursivo de Alfredo Guevara[14], tiende a caracterizar al cine cubano como un movimiento *sui generis*, sometido siempre a los impulsos desde arriba, con una recortada posibilidad de acción de sus creadores. En los momentos de tensión, frecuentes, el abanico expresivo se cierra, sin que la escala mínima de la cinematografía isleña permita reemplazar los sucesivos prototipos por una producción en serie digna de ese nombre, debidamente estandarizada, ni en la ficción ni siquiera en la animación, salvo en el campo del noticiero y en cierta medida el documental. Lejos de Alfredo Guevara, el ICAIC conoce durante un corto plazo una descentralización y mayor amplitud en los mecanismos o criterios de decisión, a raiz de la reforma que introduce la constitución de tres grupos de creación (1987)[15]. Empieza a sentirse entonces la benéfica presión del movimiento de cine aficionado y de la Escuela internacional de San Antonio de los Baños, reflejo a su vez de la apertura hacia afuera favorecida por el festival de La Habana. Sin embargo, al hundirse el tinglado de la economía dependiente por la implosión de la Unión Soviética, la autonomía relativa del ICAIC se revela una mera ficción. A partir de los noventa, el cine cubano debe negociar su subsistencia con algunos pocos aliados en Europa, Estados Unidos y América

14. Alfredo Guevara, *Revolución es lucidez*, La Habana, ICAIC, 1998, 548 pp.

15. Paulo Antonio Paranaguá, «Nouvelles de La Havane: une restructuration du cinéma cubain», *Positif* n° 328, París, junio de 1988, pp. 23-32; «Nuevos desafíos del cine cubano», *Encuadre* n° 31, Caracas, julio-agosto de 1991, separata, 32 pp., il.; «Cuban Cinema's Political Challenges», *New Latin American Cinema*, Michael T. Martin (ed.), Detroit, Wayne State University Press, 1997, vol. 2, pp. 167-190.

Latina. La zozobra del ICAIC y sus ambiguas relaciones con los factores de poder en Cuba a lo largo de cuatro décadas exigen una investigación y un esfuerzo de clarificación que ninguno de los estudiosos del cine cubano hemos emprendido seriamente hasta ahora[16]. «Veinte años no es nada», dice el tango. Cuarenta y pico son seguramente demasiados.

---

16. Me incluyo evidentemente en la apreciación. Los principales libros sobre el tema son los siguientes: Michael Chanan, *The Cuban Image: Cinema and Cultural Politics in Cuba*, Londres-Bloomington, British Film Institute/Indiana University Press, 1985, 314 pp., il.; Paulo Antonio Paranaguá (ed.), *Le cinéma cubain, op.cit.*; Juan Antonio García Borrero, *Guía crítica del cine cubano de ficción*, La Habana, 2001, Editorial Arte y Literatura, 386 pp.

12. Nacionalismo

Las relaciones del cine con las instancias políticas han sido estrechas en América Latina, sobre todo en determinados períodos y regímenes. Así y todo, existe una resistencia a formular el problema en términos de la existencia de un cine peronista o castrista u otro concepto equivalente. Toda analogía con otras formas de autoritarismo, cualquiera que sea su signo, de derecha o de izquierda, parecería condenar globalmente al conjunto de la producción de manera indiscriminada. Es como si el planteo de un cine estalinista o franquista suprimiera automáticamente las diferencias entre un Eisenstein o un Edgar Neville frente a directores dóciles con las consignas del momento. Es como si la existencia de un cine mussoliniano redujera el cine de géneros en pleno auge en Italia a los «teléfonos blancos» y fuéramos incapaces de detectar las semillas que a lo largo de una acumulación molecular permitieron la eclosión del neorrealismo, en cuanto se produjo un cambio de coyuntura.

A veces, la resistencia es puramente ideológica. En el caso de Cuba, por ejemplo, hasta hace poco tiempo parecía un postulado evidente hablar de un «cine revolucionario». En cambio, los mismos hubieran rechazado como una ofensa que se hablara de un «cine castrista»... ¿No hay ahí una batalla semántica en torno a las connotaciones de las palabras, que *recubren*, esto es disimulan, ocultan, una misma realidad con opuesta valoración? Las generaciones que compartieron las ilusiones líricas se reconocen positivamente en el adjetivo «revolucionario», pero perciben enseguida en el calificativo «castrista» una inflexión peyorativa o por lo menos reduccionista. Sin embargo, en ambos casos se está apuntando a la fuerte sobredeterminación política que pesa bajo ese régimen sobre la producción cinematográfica. No implica necesariamente un juicio de valor sobre todas las películas en bloque, ni mucho menos redime de analizar las tensiones o diferencias que las atraviesan y caracterizan.

La problemática es casi virgen, a pesar de varias generaciones de críticos, historiadores, investigadores y teorizadores muy militantes. A veces, la hipertrofia de la política conduce a una despolitización. Tal vez por eso mismo la cuestión no fue abordada, porque el terreno más adecuado para hacerlo hubiera sido la historia y nadie parecía dispuesto a pelear por la última función sino por la próxima película... y la consiguiente revolución. En Argentina, la represión del peronismo pretendió durante años proscribir no sólo al movimiento, sus electores, consignas, insignias y signos (y cadáveres, podríamos añadir, al recordar las vicisitudes de Eva Perón después de muerta), sino borrar la mismísima palabra. En un contexto de polarización tan extrema y prolongada, encarar la producción de los dos primeros gobiernos constitucionales del general Juan Domingo Perón (1946-1955) bajo un enfoque que busque las características del período puede suscitar comprensibles suspicacias[1]. No obstante, los tres mayores países de América Latina –México, Brasil y Argentina– tuvieron prolongadas fases de populismo autoritario coincidentes con el cine sonoro y el auge de los medios de comunicación masivos. A pesar de las diferencias entre el nacionalismo posrevolucionario mexicano, el varguismo y el peronismo, hay también coincidencias, sobre todo en comparación con fenómenos posteriores. Después del triunfo de la Revolución cubana, el desarrollismo transforma la herencia populista, radicaliza la problemática nacional y social: Latinoamérica enfrenta regímenes autoritarios de otro signo, francamente conservadores. La relación del cine con el estado va a replantearse en esta nueva fase.

No hay que perder de vista el alcance relativamente limitado del cine respecto a los demás medios en las diversas coyunturas. Si el discurso de Vargas y Perón fue básicamente radiofónico, Fidel Castro no se contenta con la radio del líder ortodoxo Eduardo Chibás, sino que proyecta su enfática gesticulación en la pantalla del televisor (las malas lenguas dirían que Fidel ya no se suicida sólo frente al micrófono, como su maestro Edy Chibás, sino que impone a todo un pueblo la consigna numantina «socialismo o muerte»). El neopopulismo de Hugo Chávez recurre a un programa semanal únicamente porque los canales privados de televisión están en manos adversas. Frente al poder de los medios de comunicación, el cine despliega seducción y fascinación, pero no compite en idénticas condiciones de frecuencia, proximidad, agilidad y penetración. Quizás pueda verse en el cine un laboratorio para los nacionalismos y populismos contemporáneos. Así como la «revolución lexicográfica» precedió a

1. Alude a ellas Clara Kriger, «El cine del peronismo: una reevaluación», *art cit.*

los nacionalismos europeos[2], la revolución cinematográfica fue un laboratorio para las comunidades imaginadas por el populismo latinoamericano. La ficción seriada no pasó directamente de las publicaciones ilustradas o la radio a la televisión, sino que benefició de las experiencias icónicas, dramatúrgicas, genéricas, temáticas, musicales y empresariales desplegadas en el campo del cine. Incluso la circulación de las telenovelas encuentra un antecedente en las estrategias transnacionales de los estudios de Buenos Aires y México.

La comparación con coyunturas autoritarias distintas puede contribuir a la conceptualización y reformulación. Por la facilidad de acceso a la bibliografía en castellano, quizás fuera útil acercarse al debate en torno al tema en la España posfranquista, un momento fértil en investigaciones y revisiones históricas. Además, las características de la cinematografía española facilitan un estudio comparado, a la vez por cuestiones estructurales y culturales. Pero también sería util tener en cuenta el carácter recurrente de tales momentos en América Latina.

En el estado actual de la historiografía, uno de los primeros antecedentes es el de la dictadura de Juan Vicente Gómez en Venezuela[3]. El Laboratorio Cinematográfico Nacional estaba subordinado al Ministerio de Obras Públicas y tenía sus instalaciones en Maracay, lugar de residencia del dictador. Ambos aspectos muestran su función: hacer la propaganda de las realizaciones del régimen, a través de las pantallas del país y sus representaciones diplomáticas en el exterior. Aparte de los pioneros que ejercieron el oficio en el organismo, luego transformado en Servicio Cinematográfico Nacional, el interés oficial dotó a Venezuela, durante la larga transición entre el cine mudo y el sonoro (1927-1938), de la infraestructura mínima necesaria para la producción fílmica, aunque esta se limitara prácticamente a documentales y noticieros. Uno de los productores privados beneficiados con la inversión fue el novelista Rómulo Gallegos, futuro presidente de Venezuela: a su manera, el interés del escritor y político confirma la estrecha relación entre el cine y distintas esferas del poder.

---

2. Benedict Anderson, *L'imaginaire national: Réflexions sur l'origine et l'essor du nationalisme*, París, La Découverte/Poche, 2002, pp. 80 y ss. (edición original: *Imagined Communities*, Londres, Verso, 1983).

3. José Miguel Acosta, *La década de la producción cinematográfica oficial: Venezuela 1927-1938*, Caracas, Fundación Cinemateca Nacional, 1998, 160 pp., il.

Otro antecedente es a la vez conocido e insuficientemente valorado: México, después de la explosión revolucionaria de 1910, se mantiene en persistente conflicto durante casi un cuarto de siglo, lo que favorece la incursión de caudillos y generales en el cine. La mayor parte de la producción oficial, impulsada directamente por diversos organismos estatales, tuvo lugar en el documental. En la medida en que la producción de ficción sólo logró estabilizarse después del éxito internacional de *Allá en el Rancho Grande* (Fernando de Fuentes, México, 1936), resulta una parcialidad desechar la producción institucional, importante en volúmen y continuidad. Desde luego, la nacionalización de la industria fue descartada y las responsabilidades de la producción fueron delegadas a empresas o empresarios del sector, después de algunas experiencias significativas de producción oficial (la más notable fue *Redes*, México, 1934, producida por la Secretaría de Educación Pública, dirigida por Fred Zinnemann y Emilio Gómez Muriel, con argumento y fotografía de Paul Strand, música de Silvestre Revueltas, el maestro del nacionalismo musical mexicano). La Italia de Mussolini o la España de Franco también optaron por apoyarse en el sector privado, sin que eso permita excluir la cuestión del cine mussoliniano o franquista con un revés de la mano. La estructura de producción consolidada en México durante la Segunda Guerra Mundial tuvo desde el primer momento una fuerte participación estatal, sin la cual los productores no hubieran contado con los créditos necesarios, ni la difusión eficaz fuera de sus fronteras. Todos los estudiosos del cine mexicano están de acuerdo con la fuerte gravitación del nacionalismo sobre la producción, los géneros y la estética. El Partido Revolucionario Institucional, virtual partido único, controló todas las instancias de poder durante décadas. La producción cinematográfica durante la administración de Rodolfo Echeverría –actor, dirigente gremial y hermano del presidente Luis Echeverría–, fue sometida a un cuestionamiento ideológico que evacúa la apreciación de las películas[4], bajo el impacto de la crítica radical de las instituciones típica de los movimientos de 1968. En cambio, con el período clásico ocurre lo inverso: diversos tipos de análisis parciales evitan una caracterización global, estrategias y representacio-

---

4. Alberto Ruy Sánchez, *Mitología de un cine en crisis*, México, Premiá, 1981, 112 pp.; Paola Costa, *La «apertura» cinematográfica*, Puebla, Universidad Autónoma de Puebla, 1988, 208 pp.

nes no son debidamente articuladas. No deja de ser una paradoja que el mismo rigor no se haya aplicado a la cinematografía anterior, mucho más dependiente del estado y sobredeterminada por las concepciones del PRI. Así como la Secretaría de Educación Pública tuvo en México un papel relevante en el ámbito de los documentales, puede decirse que la misma ideología acerca de la misión educativa del cine prevaleció antes de la guerra en otros países. En la Argentina, el senador Matías G. Sánchez Sorondo defiende en 1938 la creación de un Instituto Cinematográfico del Estado, dependiente del Ministerio de Justicia e Instrucción Pública. Sánchez Sorondo invoca en su proyecto de ley la autoridad de Mussolini. Si bien una frase de Lenin parece equilibrar las citas, el senador valora como un ejemplo positivo la severidad de la censura italiana hacia una película argentina que afecta el prestigio de la Armada. Asimismo, aunque el viaje de estudios y la fundamentación del proyecto hagan un recorrido por varios países (Europa occidental y Estados Unidos), la primera descripción en lugar e importancia es la de Italia. El parlamentar critica el modelo alemán por su excesiva centralización y propaganda, sin dejar de mencionar la pérdida de talentos sufrida por la legislación racial. En Italia,

el Estado preserva la población, desde 1933, de cualquier influencia que pudieran ejercer las películas extranjeras. Imprime a las propias el espíritu del régimen mediante sutiles recursos de propaganda y hace obligatoria su exhibición. Ofrece en toda forma a los industriales la sensación de que sus actividades interesan al país y de que sus iniciativas útiles serán apoyadas.[5]

Si bien Sánchez Sorondo califica al Instituto Luce de «más antiguo y eficiente de los organismos cinematográficos de Italia», el proyecto no se limita a la producción de cine didáctico, sino que contempla un conjunto de medidas proteccionistas y organismos capaces de consolidar la cinematografía argentina.

En Brasil, el Instituto Nacional do Cinema Educativo (1936) respondió a lineamientos análogos a los del Instituto Luce, aunque las propuestas

---

5. «Creación del Instituto Cinematográfico del Estado-Proyecto de Ley del Senador [Matías G.] Sánchez Sorondo», Buenos Aires, *Congreso Nacional-Cámara de Senadores*, Actas de la Sesión del 27 de septiembre de 1938, pp. 562-618.

sobre el carácter pedagógico de la pantalla puedan rastrearse antes. Uno de sus activos promotores, Jonathas Serrano[6], estaba vinculado a la *Escola Nova* (1932), el progresista movimiento de reforma inspirado en la experiencia educativa de Estados Unidos (el debate sobre la educación es un ejemplo de relación triangular con Norteamérica y Europa). La creación del INCE debe entenderse en el contexto de implantación de una tímida política proteccionista, que obliga a proyectar un cortometraje de producción nacional como complemento de cada programa cinematográfico (1932). La misma normativa nacionaliza la censura, o sea, la centraliza en un órgano federal. El binomio proteccionismo y control no es casual, sino que ilustra la ambivalencia de la estrategia estatal. El agotamiento de la primera República, con su alternancia en el poder de las principales oligarquías regionales, desemboca en un nuevo modelo de país, encarnado en Getúlio Vargas (1930) y el *Estado Novo* (1937). Bajo la conducción de Gustavo Capanema, el Ministerio de Educación trata de viabilizar un proyecto de cultura nacional, traducción institucional de las aspiraciones de la Semana de Arte Moderno de 1922: paralelamente al INCE, surgen el Servicio del Patrimonio Histórico y Artístico Nacional, el Instituto Nacional del Libro y el Servicio Nacional del Teatro (1937). Al mismo tiempo, Radio Nacional (1935) se transforma en el primer vehículo de masas capaz de realizar una efectiva integración del vasto territorio del país[7].

La dictadura de Vargas ejerció un estricto control sobre los medios a través del Departamento de Imprensa e Propaganda (DIP, 1938). El cine se encuentra a mitad de camino, entre el medio de comunicación dominante, la radiofonía, y otros vectores de la nueva cultura de masas, tales como la industria discográfica o la prensa ilustrada, aparte de soportes tradicionales como el libro. Resulta discutible que Vargas haya adoptado las normas proteccionistas por «presión» de media docena de empresarios brasileños de cine, recién agrupados en una asociación[8]. El caudillo

---

6. Jonathas Serrano y Francisco Venancio Filho, *Cinema e educação*, São Paulo, Melhoramentos, 1931, 160 pp., il., Biblioteca de Educação vol. XIV.

7. Miriam Goldfeder, *Por trás das ondas da Rádio Nacional*, Río de Janeiro, Paz e Terra, 1980, 208 pp.; Luiz Carlos Saroldi y Sonia Virginia Moreira, *Rádio Nacional, o Brasil em sintonia*, Río de Janeiro, Funarte, 1984, 128 pp., il.

8. Como sugieren diversos autores, incluso la tesis de Anita Simis, *Estado e Cinema no Brasil*, São Paulo, Annablume, 1996, 312 pp., il., el mejor análisis del tema hasta el momento.

gaúcho tuvo que capear acciones de fuerzas incomparablemente más poderosas, algunas de ellas en las calles y en los cuarteles. En cambio, hay una indudable voluntad de aprovechar toda clase de manifestaciones y orientarlas en el sentido de una afirmación nacionalista, en una coyuntura donde las identidades regionales primaban sobre la idea de nación (los brasileños no habían ganado todavía el campeonato mundial de futbol...). Frente al separatismo *paulista* (Revolución constitucionalista de 1932) y a los peligros de dislocación social, el varguismo utiliza toda clase de instrumentos capaces de crear consenso, aunque sea un consenso autoritario, haciendo patria. Modernización conservadora y consenso excluyente son las contradicciones entre las que oscila Brasil. El mismo régimen que prohíbe el movimiento negro, canaliza el carnaval callejero hacia el desfile de las escuelas de samba y contribuye así a transformar el folclore de las *favelas* de Río de Janeiro en emblema nacional a través de la radio y el disco. Frente a las tendencias centrífugas, por motivos de clase, raza u origen regional, el samba propone la fusión centrípeta del mestizaje[9]. La defensa de una cultura nacional y popular en *Rio, Zona Norte* o *Carnaval Atlântida* se inserta en esa tradición. En el Brasil de Vargas así como en el México posrevolucionario, el populismo reviste un contenido esencialista, adoptando las teorías de Gilberto Freyre y José Vasconcelos, la democracia racial y la raza cósmica, nuevos oropeles de la ideología nacionalista, casi simultáneos[10]. Lejos de limitarse a la música popular, el varguismo confiere una dimensión multitudinaria a las composiciones de Heitor Villa-Lobos, con la puesta en escena del canto orfeónico en estadios y plazas públicas, mediante la movilización compulsiva de los escolares.

La promoción del cortometraje, el INCE y la proyección internacional de Carmen Miranda participan de un mismo impulso, aunque sus actores no midieran necesariamente el impacto respectivo de esos y otros vehículos de afirmación de lo nacional, como la radio. El cine educativo no es un capítulo marginal o menor de la historia de la cinematografía brasileña: aparte de haber albergado al principal realizador de la primera

9. Hermano Vianna, *O mistério do samba*, Río de Janeiro, Jorge Zahar/UFRJ, 1995, 196 pp.
10. Gilberto Freyre, *Casa-Grande & Senzala*, Río de Janeiro, José Olympio, 1969 (la edición original es de 1933); José Vasconcelos, *Memorias I, Ulises criollo, La tormenta*, México, Fondo de Cultura Económica, 1983, 968 pp. (edición original: 1936).

mitad del siglo, Humberto Mauro, cuya filmografía incluye centenares de títulos didácticos, existe una filiación institucional directa, ininterrumpta, entre el INCE, el Instituto Nacional de Cinema que lo reemplaza en 1966 en pleno *Cinema Novo* y Embrafilme, que hereda sus atribuciones y recursos en la década siguiente. Durante medio siglo, la tenue continuidad e institucionalidad de una cinematografía estructuralmente discontinua como la brasileña, es el resultado de la semilla plantada por el populismo autoritario. A lo largo de todo ese tiempo, el cine brasileño como institución, como proyecto estatal, debe corresponder a una misión, contribuir a la formación de la nacionalidad. Entre el autoritarismo de los treinta y la redemocratización de los ochenta, Brasil cambia de régimen varias veces, sin que la motivación subyacente al proteccionismo se modifique demasiado. El imperativo categórico no es forjar ciudadanos, sino hacer patria.

Si bien noticieros y documentales fueron lo esencial de la producción institucional varguista, las incursiones en la ficción resaltan en un contexto prácticamente vegetativo. El corto *Um apólogo* (Humberto Mauro, INCE, Brasil, 1936) es la primera adaptación de un relato de Machado de Assis. El largometraje *O descobrimento do Brasil* (Humberto Mauro, Instituto do Cacau da Bahia, Brasil, 1937) contó con el aval de Edgard Roquette Pinto (pionero del cine antropológico y de la radiofonía, creador del INCE) y música compuesta por Villa-Lobos. El cineasta y el antropólogo colaboraron nuevamente en *Argila* (Humberto Mauro, Brasil, 1940), producido e interpretado por Carmen Santos, un híbrido fascinante de melodrama romántico sobre amores contrariados por las diferencias sociales y discurso culturalista sobre las relaciones entre lo indígena y lo popular, lo erudito y lo nacional[11]. Entre el *star system* virtual y las veleidades nacionalistas, Carmen Santos prolongaría este impulso y agotaría sus energías en *Inconfidência Mineira* (Brasil, 1948), dirigida por ella misma. Las adaptaciones literarias y el filme histórico volverían a ser los dos ejes impulsados, veinte años después, durante el «período militar» de Embrafilme[12].

---

11. *Cf.* Claudio Aguiar Almeida, *O cinema como «agitador de almas»: Argila, uma cena do Estado Novo*, São Paulo, Annablume/Fapesp, 1999, 260 pp., il.

12. Tunico Amancio, *Artes e manhas da Embrafilme: Cinema estatal brasileiro en sua época de ouro (1977-1981)*, *op.cit.*, pp. 23-25, 31-32 y 37-39.

Los rituales, la retórica del varguismo y el peronismo diferían bastan-te. Sin embargo, en ambos casos, la política cinematográfica se inserta en el amplio marco de un redoblado interés por el desarrollo y la orienta-ción de los medios de comunicación. La primera presidencia de Juan Domingo Perón coincide con la crisis de la industria fílmica argentina, acosada por la mexicana. La responsabilidad máxima de la conducción del área recayó en Raúl Alejandro Apold, titular de la Subsecretaría de Informaciones y Prensa de la Presidencia de la República (equivalente al DIP del *Estado Novo*). Apold había trabajado para Argentina Sono Film. Aunque las compañías productoras porteñas tenían una dimensión muy superior a la Cinédia carioca, el proteccionismo argentino va a seguir pautas más cercanas a la brasileña que a la mexicana, sin lograr salvar la distancia respecto a la competencia. Como el DIP con el *Cine Jornal Bra-sileiro*, el peronismo se va a preocupar prioritariamente de mantener un estrecho control sobre los noticieros, estableciendo una sutil comple-mentación entre la fabricación de consenso en torno a las realizaciones del gobierno por la vía documental y la fabricación de sueños en torno a pautas de comportamiento o consumo, por la vía de la ficción. Respec-to al espacio de la evasión y la diversión proyectado en la pantalla, el es-pacio fuera de cuadro del noticiero queda confirmado así como el de la realidad –la única verdad, según el catecismo peronista.

No sorprende entonces que las pocas películas con contenido social explícito producidas durante esos años en la Argentina prefieran adoptar un tiempo desfasado de la contemporaneidad, sin dejar por ello de re-cordar alguna que otra vez, pero siempre de paso, levemente, el cambio introducido por el peronismo. Tanto *Dios se lo pague* (Luis César Ama-dori, Argentina Sono Film, 1948) como *Las aguas bajan turbias* (Hugo del Carril, Argentina, 1951) denuncian atropellos situados en una época pretérita «en que todavía no se habían inventado las leyes de protección obrera». Seguramente la norma, el canon del cine peronista se acercarían más a *Dios se lo pague* que a *Las aguas bajan turbias*. Tampoco hay que exagerar la significación de la corriente de exaltación telúrica representa-da por películas «sociales» como *Prisioneros de la tierra* (Mario Soffici, Argentina, 1939) o epopeyas históricas como *La guerra gaucha* (Lucas Demare, Argentina, 1942), identificadas con los antecedentes naciona-listas del peronismo. El género épico tiene manifestaciones escasas e hí-bridas en América Latina. Así, *Las aguas bajan turbias* ostenta como eje narrativo una relación sentimental en clave melodramática. El director y actor Hugo del Carril, conocido intérprete de la música ciudadana (encarnó *La vida de Carlos Gardel*, Alberto de Zavalía, Argentina, 1939), no pierde ocasión de empuñar la guitarra y cantar algún tema folclórico. En ese sentido, *Las aguas bajan turbias* está emparentada con *O cangaceiro* (Lima Barreto, Brasil, 1953), donde las violentas aventuras del bandidaje *nordestino* están acompañadas de múltiples números musicales y de una buena dosis de melodrama pasional. Por lo tanto, la oposición entre *Las aguas bajan turbias*, supuestamente comprometida, y *Dios se lo pague*, como ejemplo de drama burgués, procede tal vez en cuanto al género fílmico, pero no en lo político. Aparte de que sería menoscabar el discurso ideológico de *Dios se lo pague*, perfectamente sintonizado con el asistencialismo de Perón y Evita.

Tener en cuenta los condicionamientos del espectáculo cinematográfico como un todo sería probablemente lo más acertado. En una sesión de la España franquista de la inmediata posguerra, donde primero había que oir el himno respetuosamente de pie, luego sentarse quietito a mirar el *NO-DO* sin chistar, ¿puede limitarse la caracterización del período al análisis de los significados fílmicos del largometraje que seguía? En el caso español, si la película era importada, estaba doblada, censurada y a veces deturpada; si era nacional, estaba sometida a una censura previa y posterior quisquillosas: ¿puede reducirse la dimensión política a las películas explícitamente falangistas o nacionalcatólicas, sin explicar la proliferación de las folclóricas? El hecho de que *NO-DO* prefiriera la fabricación de consenso y no la propaganda belicosa[13], ¿restaba significado político a sus imágenes? La censura previa existia también en México, pero contrariamente a algunos países como Venezuela, Perú o Brasil[14], ninguna investigación ha evaluado su alcance.

Una característica de la Argentina peronista, sin equivalente en México y Brasil, es la cantidad de prohibiciones profesionales, encubiertas o

---

13. *Cf.* Saturnino Rodríguez, *El NO-DO, Catecismo social de una época*, Madrid, Complutense, 388 pp., il.; Rafael R. Tranche y Vicente Sánchez-Biosca, *NO-DO, El tiempo y la memoria*, Madrid, Cátedra/Filmoteca Española, 640 pp., il.

14. Antonio D. Trujillo, *La censura cinematográfica en Venezuela*, Caracas-Mérida, Foncine/Universidad de los Andes, 1988, 272 pp., il.; José Perla Anaya, *Censura y promoción en el cine*, Universidad de Lima, 1991, 264 pp.; Inimá Simões, *Roteiro da Intolerância: A censura cinematográfica no Brasil*, São Paulo, Senac, 1999, 264 pp., il.

no. El exilio de primeras figuras o cuadros de creación se va a mantener después de la caída de Perón, tocando ahora a sus partidarios o supuestos tales, vaciando así una y otra vez la industria, agravando los efectos de la inestabilidad institucional y favoreciendo la competencia (sobre todo la mexicana y la española). Aparte de estrategias empresariales o proyectos individuales, la circulación transnacional de los profesionales del cine encuentra un poderoso estímulo en circunstancias políticas como esa o como la Guerra de España (y la Segunda Guerra Mundial, en una escala menor).

Por fin, si los institutos creados a partir de los años cincuenta en Argentina, Cuba o Brasil, responden a otros parámetros, puede detectarse una prolongación de las justificaciones y legitimaciones propias al cine educativo en la producción de documentales didácticos del ICAIC, auténtica escuela de formación de cuadros y primera base de sustentación del cine posrevolucionario. La perseverancia en esa línea, así como el *Noticiero ICAIC Latinoamericano* dirigido por Santiago Álvarez, demuestran que el cine cubano de ficción también necesitó apoyarse sobre una producción documental, para preservar su espacio, incluso frente a la competencia representada por empresas audiovisuales rivales en manos de sectores de sensibilidad política divergente, como el Instituto Cubano de Radio y Televisión, el Ministerio de Educación y los estudios cinematográficos y de televisión de las Fuerzas Armadas. Semejante cuadro permite medir el alcance de *Coffea Arábiga* (Nicolás Guillén Landrián, Cuba, 1968), irónica subversión de los códigos del cine pedagógico vigentes en la isla comandada por el sabelotodo (inclusive donde plantar el café...). En casos así, la heterogeneidad es señal de heterodoxia.

13. Movimiento

El *Cinema Novo* fue el primer movimiento cinematográfico latinoamericano, tomando la palabra en el sentido en que es empleada para los movimientos de vanguardia intelectual a lo largo del siglo XX. Fue algo más que un grupo o una generación, aunque a veces actuara como un grupo de presión para imponer una nueva promoción de cineastas. Tampoco fue una escuela artística, pues la pluralidad de personalidades y expresiones era una de sus características fundamentales. En Brasil, sólo el manifiesto de fundación de la Atlântida (1943) expresa una ambición colectiva, en alguna medida comparable, enseguida limitada por el sistema de producción en estudio. El *Cinema Novo* surge liberado de una fórmula industrial por el fracaso de las experiencias de los años cincuenta. Tampoco se siente comprometido con la discusión de una ortodoxia estética, por más novedosa que sea, como ocurrió con el neorrealismo italiano. Al mismo tiempo, la relación de dependencia del cine brasileño respecto a la producción importada aparta el *Cinema Novo* de la falta de compromiso con la reforma de las estructuras vigentes, como ocurrió con la *Nouvelle Vague* francesa.

Nelson Pereira dos Santos es un auténtico precursor del movimiento, porque articula en su propuesta renovadora expresión y producción. No ocurre lo mismo con Alex Viany, prisionero de sus fórmulas estéticas –a medio camino entre el neorrealismo y el «realismo socialista»– y de la filmación en estudios. Tanto Alberto Cavalcanti (en *O canto do mar*, Brasil, 1954) como su reemplazante Viany (en el episodio brasileño de *Die Windrose*, 1956) presienten y prefiguran el papel emblemático que adquirirá el Nordeste en las pantallas del *Cinema Novo*. Sin embargo, el carioca Alex Viany (1918-1992) se acercará a la nueva generación como crítico e historiador[1], mas no como realizador, contrariamente a su correligionario Nelson Pereira dos Santos, *paulista* pero diez años más joven. Glauber

---

1. Véase la recopilación póstuma, organizada por José Carlos Avellar: Alex Viany, *O processo do Cinema Novo*, Río de Janeiro, Aeroplano, 1999, 526 pp.

Rocha, en su *Revisión crítica del cine brasileño*, intenta elaborar una tradición anterior que pasa por Humberto Mauro y deja injustamente al margen a Mário Peixoto[2]. El *Cinema Novo* propone una ruptura con el pasado –la *chanchada* es proclamada enemigo público número uno aun cuando estuviera moribunda– por un radicalismo típico de los años sesenta, facilitado sin duda por la falta de continuidad característica de la historia del cine brasileño. Si en otras esferas había oligarquías que derrotar, en el campo del cine el pasado no pesaba por exceso, sino por carencia y no justificaba la muerte del padre, ni siquiera simbólica.

Una visión menos catastrofista de la evolución histórica percibe en la súbita e impactante eclosión del *Cinema Novo* una lenta maduración y unas cuantas confluencias: las experiencias neorrealistas de Nelson Pereira dos Santos y Roberto Santos; la influencia de la crítica francesa y su «política de los autores»; la formación de un significativo número de profesionales en las escuelas de cine europeas; el auge de la cultura cinematográfica, con el movimiento de cineclubs disputado y polarizado por los comunistas y los católicos; el surgimiento de nuevas tecnologías, con su contribución a la renovación del documental y a la transformación del lenguaje de la ficción (cámaras livianas, grabadora Nagra y película de alta sensibilidad constituyen prerrequisitos para la consigna glauberiana, «una idea en la cabeza y una cámara en la mano»). A todo ello habría que añadir el peso decisivo de factores extracinematográficos, que fundamentaría la convicción de Paulo Emilio Salles Gomes según la cual «el cine brasileño no posee fuerza propia para escapar al subdesarrollo»[3]. En efecto, el *Cinema Novo* es socialmente un subproducto del movimiento estudiantil y del Centro Popular de Cultura, que le confieren una sintonía perfecta con la efervescencia intelectual del momento, con énfasis en la música, el teatro, la literatura, las artes plásticas, la arquitectura. La integración del cine con las demás expresiones de la cultura brasileña nunca había sido tan íntima, sin que ello redundara en desequilibrios: basta comparar con el desconocimiento casi total del cine por parte del Modernismo de 1922 y en sentido contrario la relación de dependencia de la Vera Cruz hacia el Teatro Brasileiro de Comédia.

---

2. Glauber Rocha, *op. cit.*
3. Paulo Emilio Salles Gomes, *art. cit.*, p. 37.

La filiación entre el Modernismo literario y el *Cinema Novo* tiene su mejor representación en el realizador Joaquim Pedro de Andrade. La deuda con la novela regionalista está presente en las adaptaciones de Nelson Pereira dos Santos y Walter Lima Jr.; la invención de lenguaje de Guimarães Rosa, en Glauber Rocha; la influencia del pensamiento antropológico y sociológico, en Carlos Diegues. El núcleo inicial incluye asimismo a Leon Hirszman, Paulo César Saraceni, Mário Carneiro, Ruy Guerra, David Neves, Gustavo Dahl, Luiz Carlos Barreto, Eduardo Coutinho. Un segundo círculo incluiría a Luiz Sérgio Person, Arnaldo Jabor, Paulo Gil Soares, Geraldo Sarno, Eduardo Escorel, Maurice Capovilla e incluso a Roberto Pires y Roberto Farías. A pesar de sus antecedentes en el estado de Paraíba y sobre todo en Bahía, el movimiento de renovación se concentra en Río de Janeiro, con ciertas expresiones en São Paulo (entre ellas, la notable serie de documentales producidos por Thomaz Farkas). La rivalidad entre las dos metrópolis del sur es menor que la distancia entre las generaciones, que aleja al autodidacta Anselmo Duarte (nacido en 1920). El mimetismo hasta entonces predominante es reemplazado por la ambición de una descolonización del lenguaje, una especie de no-alineamiento estético («ni Hollywood, ni Mosfilm»). En realidad, lejos de cualquier nacionalismo xenófobo, la dependencia en forma exclusiva hacia un centro hegemónico se ve contrarrestada por un diálogo ecléctico con otros centros, sobre todo Europa, aunque también Japón (la importante colonia nipónica establecida en São Paulo favoreció un buen conocimiento del cine japonés). La autenticidad ya no es una cuestión reducida a la elección de una temática brasileña (como decía Nelson Pereira dos Santos en los años cincuenta). Nadie separa forma y contenido, expresión y producción: la bancarrota de los proyectos industriales rehabilita la opción artesanal de los pioneros, la espontaneidad buscada por la *chanchada* adquiere una nueva dimensión con el sonido directo, ficción y documental se contaminan mutuamente.

Con la perspectiva histórica, el *Cinema Novo* surge como parteaguas. La renovación de los cuadros del cine brasileño durante la década de los sesenta supera los límites de cualquier grupo. Poquísimos directores del período anterior se mantienen en actividad en la década siguiente (Walter Hugo Khouri, J. B. Tanko, Carlos Coimbra, el argentino Carlos Hugo Christensen), otros cuentan con una actuación episódica. En cambio, los cineastas confirmados en los años sesenta prosiguen su carrera después, tanto aquellos vinculados al *Cinema Novo*, como los que eligieron caminos individuales. Todavía más importante, la renovación continua durante las décadas de los setenta y los ochenta desmiente cualquier dominación de la producción brasileña y de la empresa Embrafilme por los «cardenales» del *Cinema Novo*. Aun sin disponer de mecanismos legales específicos para facilitar el acceso a la dirección de un primer largometraje, 30% de la producción de los años 80 está en manos de cineastas debutantes[4]. Esa permanente apertura del cine brasileño, en un clima de diversidad expresiva, es una conquista de la década de los sesenta comprobada treinta años después, a pesar del hiato provocado por el desmantelamiento de las estructuras e instituciones federales de la cultura por el gobierno de Fernando Collor de Mello (1990).

Antes, el cine brasileño debía responder a los parámetros de los modelos dominantes y a las convenciones de los géneros vigentes. En cambio, el *Cinema Novo* fue carioca y *paulista, mineiro y nordestino*, épico e intimista, realista y alegórico, blanco y mulato, indio y algunas veces negro, literario y musical, teatral y poético, pesimista y eufórico, trágico y cómico con una pizca de melodrama, comprometido y enajenado, totalizante y parcial, crítico y contemplativo, mesiánico y agnóstico, fatalista e ingenuo, sutil e histérico, apocalíptico e integrado, revolucionario y reformista, elitista y populista, nostálgico y profético, nacionalista y cosmopolita, desesperado y orgiástico, machista y femenino, dionisíaco y reprimido, local y universal. Ninguna figura resume todo el *Cinema Novo*, ni siquiera Glauber Rocha, su mayor agitador y portavoz. Los mismos realizadores eran personalidades creativas en movimiento, siempre en búsqueda de nuevos desafíos temáticos y estilísticos. Cada filme era a menudo la negación del anterior: la ausencia de dogmatismo y prejuicio estético parecía absoluta.

Determinar los primeros pasos del *Cinema Novo* resulta más fácil que detectar el fin del movimiento. Los cortometrajes *Arraial do Cabo* (Paulo César Saraceni y Mário Carneiro, 1959) y *Couro de gato* (Joaquim Pedro de Andrade, 1960) son casi contemporáneos del brote bahiano, que tiene en la gestación confusa de *Barravento* (que pasa de las manos de Luiz Paulino dos Santos a las del productor Glauber Rocha, 1960-61), su

---

4. Cálculo hecho a partir de los datos de Jorge Edson Garcia, *Catálogo de cineastas brasileiros estreantes em longas-metragens na década de 80*, Río de Janeiro, Funarte, 1994, 64 pp.

primer marco internacional. La militante *Cinco vezes favela* (producida por la Unión Nacional de Estudiantes), la escandalosa *Os cafajestes* (Ruy Guerra), la sombría *Porto das Caixas* (Saraceni), amén de la Palma de Oro de *O pagador de promessas* (Anselmo Duarte) hacen de 1962 un año fundamental, por el impacto nacional y el reconocimiento europeo (cuando se trata de capitalizar el prestigio de Cannes, Brasil está por encima del *Cinema Novo*...). El movimiento brasileño está sintonizado también con lo que ocurre en el resto del mundo: la crisis del sistema de estudios y del cine de géneros precipita la implosión de los códigos narrativos tradicionales. Las experimentaciones de lenguaje privilegian la puesta en escena como instancia fundamental y al realizador como figura principal del proceso de creación. Con los polos de producción tradicionales cuestionados, los festivales, la crítica, el público de los cines de arte y ensayo, vuelcan su atención a las películas que provienen de la periferia. Aunque el Tercer Mundo conozca su cuarto de hora de gloria, en el contexto de radicalización política de los años sesenta, el *Cinema Novo* se aleja de los esquemas militantes nacionales (CPC) e internacionales. Mientras Julio García Espinosa defiende un «cine imperfecto» (1969) tan impregnado de consideraciones ideológicas como el Tercer Cine de Solanas y Getino (1969), Glauber Rocha pasa de la «estética del hambre» (1965) a la «estética del sueño» (1971), sin renunciar a la palabra ni a la prioridad *estética*.[5]

La madurez llega pronto, en el sorprendente lapso de tres años: compárese con el plazo de ocho años que fueron precisos para que el cine cubano alcanzara el mismo nivel, con la diferencia de que los realizadores isleños estaban teóricamente «en el poder», mientras que los brasileños estaban bajo el volcán. La maduración no significa solamente la creación de nuevas formas, sino también la inserción de las obras en el campo cultural y en la coyuntura histórica, su capacidad de diálogo y resonancia con otras expresiones artísticas. En vísperas del golpe militar se filma una virtual trilogía del Nordeste, más heterogénea que el tríptico de *Lucía* (Humberto Solás, Cuba, 1968). *Vidas secas* (Nelson Pereira dos Santos, 1963), *Deus e o diabo na terra do sol* (Glauber Rocha, 1963) y *Os fuzis* (Ruy Guerra, 1963) lograron vencer los obstáculos del nuevo contexto con

---

5. Véase la lectura matizada de estos manifiestos y otros textos propuesta por José Carlos Avellar, *A ponte clandestina: Teorias de cinema na América Latina*, São Paulo, Editora 34/EDUSP, 1995, 320 pp.

tacto político y audacia expresiva. En verdad, la censura y la represión llegan al auge después de 1968, cuando el *Cinema Novo* se encamina hacia el *Tropicalismo* o el exilio. Enseguida después del golpe de 1964, mientras el teatro perpetúa un clima de exaltación, el cine empieza una reflexión autocrítica sobre el fracaso del populismo nacionalista y los impases de la lucha armada (de *O desafío*, Saraceni, 1965, a *Terra em transe*, Rocha, 1967). Después, el *Cinema Novo* se suma a la vanguardia musical y teatral del *Tropicalismo*, produciendo reformulaciones o representaciones conflictivas de la historia y la formación nacional (*Macunaíma*, Joaquim Pedro de Andrade, 1969; *Os herdeiros*, Carlos Diegues, 1969; *Azyllo muito louco*, Nelson Pereira dos Santos, 1969; *Pindorama*, Arnaldo Jabor, 1970). En pleno triunfalismo represivo y económico, los protagonistas del *Cinema Novo* proponen a principios de la nueva década una revisión del indigenismo romántico (*Como era gostoso o meu francês*, Nelson Pereira dos Santos, 1971; *Uirá, um indio em busca de Deus*, Gustavo Dahl, 1974), de los mitos patrióticos (*Os inconfidentes*, Joaquim Pedro de Andrade, 1972) y de la tradición rural (*A casa assassinada*, Paulo César Saraceni, 1971; *São Bernardo*, Leon Hirszman, 1971). En la pantalla, la familia patriarcal sufre en sordina los embates de otros conflictos. Pero el cuestionamiento de la novísima generación, el llamado *udigrudi* (corruptela sarcástica de *underground*) o *Cinema Marginal*, parece apresurada en dar vuelta a la página de los años sesenta, presa de una virulencia o una desesperación incontenibles, que no duda en cambiar el diálogo con la generación anterior por el soliloquio de la imprecación. El recurso a la alegoría pierde el aliento totalizante en función de una creciente fragmentación. Así se consuma el divorcio entre la vanguardia experimental y el público que el *Cinema Novo* pretendía superar y que sólo la música popular brasileña supo evitar.

Hasta ahora se ha analizado la relación entre el Modernismo y el *Cinema Novo* bajo una óptica diacrónica. A pesar del interés expresado en algunos artículos de la revista *Klaxon* por Mário de Andrade[6], el encuentro entre el movimiento modernista y el cine brasileño no se produce en su momento. En Cataguases (estado de Minas Gerais), a finales del período mudo coinciden la revista *Verde* y el cineasta Humberto Mauro,

---

6. Eduardo Escorel, «A décima musa: Mário de Andrade e o cinema», *Cinemais* n° 6, Río de Janeiro, julio-agosto de 1997, pp. 43-36.

pero entre ellos no existe diálogo, por más que todos se conocieran en una pequeña ciudad de provincias. Mauro parece nadar entre dos aguas, entre la idealización rural y la adhesión a la modernidad, así como su obra maestra *Ganga bruta* (1933) está entre el mudo y el sonoro. A su vez, *Limite* de Mário Peixoto (1931) es un meteoro sin cola, transformado en leyenda por sus amigos del Chaplin Club durante casi medio siglo. No obstante, si encaramos el Modernismo con un criterio menos estrecho, no como una escuela artística con fechas precisas, principio y fin, sino como un movimiento cuyos desdoblamientos se prolongan a lo largo de un tiempo mayor, la perspectiva cambia. En términos generacionales, los años veinte corresponden a los fundadores del movimiento modernista. En los treinta, aparecen los institucionalizadores, como Rodrigo Mello Franco de Andrade (fundador del Servicio del Patrimonio Histórico y Artístico Nacional, 1937), Edgard Roquette Pinto (pionero de la radio-difusión estatal, creador del Instituto Nacional de Cine Educativo, 1937), Gustavo Capanema (ministro de la Educación de Getúlio Vargas, al que se le debe también el Instituto Nacional del Libro, 1937). Son ellos los idealizadores de una política cultural nacionalista, que cuenta con la colaboración más o menos entusiasta de Heitor Villa-Lobos y Mário de Andrade (protagonistas de la Semana de Arte Moderno de 1922), o del poeta Carlos Drummond de Andrade. La generación de la revista *Clima*, a partir de los cuarenta, parece tener una relación conflictiva con el Modernismo, aunque transmita de hecho el legado del movimiento y mantenga su fibra radical. La lucha contra la dictadura de Vargas y la consiguiente democratización apartan a los jóvenes de sus mayores. El grupo de *Clima*, al que pertenece Paulo Emilio Salles Gomes[7], modifica el eje creativo, pasa de la ficción, la poesía, la composición y la figuración a la crítica literaria, artística, teatral y cinematográfica. En una línea de progresiva radicalización nacionalista, los años cincuenta, la época del desarrollismo latinoamericano, culminan en el triunfo de la Revolución cubana. En Brasil, los años sesenta están representados por la *Bossa Nova* y Brasilia, una nueva utopía urbana, mesiánica y deshumanizada, sin espacio adecuado para la convivencia ciudadana como la Cinelandia ca-

7. Paulo Antonio Paranaguá, «Paulo Emilio, trayectoria crítica», *Brasil, entre Modernismo y modernidad*, *Archivos de la Filmoteca* n° 36, Institut Valencià de Cinematografia Ricardo Muñoz Suay, Valencia, octubre de 2000, pp. 39-55.

rioca, donde el simulacro del poder reemplaza el placer del espectáculo. Construída con el ánimo de integrar el interior del país, Brasilia excluye a sus propios constructores (como lo recuerda el documental *Conterrâneos velhos de guerra*, Vladimir Carvalho, 1992).

El surgimiento del *Cinema Novo* se inscribe en la sucesión, incluso en la filiación directa del Modernismo: el cineasta Joaquim Pedro de Andrade es hijo de Rodrigo Mello Franco de Andrade; el realizador y montador Eduardo Escorel, así como el fotógrafo y también director Lauro Escorel Filho son hijos de un colaborador de la revista *Clima*, Lauro Escorel; a medio camino entre la paternidad intelectual y la simbólica, Plinio Sussekind Rocha fue a la vez uno de los animadores del Chaplin Club (1928), el maestro de Paulo Emilio Salles Gomes antes de la guerra y luego el mentor del cineclub de la Facultad Nacional de Filosofía de Río de Janeiro, donde se formaron Joaquim Pedro, Paulo César Saraceni, Leon Hirszman (fundadores del *Cinema Novo*) o Saulo Pereira de Mello (guardián y exegeta de *Limite...*). Aunque Glauber Rocha muestra la tentación de la tabula rasa en su *Revisión crítica del cine brasileño*, el *Cinema Novo* se inscribe explícita y abiertamente en la continuidad de la literatura brasileña contemporánea, toda ella marcada por la refundación cultural simbolizada por el Modernismo. Para Glauber, la tradición cinematográfica debe ser rechazada (la Vera Cruz y la *chanchada*) o reinventada (Humberto Mauro). En cambio, la tradición literaria es fuente inagotable de estímulo e inspiración para los realizadores del *Cinema Novo*. Quizás la boga de la música de Villa-Lobos (*Deus e o diabo na terra do sol*) se explique por la voluntad de reelaborar totalmente la herencia europea, a la manera de las «*Bachianas Brasileiras*». Toda la vocación rupturista encarnada por la generación del sesenta en el ámbito social, político o incluso cinematográfico, se volvía diálogo fructífero y hasta respetuoso con la literatura nacional. Solamente en las letras contemporáneas veían los cineastas de formación neorrealista (Nelson Pereira dos Santos) o vanguardista (Glauber Rocha), antecedentes válidos para el proyecto radical de descolonización cultural. Claro que las preferencias de unos y otros por Mário de Andrade o Graciliano Ramos, Oswald de Andrade o Jorge Amado, Lucio Cardoso o Nelson Rodrigues, Gilberto Freyre o Manuel Bandeira, disimulaban a menudo algo más que matices estéticos o diferencias de sensibilidad. Joaquim Pedro de Andrade sugirió las discrepancias entre Freyre (*O mestre de Apipucos*) y Bandeira (*O poeta do Castelo*), en un díptico lleno de mesura e ironía, exhibido por el Instituto Nacional del Libro como dos cortometrajes separados (1959), para no ofender la suspicacia del primero... Sin embargo, la ambición ampliamente compartida por el *Cinema Novo* de inventar un nuevo lenguaje fílmico corresponde absolutamente al proyecto de los escritores y artistas modernistas. El nacionalismo intrínseco en tal actitud no está reñido con el diálogo mantenido hacia los nuevos cines de los sesenta, así como los modernistas estuvieron perfectamente conectados con las vanguardias europeas de los veinte. No obstante, los jóvenes cineastas cruzan el Atlántico, buscan apoyo, formación y alimento espiritual en Europa, con una frecuencia insospechada para los poetas, escritores, pintores y compositores de antaño: Mário de Andrade, que sólo cruzó el Ecuador por tierra, se vanagloriaba de la condición de «turista aprendiz»...

Tal como ocurrió con las anteriores generaciones, hay una nueva modificación del eje de creación en los años sesenta, puesto que las artes del espectáculo ocupan ahora un lugar preeminente y estimulan incluso la *performance* del artista: el ejemplo relativamente aislado de Flavio de Carvalho tiene en Hélio Oiticica un continuador sintonizado con expresiones artísticas que no respetan las fronteras entre disciplinas. Y la nueva actitud crítica de la generación de posguerra no estuvo ausente en la relectura de la «antropofagia» propuesta por el *Tropicalismo*. La obra de Oswald de Andrade en general no se había llevado demasiado en serio, el teatro representado por *O Rei da Vela* no había salido del papel hasta que José Celso Martínez Correa lo transforma en emblema del *Tropicalismo* (1967). El radicalismo se vuelve ahora incluso contra la cultura nacional del último medio siglo: *Tropicalismo* y *Cinema Marginal* proponen una rearticulación entre nacionalismo y cosmopolitismo, entre cultura de masas y creación individual. En todo caso, si el Modernismo adquirió estatuto académico, nunca estuvo tan presente en el centro de la especulación intelectual como en los años de afirmación e irradiación del *Cinema Novo*.

La relación con la literatura tal vez constituya otra diferencia entre el *Cinema Novo*, el Nuevo cine argentino y los ímpetus renovadores en México. Ni la vanguardia porteña ni los escritores de la Revolución mexicana parecen atraer a la generación del sesenta. Es cierto que Hugo Santiago escribe el guión de *Invasión* (Argentina, 1969) en colaboración con Jorge Luis Borges, pero se trata de un argumento original de Borges y Adolfo

Bioy Casares. Adaptan entonces a Borges, que aun no ha sido encumbrado, directores de una generación anterior (*Días de odio*, Leopoldo Torre Nilsson, 1954; *Hombre de la esquina rosada*, René Mugica, Argentina Sono Film, 1962). El Nuevo Cine argentino prefiere recurrir a escritores coetáneos como David Viñas, Julio Cortázar, Juan José Saer, Osvaldo Dragún, Bernardo Kordon o el paraguayo Augusto Roa Bastos. Asimismo, el mexicano Paul Leduc no adapta una de las consagradas novelas de la Revolución sino al periodista norteamericano John Reed (*Reed, México insurgente*, 1970), mientras sus compañeros de promoción colaboran con los escritores que frecuentaron las mismas funciones de cineclub, José Emilio Pacheco, Carlos Fuentes, Gabriel García Márquez, Jaime Sabines, Juan de la Cabada, Inés Arredondo, Juan García Ponce, Juan Vicente Melo, Sergio Magaña, Vicente Leñero, sin olvidar al maestro de todos ellos, Juan Rulfo. De los mayores, sólo José Revueltas, veterano guionista, mantuvo el diálogo y la colaboración con los estudiantes y los cineastas de la generación del 1968.

México y Argentina parecen emular o acompañar el *boom* de la narrativa latinoamericana, al paso que el *Cinema Novo* trata de reanudar el hilo perdido de las vanguardias de principios del siglo XX. En este aspecto, Cuba tiene una evolución sintomática. Durante la efervescencia de los primeros años de la Revolución, la carencia de guionistas idóneos lleva a colaboraciones con autores contemporáneos como José Soler Puig, Onélio Jorge Cardoso, Eduardo Manet, Edmundo Desnoes, Miguel Barnet, José Triana o Jesús Díaz. Más allá de la retórica sobre la solidaridad con la generación moderna de 1927, el ICAIC recurre a escritores consagrados en el período prerrevolucionario después que la contemporaneidad se volvió absolutamente conflictiva: surgen entonces en las pantallas obras de Fernando Ortiz y Alejo Carpentier, para no hablar de los decimonónicos José Martí, Anselmo Suárez Romero y Cirilo Villaverde, aunque Antonio Benítez Rojo, Luis Rogelio Nogueras, Ambrosio Fornet y Senel Paz aportaran aire fresco a una cinematografía amenazada de anquilosis. La explícita articulación entre un clásico como Carlos Felipe, autor de la pieza *Réquiem por Yarini*, y los entretelones del poder con su sobrecarga de frustraciones, representa justamente una de las originalidades de *Papeles secundarios* (Orlando Rojas, Cuba, 1989), auténtico parteaguas del cine cubano.

En la medida en que los directores del *Cinema Novo* prosiguen su obra, la implosión del grupo no agota la cuestión de la continuidad o no del movimiento. Por lo mismo, la filmografía del *Cinema Novo* es problemática, dependiendo de la inclusión o no del conjunto de títulos realizados por sus representantes, dentro y fuera de la década prodigiosa de los sesenta. En realidad, por primera vez en la historia del cine brasileño, todo se transforma, en lugar de terminar pura y llanamente, como ocurría en la anterior sucesión de ciclos discontinuos. El *Cinema Novo* revitaliza a tal punto el panorama, suscita tantas vocaciones en las diversas áreas de la profesión, que se convierte en punto de partida de una auténtica tradición. Glauber Rocha había proclamado una tradición puramente imaginaria al reconstruir a su manera el pasado del cine brasileño. Sin embargo, no importa que la investigación, la historiografía o nuevas interpretaciones desmientan su visión crítica del cine brasileño. Sin el marco de legitimación cultural representado por el *Cinema Novo*, el pasado habría desaparecido completamente, en la indiferencia general, sepultado en el olvido reservado por la voluble conciencia nacional a los fracasos y frustraciones. La única referencia en materia audiovisual sería la televisión, efímera por su misma esencia. La introducción del cine en la universidad brasileña y su integración en el pensamiento académico revelan también el impacto de la década de los sesenta, bajo el liderazgo esclarecido de Paulo Emilio Salles Gomes y una serie de ensayistas iniciada por Jean-Claude Bernardet, más volcados hacia el cine nacional que a la especulación teórica abstracta[8]. A pesar de su pretensión a una ruptura radical, el *Cinema Novo* dió consistencia a la tradición fílmica local. La preeminencia del director como motor de los proyectos, la misma inexistencia de un sistema de producción en serie y uniformizado, confieren al impulso iniciado en los sesenta un carácter voluntarista. Después de tanta discusión política y económica, ha quedado demostrado que el cine es también una cuestión de deseo. La moderna tradición del cine brasileño cuenta ahora con una referencia incómoda y paradójica. Incómoda porque tampoco se presta a una domesticación o catalogación simplista, porque revela una fértil intertextualidad con la cultura brasileña, porque supone un diálogo ineludible para quienes pretendan situarse en su continuidad. Así sucedió, a pesar del golpe de gracia que acometió a Embrafilme y a todo el sistema de producción vigente a

---

8. Sobre la «escuela de São Paulo», véase mi libro *Le cinéma en Amérique Latine: Le miroir éclaté*, *op. cit.*, pp. 21-26, 42-56, 118-123, 248-251.

principios de los noventa. La *retomada*, el repunte de la producción, tiene como expresiones paradigmáticas distintas formas de diálogo con el *Cinema Novo*, desde las variaciones musicales, icónicas e irónicas sobre los *cangaceiros* de *Baile perfumado* (Paulo Caldas y Lirio Ferreira, 1997) hasta el respetuoso homenaje de *Central do Brasil* (Walter Salles, 1998), que empieza en la estación de ferrocarril de *Rio, Zona Norte* y culmina en el Nordeste emblemático de la trilogía filmada en vísperas del golpe militar. La diversidad de los noventa encuentra sus raíces en el pluralismo de los sesenta.

14. Filiaciones

Mientras en América Latina modernistas y vanguardistas agitaban los medios intelectuales, en Cuba varias generaciones de artistas han preguntado: «Mamá yo quiero saber de dónde son los cantantes...» («*Son de la loma*», Miguel Matamoros, 1922). El Caribe, el Mediterráneo de las Américas, epicentro de las relaciones triangulares con Europa y Africa, formula así la cuestión de los orígenes, que merece ser planteada en otros ámbitos. Al rastrear y diagnosticar los primeros pasos del cine mexicano, Carlos Monsiváis detecta «la improvisación y la imitación colonial», «mimetismo y fetichismo», con una consecuencia sobre la formación de los cineastas: «se forjan directores luego de una complicada experiencia como toreros, galanes o electricistas»[1]. Con un humor distinto pero igualmente certero, Humberto Mauro aseguraba: «quem não tem cão caça com gato» (el que no tiene perro caza con gato). La improvisación no era entonces una opción (ni mucho menos una moda pos*Nouvelle Vague*), sino una necesidad.

Durante el período mudo, predominan los autodidactas y los intuitivos. Recién enunciada, la constatación merece ser matizada. En el rubro técnico, hay una transferencia de competencias y conocimientos, a partir de la fotografía y el comercio de artículos congéneres. El negocio de material fotográfico es la cuna de los primeros exhibidores, distribuidores y productores, aunque otros empresarios provengan de los parques de diversiones y atracciones. Por supuesto, el personal artístico pasa de las tablas a la pantalla. El eclecticismo es bastante grande, puesto que intérpretes a la cabeza de sus propias compañías se prestan a la experiencia, así como las tiples y cómicos del género chico, del teatro ligero o las variedades. En tales circunstancias, no es justo hablar de improvisación o aprendizaje por sus propios medios, sino de un proceso de adaptación.

---

1. Carlos Monsiváis, «Notas sobre la cultura mexicana en el siglo XX», *Historia general de México*, México, El Colegio de México/Harper & Row Latinoamericana, 1988, tomo 2, p. 1509.

Por lo visto, a los pioneros del cine mudo latinoamericano el séptimo arte no les parecía una aventura inalcanzable, puesto que ciertas iniciativas
parten de grupos familiares o de aficionados. Hay una permeabilidad entre ciertos emprendimientos cinematográficos y la cultura popular. Nos
referimos a la cultura practicada por sectores de las clases subordinadas
y no a la distinción entre alta y baja cultura, ejemplarizada en este caso
por la ópera o el repertorio clásico de un lado y el teatro de revistas del
otro. Maria Rita Galvão ha mostrado el vínculo entre los grupos teatrales del proletariado inmigrante de São Paulo y las películas producidas
en la metrópoli industrial del Brasil[2]. Las primeras «academias» de cine
aparecidas en ese contexto no son propiamente organismos de enseñanza, sino formas de captación de recursos humanos y materiales para la
producción, que a veces no dudan en explotar la ilusión ajena.

Una de las graves consecuencias de la discontinuidad, atomización y
exigüidad de la producción silente es la insuficiente acumulación y transmisión de experiencia. Sólo fotógrafos y técnicos de laboratorio, ejerci-
tados por el trabajo en los noticieros, parecen progresar y mantenerse al
tanto de las novedades. En la producción y la realización, desde la década de los veinte hay un afán por los conocimientos técnicos, una confusa consciencia del creciente desfase entre América Latina y los grandes
centros productores. Las revistas especializadas, lo mismo *Cine Mundial*
editada en Estados Unidos que *Cinearte* publicada en Brasil, prodigan
lecciones técnicas y recetas sacadas de la estética dominante: el fetichismo
industrial fortalece así el mimetismo cultural. La expansión del negocio
surte un efecto parecido en los empresarios: si los primeros importadores viajaban a París, Londres o Nueva York para comprar películas, Francisco Serrador visita la Broadway como futuro promotor e inversionista
en la construcción de la Cinelandia carioca. En esta etapa, no se piensa
siquiera en una «transferencia de tecnologías», sino en una mera importación de maquinaria extranjera y el consiguiente aprendizaje. Para la
casi totalidad de la producción silente en América Latina, el cine no es
una cuestión de estética, sino de técnica. La excepción luminosa, casi
única, es *Limite* de Mário Peixoto (Brasil, 1931). Curiosa opacidad frente a la diversidad expresiva del cine mudo: las diferencias estilísticas de

2. Maria Rita Eliezer Galvão, *Crônica do cinema paulistano*, São Paulo, Atica, 1975,
336 pp.

246 / Tradición y modernidad en el cine de América Latina

las llamadas «escuelas nacionales» tuvieron a la larga menos impacto que la supuesta universalidad de la técnica.

El sometimiento forjado en los primeros treinta años, prepara la fase siguiente, caracterizada por la búsqueda de un aprendizaje personal, directo, sin la mediación de los cursos por correspondencia o las fórmulas de la prensa escrita. La revolución tecnológica del cine sonoro ofrece la justificación o el pretexto para ir a beber en la fuente la experiencia de la producción industrial. Por primera vez, Estados Unidos y Europa ofrecen alimento sustancial a la curiosidad de los visitantes. Y ya se sabe, la curiosidad es una de las máscaras del deseo... La producción en varios idiomas, las versiones múltiples, filmadas en los estudios de Berlín y Joinville, Nueva York y Hollywood, provocan un intercambio de experiencias en una escala inédita hasta entonces. No era lo mismo ser galán o electricista en un galpón del Brás (el barrio italiano de São Paulo), que en un set de la Paramount. En los primeros años de incertidumbres y tanteos del cine sonoro, pasaron por los estudios norteamericanos y europeos futuros directores y productores –sin olvidar a un número apreciable de intérpretes– de México, Cuba, Chile, Argentina, Brasil, Colombia y Venezuela. Algunos conocieron por dentro las *Majors* (todas produjeron *foreign versions*), otros probaron el precario esquema de las productoras independientes. Todo ello contribuyó a la vez a legitimar la tradición hollywoodiense de la producción en estudio y a banalizarla, a despojarla de su carácter inaccesible. La producción «hispana» esbozó el primer *star system* latinoamericano realmente transnacional. La experiencia contribuyó también a deslindar las opciones genéricas predominantes del cine sonoro en América Latina: el melodrama y la comedia[3].

Esa primera plataforma de aprendizaje colectivo del cine sonoro acentuó insensiblemente la americanización de la profesión, en una coyuntura donde el nacionalismo idiomático sirve a menudo de justificación a los intentos de implantar el modelo de producción industrial. La transculturación, la «nacionalización» de los géneros dominantes pasa por la incorporación de ingredientes subordinados de la narración y la puesta

---

3. Nuestro apartado sobre «El film "hispano"» (*Historia General del Cine, op.cit.*, vol. X, pp. 216-222) sintetiza, articula e interpreta los datos de la excelente investigación de Juan B. Heinink y Robert G. Dickson, *Cita en Hollywood: antología de las películas norteamericanas habladas en castellano*, Bilbao, Mensajero, 1990, 320 pp., il.

en escena, en primer lugar la música, luego el folclore, el repertorio escénico popular, en algunos casos las artes plásticas.

En cambio, la experiencia siguiente va a fortalecer la influencia europea. Después de la Segunda Guerra Mundial, un número significativo de profesionales (unos ciento cincuenta) se gradúan o pasan por las escuelas de cine de París, Roma y otros centros europeos. Teniendo en cuenta el impacto del neorrealismo italiano, no deja de ser sintomática la mayor contribución del IDHEC (Institut des Hautes Études Cinématographiques) respecto al Centro Sperimentale di Cinematografia. Europa favorece el replanteamiento del modelo de producción y expresión, la politización o el cuestionamiento del papel del cine en la cultura nacional, la feminización de la profesión, la consolidación de nuevas instituciones y publicaciones (filmotecas, cineclubs, institutos de cine, revistas de crítica). Mientras el paso por los estudios norteamericanos favoreció la adopción de las normas hegemónicas, la enseñanza europea contribuyó a la renovación de las mentalidades y en última instancia de la producción[4].

La tercera experiencia es aun más colectiva, pues corresponde a las primeras escuelas creadas en los mismos países de América Latina, destinadas a la formación de profesionales: el Centro Universitario de Estudios Cinematográficos (CUEC) dependiente de la Universidad Nacional Autónoma de México (1963), el Centro de Experimentación y Realización Cinematográfica del Instituto Nacional de Cinematografía (Buenos Aires, Argentina, 1965), la Escuela de Comunicaciones y Artes (ECA) de la Universidad de São Paulo (Brasil, 1968), el Instituto de Artes y Comunicación Social de la Universidad Federal Fluminense (UFF) en Niterói (Brasil, 1969), el Departamento de Cine de la Universidad de los Andes (Mérida, Venezuela, 1969), el Centro de Capacitación Cinematográfica (CCC) vinculado a los estudios estatales Churubusco (México, 1975), la Escuela Internacional de Cine y Televisión de San Antonio de los Baños (Cuba, 1986), la Fundación Universidad del Cine (Buenos Aires, Argentina, 1991). Hubo antecedentes importantes por su papel pionero, que no eran verdaderos centros de enseñanza profesional: el Instituto de Cinematografía de la Universidad Nacional del Litoral en Santa Fe (Argen-

4. Nuestro artículo «Cinéastes latinoaméricains formés en Europe», *Cinémas d'Amérique Latine* n° 2, Toulouse, 1994, pp. 66-67, propone un primer inventario.

tina, 1958), el Departamento de Cine Experimental de la Universidad de Chile (1960), el primer curso de cine de la Universidad de Brasilia (1965), creados respectivamente por Fernando Birri, Sergio Bravo, Paulo Emilio Salles Gomes y Nelson Pereira dos Santos.

Quizás se pueda detectar en la producción de los egresados algo del aprendizaje compartido en el CUEC o el CCC, en la ECA o en la UFF, en San Antonio de los Baños o en Buenos Aires. El nuevo cine *paulista* de los ochenta[5] está indudablemente vinculado a la efervescencia de la ECA, así como la renovación argentina de los noventa resulta de la explosión de escuelas de cine surgidas en el país[6]. La Universidad del Cine es la tercera contribución del veterano Manuel Antín a la renovación del ambiente cinematográfico en la Argentina: la primera fue su participación en la generación del sesenta, la segunda fue su gestión aperturista en el Instituto Nacional de Cinematografía después de la vuelta a la democracia (1983-1989). La Universidad del Cine ha promovido directamente proyectos tan distintos como *Moebius* (Gustavo Mosquera y alumnos, 1996) o *Mala época* (*sketchs* de Nicolás Saad, Mariano De Rosa, Salvador Roselli y Rodrigo Moreno, 1998). En las emblemáticas *Pizza, birra, faso* (Bruno Stagnaro e Israel Adrián Caetano, 1997) y *Mundo grúa* (Pablo Trapero, 1999), descubrimos a cineastas de la misma formación y generación. Por el contrario, los que son un poco más viejos se formaron en el exterior: el realizador de *Silvia Prieto* (Martín Rejtman, 1999) estudió en Nueva York, el de *Camino a Santa Fe* y *El asadito* (Gustavo Postiglione, 1997 y 1998) lo hizo en Cuba[7].

La relativa irreverencia de ciertos largometrajes cubanos de los últimos años quizás haya encontrado alguna inspiración en los cortos realizados en San Antonio de los Baños a modo de práctica. Un crítico isleño no duda en incluir a la escuela entre los principales focos de producción

---

5. *Cf.* Jean-Claude Bernardet, «Os jovens paulistas», in *O desafio do cinema*, Río de Janeiro, Jorge Zahar, 1985, pp. 65 y ss.

6. Dieciocho estaban afiliadas a la Federación Iberoamericana de Escuelas de Imagen y Sonido; su presidenta habla de diez mil estudiantes en audiovisual en la Argentina (Maria Dora Mourão, «FEISAL», *Cinémas d'Amérique Latine* n° 7, Toulouse, Presses Universitaires du Mirail, 1999, pp. 148-154). El renovado aprecio por el cine explica la excepcional vitalidad de la revista independiente *El Amante/Cine* (Buenos Aires, 1992-...).

7. Véase el bello catálogo de Teresa Toledo, *Miradas: el cine argentino de los noventa*, Madrid, Casa de América/AECI, 2000, 240 pp., il.

del «cine cubano sumergido», «no oficial»[8]. De cierta manera, al filmar *El plano* (1993) en la escuela, el veterano Julio García Espinosa admite esa deuda... hasta cierto punto. Fue durante su presidencia en el ICAIC (1982-1990) cuando se gestó la creación de la también llamada Escuela de Tres Mundos. Inicialmente, estaba destinada a América Latina, en sintonía con la institucionalización del Nuevo Cine Latinoamericano y la Fundación del mismo nombre presidida por Gabriel García Márquez, hasta que la megalomanía de Fidel Castro impuso el marco tricontinental. Entre el estudiantado, la cuota africana o asiática ha permanecido tan reducida como la cubana, en pie de igualdad con la de los demás países latinoamericanos (en cambio, en el cuerpo docente la participación cubana fue superior). Aun así, la presencia de la escuela era una novedad en la cinematografía cubana, incluso respecto a quienes habían estudiado en el Instituto Superior de Arte (La Habana), crisol de las nuevas generaciones creativas de los ochenta. Desde la fundación del ICAIC hasta su reemplazo en 1982, Alfredo Guevara siempre se opuso a la existencia de una escuela de cine.

San Antonio de los Baños tuvo la particularidad de favorecer los contactos durante el largo tiempo de la escolaridad, en las condiciones de relativo aislamiento de la provincia, en un virtual internado, entre jóvenes de distintos países latinoamericanos (e incluso más allá del continente, en menores proporciones). Así se convirtió en nuevo foco de relaciones y proyectos transnacionales, prolongando la experiencia anterior de coproducciones del ICAIC, sin la misma ingerencia de los cubanos en la selección. San Antonio de los Baños estimuló el surgimiento de películas como *El dirigible* (Pablo Dotta, Uruguay, 1994), en regiones o países que son auténticos desiertos en materia de producción. También promovió la cooperación entre vecinos que tradicionalmente intercambian poco o se ignoran en cuanto a cine se refiere, como Paraguay y Brasil (*O toque do oboé*, Claudio Mac Dowell, 1998) o Venezuela y Perú (*A la medianoche y media*, Mariana Rondón y Marité Ugaz, 1999). La cohabitación entre docentes y estudiantes favoreció incluso el diálogo entre las generaciones: más allá de filiaciones reales o simbólicas, *Rocha que voa* (Eryk

8. Juan Antonio García Borrero, *Rehenes de la sombra: Ensayos sobre el cine cubano que no se ve*, Huesca, Festival de Cine de Huesca/Filmoteca de Andalucía/Casa de América, 2002, pp. 22 y 60-67.

Rocha, Brasil-Cuba, 2002) –documental sobre la bulliciosa estadía de Glauber en Cuba, en pleno «quinquenio gris»–, representa una búsqueda de antecedentes en cuanto a renovación e invención, un buceo poético en las utopías políticas y estéticas.

Las escuelas latinoamericanas no implican automáticamente una formación menos dependiente de los modelos foráneos. Además, el siglo XX termina no sólo con esos centros situados en cuatro o cinco países de América Latina, sino también con un número creciente de estudiantes que prefieren perfeccionar sus conocimientos en Estados Unidos. Europa atrae a unos pocos, interesados en estudios teóricos. La exigencia de un aprendizaje práctico, no siempre acompañada de espacios adecuados de análisis y reflexión o del estudio de la historia, vuelve a privilegiar las novedades técnicas, supuestamente desprovistas de condicionamientos. ¿Nuevas tecnologías o nuevas ideologías? La aceleración de la comunicación y la globalización plantea interrogantes, a los que muchos aprendices de la imagen creen poder hurtarse.

En todo caso, por lo menos una consecuencia de la proliferación de escuelas debería tener a mediano plazo reflejos en las mentalidades expresadas en las películas: la feminización de la profesión.

Hace tiempo, el estudio de las realizadoras latinoamericanas era una cuestión de arqueología, en búsqueda de pioneras menospreciadas por la historia oficial[9]. Desde hace unos veinticinco años, sería más bien una cuestión de sociología, para intentar abarcar un fenómeno que ya rebasa los destinos individuales. Aparte del puesto emblemático de la puesta en escena, hay una feminización de todos los oficios del cine, a diferencia de las contadas tareas antaño reservadas a las mujeres (vestuario, continuidad, montaje). La apertura de las vías de acceso ha sido favorecida indudablemente por las escuelas de cine de Europa y luego de América Latina. Sin embargo, esa feminización desborda el marco de la profesión y resulta en buena medida de la evolución general de las sociedades latinoamericanas, más o menos sensibles a las conquistas femeninas.

9. Paulo Antonio Paranaguá, «Pioneers: Women Film-makers in Latin America», *Framework* n° 37, Londres, 1989, pp. 129-138; «Une pionnière, des pionnières: être femme et cinéaste en Amérique Latine», *Positif* n° 349, París, marzo de 1990, pp. 17-22; «Cineastas pioneras de América Latina», *Dicine*, México, n° 36, septiembre de 1990, pp. 10-13; *idem* n° 37, noviembre de 1990, pp. 12-13.

En Brasil, la diferencia entre el período de las pioneras y la fase de progresiva feminización es apreciable en el plano cuantitativo y cualitativo, si tomamos como criterio de comparación los largometrajes. Durante la década de los treinta, una sola mujer accede a la realización (Cleo de Verberena); en la de los cuarenta, lo hacen otras dos (Gilda de Abreu, Carmen Santos). De manera significativa, las tres pioneras tuvieron primero una carrera de actriz. Las dos debutantes de los años cincuenta tienen una formación distinta, aunque sus recorridos sigan siendo excepcionales: se trata de italianas emigradas a Brasil (Maria Basaglia, Carla Civelli[10]). Durante los sesenta, el número de nuevas directoras sigue el mismo (Zélia Costa, Rosa Maria Antuña), como si el ensanchamiento representado por la irrupción del *Cinema Novo* tardara cierto tiempo en manifestarse en este ámbito.

Las dos décadas siguientes conocen un fuerte incremento de la producción, aun cuando al lado de las películas apoyadas por la empresa pública Embrafilme haya una masa de comédias eróticas (las *pornochanchadas*). Encontramos nueve principiantes en los años setenta (Vanja Orico, Lenita Perroy, Teresa Trautman, Ana Carolina, Tânia Quaresma, Vera de Figueiredo, Maria do Rosário, Rose Lacreta, Rosângela Maldonado), dieciocho en los ochenta (Tizuka Yamasaki, Helena Solberg, Maureen Bisilliat, Lady Francisco, Isa Castro, Itala Nandi, Maria Helena Saldanha, Tetê Moraes, Jussara Queiroz, Adélia Sampaio, Micheline Biondi, Suzana Amaral, Norma Bengell, Paula Gaitán, Ana Penido, Lúcia Murat, Maria Leticia, Raquel Gerber). Ya no son excepciones aisladas, sino una tendencia de proporciones nada desdeñable: 11% del conjunto de cineastas que accedieron al largometraje durante los años ochenta[11].

El último decenio del siglo empezó muy mal, con el desmantelamiento de Embrafilme y la producción reducida a cero. La reanudación, la *retomada* del cine brasileño ha sido estimulada por el éxito inesperado de la primera película de la actriz Carla Camurati (*Carlota Joaquina, princesa do Brazil*, 1994). Con ella, por lo menos doce debutantes estrenan su primer largometraje en los noventa, prueba fehaciente de que el impul-

10. Regina Glória Nunes Andrade, «Carla Civelli: A sombra de uma estrela, o imaginário feminino no cinema nacional», *Cinemais* n° 18, Río de Janeiro, julio-agosto de 1999, pp. 167-201.
11. Porcentaje calculado a partir de los datos de Jorge Edson Garcia, *op.cit.*

so anterior no se quebró (las otras son Monique Gardenberg, Suzana Moraes, Daniela Thomas, Sandra Werneck, Bia Lessa, Tata Amaral, Tânia Lamarca, Rosane Svartman, Eliane Caffé, Mirela Martinelli, Fabrizia Alves Pinto[12]).

Todavía es temprano para valorar en términos de carrera a las treinta y nueve brasileñas que filmaron al menos un largometraje en los últimos treinta años del siglo. Sin embargo, no resulta prematuro suponer desde ahora que esa incursión constituirá una experiencia única, en algunos casos repetida apenas una vez, para la mitad de ellas o incluso para la mayoría. La continuidad sigue siendo el supremo desafío. El éxito de *Gaijin, caminhos da liberdade* (1980) le brindó a Tizuka Yamasaki una carrera digna de ese nombre, en la pantalla grande (*Parahyba, mulher macho*, 1983; *Patriamada*, 1985; *Lua de cristal*, 1990; *Fica comigo*, 1996; *O noviço rebelde*, 1997; *Xuxa requebra*, 1999) y en la pantalla chica (*O pagador de promessas*, Globo, 1988; *Kananga do Japão*, Manchete, 1989; *Madona de Cedro*, Globo, 1994), aunque para ello tuviera que renunciar a proyectos más personales o sufrir las limitaciones expresivas de la televisión. Pero esa *success-story* es una excepción. *A hora da estrela* (1985) es tal vez el único filme rodado por una brasileña cuya repercusión internacional puede ser comparada a la de *Gaijin*: ello no obsta para que Suzana Amaral tuviera que buscar trabajo en Portugal, sin llegar a completar un segundo largometraje hasta el nuevo siglo (*Uma vida em segrêdo*, 2001). Habiendo empezado en Brasil, Helena Solberg ha conjurado en alguna medida la discontinuidad estableciéndose en Estados Unidos y tratando de tender un puente entre ambos países, como en la apasionante evocación de Carmen Miranda, *Bananas is my Business* (1994). Después de haber comenzado en el documental, Ana Carolina reveló en una trilogía de ficción una personalidad provocadora, con un humor devastador (*Mar de rosas*, 1977; *Das tripas coração*, 1982; *Sonho de Valsa*, 1987). Así y todo, tuvo que cargar durante más de diez años con el proyecto de *Amelia* (2000), hasta llevar a buen puerto ese encuentro de dos mundos, el cho-

---

12. Daniela Thomas, Bia Lessa, Mirela Martinelli y Fabrizia Alves Pinto en plan de codirectoras. Antes del final de la década, las diez primeras representaban el 20% de los estrenos de la *retomada* del cine brasileño, según un balance hecho por ocasión de la primera Muestra del cine latinoamericano dirigido por mujeres, en Brasilia, en abril de 1997 (Susana Schild, «Cinema feminino: Um gênero em transição?», *Cinemais* n° 9, Río de Janeiro, enero-febrero de 1998, pp. 123-128).

que cultural encarnado por Sarah Bernhardt y tres campesinas del interior de Minas Gerais. Por la virulencia de su debut, *Um céu de estrelas* (1997), puede mencionarse a Tata Amaral, oriunda de São Paulo como Ana Carolina, egresada de la ECA (Universidad de São Paulo) como su homónima Suzana Amaral.

Desde los años sesenta, aun hay un cierto número de actrices que han pasado detrás de la cámara (Vanja Orico, Maria do Rosário, Lady Francisco, Itala Nandi, Norma Bengell, Carla Camurati), pero esa trayectoria ha dejado de ser la regla y se ha vuelto una excepción. Las escuelas de cine (primero fuera del país y luego en Brasil), las carreras técnicas, en algunos casos la publicidad, el teatro o la televisión, facilitan la feminización de la profesión. Desde luego, el largometraje es un parámetro altamente simbólico por sus dificultades. Tomar en cuenta los cortos o mediometrajes daría una idea más precisa de la amplitud y el carácter masivo del fenómeno: en los años 1970-1988, se pueden contabilizar 438 títulos y 182 realizadoras (en lugar de 41 títulos –cortos y largometrajes sumados– y apenas 13 cineastas durante los setenta años anteriores)[13].

México conoce un auge comparable, aunque de menor envergadura, estrechamente vinculado a las sucesivas promociones de las escuelas de cine. Hasta 1991, el CUEC formó 54 mujeres, el CCC 17. Una investigación sobre los años 1980-1996, contabiliza 58 mexicanas que accedieron a la realización con un total de 183 filmes (28 largometrajes, 72 documentales y 83 cortometrajes)[14]. Al establecer la lista de aquellas que filmaron su primer largometraje por decenio (para facilitar la comparación), tendríamos una o dos en los treinta años del cine mudo (Mimí Derba y Cándida Beltrán Rendón) y una o dos durante la década de los treinta (Adela Sequeyro alias «Perlita» y Elena Sánchez Valenzuela), habiendo sido las cuatro actrices[15]. Luego, encontramos a dos directoras durante los

---

13. Cálculo basado en la filmografía establecida por Ana Rita Mendonça y Ana Pessoa, *Realizadoras de cinema no Brasil, 1930-1988*, Río de Janeiro, CIEC-UFRJ/MIS/FUNARJ, *Quase Catálogo 1*, 1989.

14. Patricia Torres San Martín, «La investigación sobre el cine de mujeres en México», *Horizontes del segundo siglo*, Guadalajara, Universidad de Guadalajara-Imcine, 1998, p. 40; ver también de la misma autora «Las mujeres del celuloide», *El Acordeón* n° 17, México, mayo-agosto de 1996, pp. 68-76.

15. La duda concierne la función de Mimí Derba en *La Tigresa* (1917) –que no llega a aclarar la acuciosa investigación de Ángel Miquel (*Mimí Derba*, México, Archivo Fíl-

años cuarenta (la guionista y productora Eva Limiñana, «Duquesa Olga», y Matilde Soto Landeta, con una formacion de *script-girl* y asistente de dirección), una en los cincuenta (Carmen Toscano), ninguna durante los sesenta a pesar de los intentos de renovación, dos en los años setenta (Marcela Fernández Violante y Nancy Cárdenas), seis en los ochenta (las actrices Isela Vega y María Elena Velasco, la *India María*, así como las egresadas de las escuelas de cine Dana Rotberg, Busi Cortés, María Novaro y Marisa Sistach), cinco en los noventa (Eva López Sánchez, Guita Schyfter, Sabina Berman, Isabelle Tardán, Leticia Venzor)[16].

Marcela Fernández Violante ha sido la primera mexicana con una carrera continua, en el doble plano de la realización y la pedagogia, gracias a la implicación de la UNAM en la producción y la enseñanza profesional. Por su papel en las instituciones universitarias o sindicales y sobre todo por sus seis largometrajes (de *De todos modos Juan te llamas*, 1974, a *Golpe de suerte*, 1991), Marcela Fernández representa la transición entre las pioneras y la nueva generación. En México, el conservadurismo o esclerosis de la industria han tronchado la carrera de las pioneras y provocado una curiosa superposición de fenómenos correspondientes a distintos períodos: la *sex symbol* Isela Vega y la estrella populista de Televisa, la *India María*, dirigen sus películas durante los mismos años ochenta en que debutan cuatro cineastas de la generación marcada por la efervescencia feminista. Busi Cortés reproduce en el CCC la trayectoria de Marcela Fernández Violante en el CUEC, de alumna a profesora y realizadora de producciones independientes (*El secreto de Romelia*, 1988; *Serpientes y escaleras*, 1991). Dana Rotberg empieza por un documental (*Elvira Luz Cruz: Pena máxima*, codirigido por la española Ana Díez, 1985), el tra-

mico Agrasánchez/Filmoteca de la UNAM, 2000, 160 pp., il.)– y el hecho de que el documental *Michoacán* (1936) no figure en los repertorios filmográficos mexicanos (Patricia Torres San Martín, «Elena Sánchez Valenzuela», *Dicine* n° 48, México, noviembre de 1992, pp. 14-16).

16. Los últimos años han sido fértiles también en el terreno académico: Patricia Torres San Martín y Eduardo de la Vega Alfaro, *Adela Sequeyro*, Guadalajara, Universidad de Guadalajara/Universidad Veracruzana, 1997, 152 pp., il.; Julia Tuñón, *Mujeres de luz y sombra en el cine mexicano*, México, El Colegio de México/Imcine, 1998, 316 pp., il.; Julia Tuñón, *Los rostros de un mito: Personajes femeninos en las películas de Emilio* Indio *Fernández*, México, Conaculta/Imcine, 2000, 240 pp., il.; Isabel Arredondo, *Palabra de Mujer: Historia oral de las directoras de cine mexicanas (1988-1994)*, Madrid-Francfurt-Aguascalientes, Iberoamericana/Vervuert/Universidad Autónoma de Aguascalientes, 2001, 224 pp., il.

bajo como asistente de dirección y una comedia de encargo (*Intimidad*, 1989), antes de filmar su proyecto personal *Ángel de fuego* (1992), absolutamente original. Con casi diez años de intervalo, Dana Rotberg lleva a la pantalla la *Otilia Rauda* de Sergio Galindo, por solicitud del veterano productor Alfredo Ripstein Jr. (2001). María Novaro trata de dominar progresivamente los recursos a su disposición, desde el intimismo de *Lola* (1989) hasta la ambiciosa coproducción canadiense *El jardín del Edén* (1994), pasando por *Danzón* (1990), su mayor acierto en todos los sentidos; *Sin dejar huella* (2000), una nueva coproducción con España, es un vistoso *road-movie*. Marisa Sistach también evoluciona desde el intimismo y los modestos recursos de *Los pasos de Ana* (1988) a la coproducción europea y la evocación historica de *El cometa* (1998), hasta lograr un punzante doble retrato de la adolescencia con *Perfume de violetas, Nadie te oye* (2001).

En Argentina, el Nuevo Cine de los sesenta coincide con el debut de una única directora de largometraje (Vlasta Lah), la primera desde el cine mudo. En la década de los setenta, tres mujeres dan el paso (María Herminia Avellaneda, Eva Landeck y Clara Zappettini). En los ochenta, serán seis (María Luisa Bemberg, Jeanine Meerapfel, Carmen Guarini, Mercedes Frutos, Narcisa Hirsch y María Victoria Menis). En los noventa, otras cuatro (Ana Poliak, Lita Stantic, Mercedes García Guevara, Albertina Carri). El nuevo siglo enseguida aporta una revelación: Lucrecia Martel (*La Ciénaga*, 2001). La vuelta a la democracia y el nombramiento de Manuel Antín a la cabeza del Instituto Nacional de Cinematografía (1983-1989) favorecen una renovación sin precedentes de los cuadros profesionales. A pesar de ello, estamos muy lejos de los 11% de mujeres que acceden al largometraje en Brasil, en la misma época[17]. La producción argentina de cortometraje no se compara ni a la brasileña ni a la mexicana y por lo tanto la feminización no tiene el mismo carácter masivo. No obstante, podemos hablar por primera vez de una verdadera carrera profesional para algunas de ellas, en lugar de la mera incursión excepcio-

---

17. Héctor Kohen y Gabriela Fabbro contabilizan 71 principiantes durante los años 1983-1993 y 63 operas primas: las únicas mujeres (Guarini y Menis) figuran en el cómputo como codirectoras (la recurrencia de direcciones compartidas explica la diferencia entre las dos cifras); los autores no mencionan a Mercedes Frutos ni a Narcisa Hirsch, porque sus películas permanecían inéditas («Opera prima», *Cine argentino en democracia*, Claudio España (comp.), Buenos Aires, Fondo Nacional de las Artes, 1994, pp. 243-255).

nal, característica de las pioneras. Aunque tales casos gozan de condiciones particulares que les permiten superar los obstáculos, sin estar al acance de todas. María Luisa Bemberg dispuso de los recursos para crear su propia productora, en asociación con Lita Stantic. Jeanine Meerapfel estudió en Alemania, empezó a trabajar en el país de sus antepasados y logró establecer coproducciones con su Argentina natal (*La amiga*, 1987; *Desembarcos*, 1989). Carmen Guarini trabaja en un género al margen de las estructuras tradicionales, el documental social, y también tendió sus puentes hacia Europa.

María Luisa Bemberg (1922-1995) empezó tarde, después de haber cumplido sus «obligaciones de familia», como la brasileña Suzana Amaral. Su autonomía profesional no fue puesta solamente al servicio de la carrera, como si la continuidad fuera una ambición suficiente. Por el contrario, parece haber querido enfrentar cada vez un desafío distinto en el plano expresivo, en lugar de recorrer tranquilamente un camino familiar. *Momentos* (1980) y *Señora de nadie* (1981) tienen vínculos con el intimismo psicológico de cierto cine porteño, sumado a un punto de vista femenino relativamente novedoso. El Nuevo Cine abordó esa problemática con David José Kohon (*Tres veces Ana*, 1961). Luego, Raúl de la Torre dirigió un primer argumento de María Luisa Bemberg (*Crónica de una señora*, 1971). La distancia es enorme respecto al romántico despliegue decimonónico de *Camila* (1983), auténtico taquillazo, donde el diálogo con el melodrama desemboca en una crítica a rajatabla de los poderes temporales y espirituales. En apariencia, *Miss Mary* (1986) enfoca a la familia. De hecho, evoca lo que podríamos llamar la «escena primitiva» del peronismo. Ambas películas rastrean así los orígenes del caudillismo y el populismo presentes durante décadas en la Argentina, con una meticulosa reconstrucción de época. En cambio, *Yo, la peor de todas* (1991) opta por una estilización que valora el conflicto de personalidades y ofrece una visión moderna de Sor Juana Inés de la Cruz, intelectual enfrentada a los poderes fácticos del Siglo de Oro. *De eso no se habla* (1993) reduce el artificio en provecho de una provincia idealizada y revela un rasgo hasta entonces inédito en la Bemberg, el humor. Si el italiano encarnado por Marcello Mastroianni, seductor y cantante de tangos, resulta pintoresco, la relación entre una madre sobreprotectora y su hija enana le confiere a la película una densidad entrañable. Esa serena defensa de la diferencia y la vida habrá sido el testamento de una notable cineasta, que merece sin duda los aplausos del público (que cosechó a menudo) y el aprecio de la crítica (que le fue concedido con parsimonia)[18].

Mayor sorpresa causa el retraso de la cuarta cinematografía latinoamericana, demasiado condicionada por sus lazos con el estado: en Cuba, el siglo termina con un solo largometraje de ficción dirigido por una mujer, *De cierta manera* de Sara Gómez (1974). En el país del «machismo-leninismo», la Federación de Mujeres Cubanas, encabezada por la inamovible Vilma Espín (compañera de armas y cuñada de Fidel Castro), consideró inoportunas las interrogaciones de Sarita Gómez sobre el feminismo: su documental *Mi aporte* (1969-1972), quedó «archivado» en sus latas cerca de veinte años[19]. En el ICAIC, las carreras profesionales terminaron burocratizadas, los cambios de formato o género suponían otras tantas promociones en el rígido escalafón. Las cubanas Marisol Trujillo, Rebeca Chávez, Mayra Vilasís, Miriam Talavera, quedaron confinadas al cortometraje y al documental. La crisis que submergió a la isla desde la implosión del campo socialista neutralizó la renovación esperada, a partir del llamado cine aficionado y de la escuela de San Antonio de los Baños.

Había cierta voluntad de romper la inercia e incluso los prejuicios o los tabúes en *Mujer transparente* (Cuba, 1990), película de episodios producida por el grupo de creación del ICAIC dirigido por Humberto Solás (autor de *Lucía* y otros retratos femeninos). Los cinco *sketchs* representaban un adelanto para sus realizadores, pues todos provenían del documental o de la ayudantía de dirección: *Adriana* está firmado por Mayra Segura; *Isabel* por un documentalista ya veterano, Héctor Veitía; *Julia* por Mayra Vilasís; *Zoé* por Mario Crespo; *Laura* –considerado en forma casi unánime como el mejor episodio– es obra de Ana Rodríguez. Puede apreciarse la sutil dosificación: tres de los cinco pequeños relatos fueron atribuidos a realizadoras. *Isabel* y *Julia* describen a mujeres de edad madura en plena crisis conyugal. *Zoé* opone un militante disciplinado y

---

18. John King, Sheila Whitaker y Rosa Bosch (eds.), *An Argentine Passion: María Luisa Bemberg and her films*, Londres, Verso, 2000, 242 pp., il.

19. Tomás Gutiérrez Alea nos señaló la existencia de películas inéditas de Sarita Gómez (*Guanabacoa: crónica de mi familia*, 1966; *Mi aporte*, 1969; *De bateyes*, 1971), borradas de las filmografías oficiales; gracias a «Titón» y a Julio García Espinosa (entonces presidente del ICAIC), pudimos presentar las dos primeras en la retrospectiva cubana del Centro Georges Pompidou y en el Festival de Filmes de Mujeres de Créteil (Francia, 1990).

una joven artista inconformista (los personajes no comparaban todavía el sabor de los helados de *Fresa y chocolate*). *Laura* propone la confrontación más desestabilizante, entre dos antiguas amigas, una exiliada, la otra viviendo en Cuba. Contrariamente al reencuentro familiar de *Lejanía* (Jesús Díaz, Cuba, 1985), aquí no había forma de atribuir el conflicto a las diferencias de generación y formación. La espera, el deambular y el monólogo interior de *Laura* revelan el desencanto respecto a las ilusiones líricas: Ana Rodríguez tenía dieciseis años en 1968, cuando el monólogo de *Memorias del subdesarrollo* todavía podía ser atribuido a las rémoras del pasado, para simplificar o exorcizar la reflexión.

Los países de América Latina desprovistos de tradición cinematográfica confirman la tendencia general. En Venezuela, Margot Benacerraf, autora del magnífico documental *Araya* (1959), estuvo aislada hasta los años setenta, cuando surgen María de Lourdes Carbonell y Solveig Hoogesteijn, seguidas luego por Dominique Cassuto, Marilda Vera, Fina Torres, Haydée Ascanio, Malena Roncayolo, Ana Cristina Henríquez, Betty Kaplan, Elia Schneider, Mariana Rondón y Diana Sánchez. Margot Benacerraf había buscado en Europa la formación que una industria inexistente no podía brindarle: asimismo, Carbonell estudió en Londres, Hoogesteijn en Munich, Vera y Torres en el IDHEC (como Margot), Kaplan en Los Angeles, Schneider en Nueva York, Rondón en San Antonio de los Baños. A pesar de haber obtenido la Cámara de Oro en el festival de Cannes con *Oriana* (1985), Fina Torres no ha logrado hacer carrera en Venezuela: obligada a renunciar a la dirección de una de las películas de la serie *Amores difíciles*, basada en relatos de Gabriel García Márquez (1988), rodó las comedias *Mecánicas celestes* en Europa (1994) y *Woman on Top* en Estados Unidos (1999). Después de hacer bastante televisión en Caracas, Betty Kaplan se planteó una carrera internacional desde el primer largo (*Of Love and Shadows/De amor y de sombras*, 1994, inspirada en la novela de Isabel Allende), sin renunciar a una temática latinoamericana (*Doña Bárbara*, 1998, basada en el clásico de Rómulo Gallegos). El impacto de *Macu, la mujer del policía* (1986) le ha dado mayor latitud a Solveig Hoogesteijn, que tampoco prescinde de coproducción europea.

En Colombia, Marta Rodríguez, pionera del documental comprometido y antropológico, empieza en los años sesenta, pero los primeros largometrajes aparecen más tarde: *Nuestra voz de tierra, memoria y futuro* (Marta Rodríguez y Jorge Silva, 1981), *Con su música a otra parte* (Camila

Loboguerrero, 1982). Las dos realizadoras estudiaron cine en París y no serán la última colombiana en hacerlo (la más activa es Catalina Villar). En el Perú, al debut de Nora de Izcue en el largometraje en 1983, pronto se le suman Marianne Eyde, Martha Luna, María Barea y Marité Ugaz (esta última correaliza con la venezolana Mariana Rondón *A la medianoche y media*, 1999, una película que refleja las combinaciones estimuladas por San Antonio de los Baños). En Martinica, *Rue Cases-Nègres* (1983) le abre a Euzhan Palcy las puertas de una carrera internacional. En Puerto Rico, Ivonne María Soto filma el largometraje *Reflejo de un deseo* (1986)[20].

El número de chilenas que se expresan con la cámara es sintomático a la vez de la tendencia continental y del impacto de las corrientes encontradas en exilio después del golpe militar de 1973: a las más conocidas Valeria Sarmiento, Angelina Vásquez, Marilú Mallet, pueden añadirse Tatiana Gaviola, Christine Lucas y Cecilia Barriga (en el largometraje), aparte de Beatriz González, Lucía Salinas, Patricia Mora, Emilia Anguita y Myriam Braniff. Residente en Francia, Valeria Sarmiento aborda distintos aspectos de la cultura popular latinoamericana: el machismo y la canción romántica en *El hombre cuando es hombre* (1982), la novela rosa de Corín Tellado en *Notre mariage* (1984), la educación sentimental a través del melodrama y el bolero en *Amelia Lopes O'Neill* (1991), los celos y la confesión femenina de Mercedes Pinto, autora del relato llevado a la pantalla por Buñuel (*Él*, México, 1953), replanteados en *Elle* (Valeria Sarmiento, Francia, 1995)[21].

En suma, dieciséis pioneras tuvieron sus carreras truncadas durante la larga travesía del desierto, mientras en los treinta últimos años del siglo por lo menos noventa y tres latinoamericanas han intentado conjurar los cien años de soledad, con mejor fortuna. Sería posible añadir nombres de Costa Rica, Haití, Ecuador, Nicaragua, Uruguay, Bolivia o Jamaica, pequeñas cinematografías prácticamente inexistentes, si hiciéramos abstracción del formato o el soporte (con la tecnología digital, la distinción entre película y video perderá buena parte de su pertinen-

20. Luis Trelles Plazaola, *Cine y mujer en América Latina: directoras de largometraje de ficción*, Universidad de Puerto Rico, 1991, p. 63.

21. Paulo Antonio Paranaguá, *Luis Buñuel: Él*, Barcelona, Paidós, 2000, 144 pp., il., compara ambas adaptaciones.

cia). Eso, sin olvidar a las latinas establecidas en Estados Unidos, un capítulo aparte.

El feminismo es materia de controversia para la mayoría de las cineastas mencionadas, que rechazan las etiquetas y los guetos. Tal distanciación es algo paradójica, puesto que la feminización de la profesión es a todas luces inseparable de la evolución general de la sociedad contemporánea. Cualquiera que sea el esfuerzo o el mérito de cada una, la apertura progresiva de los oficios del cine supera el estricto marco del medio profesional y está sintonizada con otras mutaciones. Basta considerar la cronología y la geografía de la feminización. Esta no se produce ni automática ni conjuntamente con la irrupción de los jóvenes representada por el *Cinema Novo* brasileño o el Nuevo Cine latinoamericano. Ocurre más tarde, después de la efervescencia internacional de 1968, cuando se amplía el debate de ideas alrededor de las autoras feministas norteamericanas y europeas. Con mayor o menor desfase, con intensidad variable, existe incluso un eco de los «grupos de mujeres» locales en la producción militante de algunos países.

México, el país donde alcanza mayor impacto el *Women's Lib* estadounidense, tiene la producción feminista más prolífica, con el colectivo Cine Mujer (1975-1987) y las películas de Rosa Marta Fernández, Beatriz Mira, Adriana Contreras, Lilian Liberman, María del Carmen de Lara, María Eugenia Tamés, así como Marisa Sistach (*Conozco a las tres*, 1983) y María Novaro (*Querida Carmen*, 1983). En Colombia, filma en la misma época el grupo Cine Mujer (Sara Bright, Eulalia Carrizosa, Patricia Restrepo, Clara Riascos). En Venezuela, el Grupo Feminista Miércoles (Josefina Acevedo, Carmen Cisneros, Ambretta Marrosu, Franca Donda), más efímero, rueda *Yo, tú, Ismaelina* (1981). En la Argentina, el grupo Testimonio Mujer (Laura Búa, Silvia Chanvillard) es más tardío (*Solas o mal acompañadas*, 1989), debido al eclipse de las libertades públicas, si bien María Luisa Bemberg había filmado mucho antes el cortometraje *El mundo de la mujer* (1972).

Aunque la situación de Brasil parezca algo difusa, es posible detectar resonancias de los debates pos-68 en algunos cortos de Helena Solberg, Liège Monteiro, Eliane Bandeira, Olga Futemma, Regina Machado, Eunice Gutman, Marlene França e Inês Castillo (cuyo *Hysterias* [1983] sirve de transición con el «Nucleo de Psicoanálisis, Cinema e Video» integrado por Cida Kfouri Aidar, entre otras). Un Colectivo de Mujeres de

Cine y Video reune unas sesenta afiliadas en Río de Janeiro (1985)[22]. Un título emblemático es *Feminino Plural*, largometraje de ficción de Vera de Figueiredo (1976). Por el contrario, donde la Federación de Mujeres Cubanas representa un factor de sometimiento en lugar de autonomía, la feminización de los cuadros del cine no ha progresado mucho. Por su carácter masivo y sus afinidades con la efervescencia contemporánea, el surgimiento de las cineastas latinoamericanas es indudablemente un fenómeno posfeminista. Unas y otras pueden pretender situar su obra más allá o sobre un terreno distinto: no por ello pueden negar sus vínculos con los avances de las mujeres en la sociedad.

Más azaroso es intentar desprender las características temáticas o estéticas inducidas por la feminización de la producción latinoamericana. Hay considerables diferencias de personalidad, situación y opciones. No basta respirar el aire de la época en un universo cada vez más globalizado para estar fundidas en el mismo molde (por suerte...). Entre la veta experimental de la brasileña Sandra Kogut (*Parabolic People*, 1991; *Lá e cá*, 1995) y las ambiciones puramente comerciales de tal mexicana, el espectro resulta amplio. El cine sigue siendo una industria de prototipos en los centros hegemónicos, a pesar de la producción en serie: con mayor razón en las cinematografías dependientes, periféricas y precarias, cíclicamente amenazadas por la discontinuidad. Desde luego, en América Latina como en otras partes, los personajes femeninos adquieren mayor densidad. Una devoción demasiado estrecha a la «política de los autores» nos lleva a considerar a las directoras como parámetro de la evolución. ¿Por qué motivo concederle menos importancia a una guionista o a una productora? Hace algún tiempo, estas eran tan escasas como las realizadoras. La argentina Lita Stantic empezó dirigiendo cortometrajes, luego se asoció a María Luisa Bemberg y finalmente hizo su propio largometraje, *Un muro de silencio* (1993). Como productora, desde *La isla* (dirección de Alejandro Doria, guión de Aída Bortnik, 1979) hasta *Mundo grúa* (Pablo Trapero, 1999), Lita Stantic tiene en su haber no uno sino una veintena de títulos, que la convierten en personalidad clave del cine porteño. La brasileña Mariza Leão también filmó cortometrajes, antes de dedicarse a la producción, hace veinte años. La guionista Aída Bortnik ha

---

22. Comunicación de Edyala Iglesias a un seminario del festival de La Habana, *La mujer en los medios audiovisuales*, México, UNAM, 1987, pp. 37-41.

engendrado varios éxitos argentinos, desde *La tregua* (Sergio Renán, 1974) hasta *Caballos salvajes* (Marcelo Piñeyro, 1995), pasando por *La historia oficial* (Luis Puenzo, Oscar 1986). La mexicana Paz Alicia Garcíadiego escribió los guiones de los once largometrajes dirigidos por Arturo Ripstein, desde *El imperio de la fortuna* (1985) hasta *La Virgen de la lujuria* (2002): su contribución es incuestionable, sobre todo en el nuevo tratamiento de la maternidad y la pareja[23]. La intensidad del dúo Garcíadiego-Ripstein recuerda el memorable antecedente formado por la novelista Beatriz Guido y el cineasta Leopoldo Torre Nilsson, coautores del «primer cine feminista argentino»[24].

No obstante, el diálogo con la tradición —en lugar de la ruptura— tal vez sea la señal de identidad de las generaciones femeninas, en relación a los nuevos cines de los años sesenta, casi enteramente masculinos. Un estudio sobre algunos filmes argentinos está organizado alrededor de la figura del viaje, en el doble sentido de desplazamiento físico y recorrido espiritual, de experiencia y conocimiento[25]. El diálogo representa justamente una especie de viaje intertextual: dialogar con la tradición es una manera de viajar en el tiempo, de reanudar los hilos del pasado en vez de pretender reducirlo a la tabula rasa, de reflexionar e hincar el pie en una continuidad histórica, de conquistar ahí un lugar perdurable. Sin embargo, el diálogo no implica una menor radicalidad: basta como prueba el virulento cuestionamiento de la religión en películas de Ana Carolina o María Luisa Bemberg, *El secreto de Romelia*, *La historia oficial* o en la obra de Ripstein y Garcíadiego. Hay un cambio radical respecto a la beatería de *O ébrio*, el melodrama misógino de Gilda de Abreu (Brasil, 1946), así como una actitud menos ambivalente que la de Glauber Rocha al criticar diversos cultos, sin dejar de adoptar el mesianismo e incluso cierto misticismo en su propia dramaturgia, de *Barravento* (1961) a *A idade da*

---

23. *Cf.* Paulo Antonio Paranaguá, *Arturo Ripstein, la espiral de la identidad*, Madrid, Cátedra/Filmoteca Española, 1997, pp. 179-289.

24. «De esta alianza productiva surgieron las primeras expresiones feministas en el cine argentino, trabajadas a partir de una factura cinematográfica de corte expresionista, cuyos dispositivos formales (voz en *over* femenina, detenimiento en los objetos, dodecafonismo, etc.) harían ingresar al cine nacional en una etapa, si bien breve, de franca renovación temática y estética» (Laura M. Martins, *op.cit.*, pp. 13 y 150).

25. Elena Goity, «Las realizadoras del período», *Cine argentino en democracia, op. cit.*, pp. 273-283.

terra (1980), sin olvidar las alternativas de *Deus e o diabo na terra do sol* (1963) y *O Dragão da Maldade contra o Santo Guerreiro* (Antonio das Mortes, 1969). Glauber Rocha encarna perfectamente el rechazo al pasado, condenado al olvido, y la construcción de una tradición imaginaria, a su medida, que no admite los géneros populares como el melodrama. En cambio, las realizadoras y las guionistas mencionadas muestran un deseo de reanudar con las distintas formas de cultura popular, confiriéndoles otros valores o subvirtiendo sus convenciones morales.

Donde el cambio radical de mentalidades resulta más perceptible es seguramente en la representación de la maternidad, considerada hasta entonces la quitaesencia de la feminidad, tanto en la pantalla como fuera de ella. Son muy diferentes los retratos sin complacencia propuestos por Ana Carolina (el duo madre e hija de *Mar de rosas*) y Bemberg (*De eso no se habla*, así como la institutriz de *Miss Mary*), la madre de un desaparecido en *La amiga* o la madre adoptiva de *La historia oficial*, las madres sumergidas por su prole de *Lola* o *Los pasos de Ana*, la madre castradora de *Nocturno amor que te vas* (Marcela Fernández Violante, 1987), el trío de *Ángel de fuego* (la incestuosa, la claudicante y la mística), la joven huidiza y tramposa de *Sin dejar huella*, la madre alcoholizada de *La Ciénaga* y su prima trágicamente distraída, las dos madres ineptas frente a las adolescentes de *Perfume de violetas* o las despiadadas variaciones sobre la maternidad escritas por Paz Alicia Garcíadiego. Quizás sea ahí, y no tanto en un nuevo equilibrio o redefinición de los roles de género, donde podamos detectar la aportación de las cineastas latinoamericanas a la reflexión contemporánea sobre la identidad femenina. «Mamá yo quiero saber…»

15. Desafíos

«El mundo cambió, la mirada no», dice el realizador Murilo Salles[1] al explicar el origen de *Como nascem os anjos* (Brasil, 1996), a primera vista un *thriller* sobre la violencia urbana y la desigualdad social. En la película, algunas simetrías refuerzan la sensación de reverberación y reflexividad. En la primera escena, en el *morro* (cerro) Santa Marta, un equipo de la televisión alemana negocia una entrevista con Branquinha, una preadolescente de aspecto andrógino. El final ocurre frente a las cámaras de la televisión brasileña. La segunda escena, intercalada en la secuencia inicial, es una explosión de violencia casi involuntaria, provocada por la rivalidad y el desafío entre dos adultos. El desenlace es la matanza mutua de los dos protagonistas infantiles, provocada también por un acceso de rivalidad descontrolada. A pesar de empezar en la *favela* Santa Marta y seguir en una lujosa mansión de São Conrado (barrio residencial de Río de Janeiro), existen incluso semejanzas espaciales. Los interiores donde aparecen las madres de los personajes denominados Maguila y Japa, ambos *favelados*, comparten la limpieza y el orden, mientras la mencionada casa de un ejecutivo norteamericano está desarreglada, en vistas a una próxima mudanza (al punto de sugerir una inversión de sospechas: Branquinha se pregunta si el Gringo no será ladrón).

La escena de apertura presenta un primer plano de Branquinha, con la *favela* como telón de fondo. Lo que está en foco no es la miseria, sino el personaje. La dimensión sociológica no desaparece, está implícita, pero fuera de campo. Hay una diferencia de enfoque entre la película y el equipo de la televisión alemana, que enseguida llama la atención hacia la cuestión de la mirada. Al grabar la entrevista, Branquinha aparece con otro telón de fondo, el paisaje típicamente carioca de los *morros* con vegetación exuberante y el Pan de Azúcar en el horizonte. Mientras la fil-

1. José Carlos Avellar, Ivana Bentes, Carlos Alberto de Mattos y Geraldo Sarno, «Conversa com Murilo Salles: O chute na câmera na hora do pênalti», *Cinemais* n° 2, Campos dos Goytacazes (Río de Janeiro), noviembre-diciembre de 1996, p. 20.

mación diegética embellece el cuadro, el mismo filme se acerca al personaje y dispensa el inútil paisaje.

Simetrías y disimetrías complican el dispositivo, multiplican las tensiones y conflictos como si hubiera una sucesión de espejos, ampliando el espacio dramático y confiriendo fluidez a las figuras humanas, a pesar del rápido confinamiento en un solo escenario. Las polarizaciones y conflictos binarios se desdoblan y ganan una creciente complejidad por la superposición y la interpenetración de diferentes dinámicas. El dúo Branquinha y Japa encarna la dualidad sexual y racial de manera latente, en parte porque son niños. Sus personalidades tienen caracteres opuestos y un aspecto común, la precocidad. Branquinha exhibe el anillo para comprobar que está «casada» con Maguila: su orgullo, su identidad, está basada en la relación afectiva, en la identificación con la delincuencia del *morro*; ella quiere ser la *fodona* (jodona) de Santa Marta, respetada por la *galera* (muchachada), no quiere saber de empleo («¿¡cajera de supermercado?! ¿¡doméstica?!»). Japa, presentado por su amiga como un soñador, es en realidad el más racional y formal del dúo: oscila entre la autoridad de la madre y el padre ausente, pero está siempre con la mochila al hombro, hace sus deberes, lee, insiste en ir a la escuela, hace lo que puede para evitar la confusión y buscar salidas para el enredo.

Al principio, los niños huyen de los bandidos; al final, procuran escapar de los policías, que entran a la mansión enmascarados (como si fueran maleantes). Dentro de la casa, los dos norteamericanos se distinguen de los brasileños, así como la película transcurre entre las lentes de la televisión alemana y las de la televisión local. No obstante, por más que los personajes extranjeros subrayen el contraste de mentalidades respecto a los nacionales, el dúo estadounidense está dividido por el incesante conflicto entre Padre e Hija, así como los de la mansión están separados por las diferencias entre patrones (William y su hija Julie) y empleados (el Chofer y la Doméstica). Cada dueto reproduce una dualidad de contrarios, excluyendo así una encarnación unívoca, la reducción a una categoría. En el caso de la televisión, la mirada desde afuera no se diferencia mucho de la mirada de adentro, la extranjera de la nacional, la alemana de la brasileña, ni la europea de la norteamericana: todas son enfoques igualmente exteriores, a pesar de la diferencia entre un reportaje de cuño social y un noticiero sensacionalista. En definitiva, lo que está en cuestión es la misma mirada dominante: como dice Japa, «Pô, cara, tu não ve televisão não?» (¿Porra, tío, acaso no ves televisión?).

El enfrentamiento entre el atontado Maguila y el criminal Camarão muestra la fluidez entre ambos. El bandido domina la pandilla a todos los niveles: conocimiento y comportamiento, razonamiento y sentimiento (simbolizados por la muletilla «teóricamente» y la risotada). Esa masculinidad prepotente, estereotipada, no admite ninguna rivalidad, desemboca en la subestimación del retardado, en el desafío suicida y en un canje de personalidades: el mandamás del *morro* resulta víctima de una rivalidad infantil, mientras Maguila pretende adoptar la actitud del delincuente adulto al quedarse con su arma. Sin embargo, en el escondrijo, este habla solo y se inventa compañías imaginarias como suelen hacer los niños. Frente a la madre también parece volver a la infancia y se achica, aunque el encuadre muestre a una mujer pequeña y a un Maguila corpulento. La madre de Japa es otra figura femenina fuerte, capaz de enfrentar a los delincuentes en la puerta de su casa. A renglón seguido, los niños reunidos alrededor de Branquinha juegan como adultos, mientras ella habla en ir tras el «marido» (Maguila). Branquinha, cuya femineidad está encubierta por la actitud de malandrina, siente una identificación inmediata hacia la joven estadounidense rubia, que reproduce el estereotipo de belleza de una Barbie. Japa, el negrito, encuentra otro terreno de identificación con el Gringo (el baloncesto), gracias a su fascinación por Estados Unidos. A partir del momento en que Maguila desvanece, los niños dominan y los adultos sufren un proceso de infantilización, bajo la amenaza de las armas. Al ocupar toda la altura del cuadro, los menores crecen en la pantalla, al paso que los mayores sentados y atados o acostados parecen encoger.

Cada personaje tiene su propia lógica y razonamiento, pero la incomprensión de los demás provoca una dinámica incontrolable e imprevisible. Para muestra, basta un botón: la persecución y carrera al salir del *morro*. En lugar de la dinámica linear de ese tipo de acción, asistimos a la superposición y entrelazamiento de por lo menos tres conflictos: el enfrentamiento entre Maguila y los bandidos, el asalto de Maguila al coche con la familia de clase media, la discusión entre Branquinha dispuesta a seguir a Maguila y Japa que intenta disuadirla, sin olvidar las diferencias de reacción de la madre al volante y de sus hijos. La dinámica centrífuga prosigue dentro del automóvil, donde Japa y Maguila discuten con interferencias de Branquinha, la madre y los niños. La discusión sobre el mejor destino puede parecer racional, pero dura poco. Japa dice que no es delincuente y procura salir de la jugada, mientras Maguila se siente perturbado por el ruido del arma de juguete del niño.

El personaje del retardado adquiere nuevamente un comportamiento instintivo, puro reflejo, en el que orinar pasa a importar más que cualquier otra cosa. Abandonados por el coche, Maguila, Branquinha y Japa abordan de manera distinta la puerta del garaje que se abre delante de ellos. En ese momento, el trío está situado del mismo lado, soleado y afuera, contrapuesto a la sombra del interior del garaje. Pero cada uno de los tres desarrolla su propia lógica, sin que ningún otro personaje acompañe el razonamiento de los demás. Maguila pide permiso para usar el excusado. Japa es el primero en sugerirle que haga sus necesidades en cualquier lugar de la calle, provocando la respuesta «tu é mesmo do morro» (ya se ve que vienes del *morro*). La réplica explicita dos tensiones implícitas: la diferencia adulto/menor y la diferencia blanco/negro, asociado a la *favela*. Cuando el Gringo retoma la idea, Maguila dice que no es un perro para mear contra un árbol: frente a otro adulto, Maguila rechaza la identificación con los animales, explicitada en el regaño de su madre («sudando como un cerdo»; «burro»; «todos bichos»). El conflicto de identidades es precipitado por el norteamericano al ofrecerles las bicicletas y dinero: una vez más la declaración «nosotros no somos bandidos» procura evitar el malentendido. Japa insiste en irse, al paso que Branquinha presenta a los miembros del grupo, como si el diálogo fuera posible. La irrupción del Chofer es una ofensa para Maguila («¡deja a mi mujer!»), un choque de personalidades, que causa la herida del segundo y la muerte del primero. Japa evita que Maguila descargue su rabia sobre el Gringo: matarlo sería fatal, advierte el muchacho, como si no hubiera ya un muerto de por medio. Japa admite así implícitamente que ciertas vidas valen más que otras (la televisión también: al anunciar el «secuestro», sólo habla del estadounidense y la Hija, olvidando a la Doméstica, aparte del Chofer).

Japa se mantiene fiel a su propia lógica, la de la inocencia absoluta, al abordar a la Doméstica en la forma más educada posible, en el momento en que ella intenta avisar a la policía por teléfono. «Nosotros no somos ladrones», dice el niño, que trata a Doña Conceição (nombre de la empleada de la casa) de Tía (tratamiento respetuoso y familiar a la vez).

Entonces, ¿qué está haciendo con un arma? «Boa pergunta, taí» (buena pregunta, cierto), accede el chico, que empieza a contar la historia desde el principio, como si bastara hablar para que la gente se entendiera. En cambio, la pregunta convencional sobre su edad suscita inmediato rechazo, porque Japa ve en la criada una figura parecida a su madre. La identificación social y racial no implica la aceptación de la identidad de la familia. Luego, después de haber dicho que su madre lo mata cuando se entere del lío en que se metió, Japa termina matando a la «Tía», aun sin querer.

Dentro de la mansión, los personajes –Maguila, el Gringo, la Doméstica, Japa y Branquinha– están en la situación en que unos discuten con los otros, sin que diálogo alguno prevalezca y sin que la lógica del otro sea siquiera captada. La presencia de la Hija, Julie, es detectada (como la de Doña Conceição) por el timbre del teléfono, un instrumento omnipresente que no facilita ninguna comunicación. El dueño de casa admite que no entiende lo que ellos quieren, pero la Hija comprende menos aun la lógica del Padre: no quiere darle el arete a Branquinha por ser un «recuerdo de Peter», como si eso tuviera la menor importancia frente a la situación; tampoco entiende que el Padre pueda desear la retirada de la policía. En el fondo, Maguila no quiere parecer un tonto, Japa no quiere parecer «maricón» o «flojo»: hay una obsesión con la mirada ajena, la apariencia y la imagen. Branquinha queda deslumbrada con Julie, a quien llama «Lindona», mientras Maguila se exalta y exige que los dos estadounidenses hablen «nuestra lengua». Los diálogos en inglés, correctamente subtitulados para el espectador, nunca son bien traducidos para los demás personajes, multiplicando así la incomunicación a través de la manipulación. Cada personaje tiene aisladamente su lógica y coherencia interna, impermeable e imperceptible a los demás. Cuando un tercero interfiere en un diálogo, generalmente diverge de los dos primeros y descarta cualquier posibilidad de acuerdo o entendimiento. Ciertas réplicas llaman la atención hacia el razonamiento implícito: «¿Un lugar para esconderse no es un escondrijo?», explica Branquinha a Maguila; «Uno no mea en la calle, el otro anda con pistola de clavos, ¿cómo puede ser?», piensa Japa en voz alta, refiriéndose a Maguila y al Gringo. El más encerrado en si mismo es Maguila, que bordea la oligofrenia: motor inicial de la acción, enseguida «desconecta», desmaya de una vez, pesando apenas por inercia y reaccionando a las necesidades físicas (la orina, el dolor, el sueño, el hambre), sin oir las recriminaciones finales de los dos niños.

En la cocina, Japa consigue establecer una conversación con Doña Conceição y cuenta la separación de sus padres, debido a una licuadora. Luego, en el salón, Branquinha intenta entablar una charla parecida con el Gringo y la Hija, pero la norteamericana no quiere explicar la separación de sus progenitores. La disimetría no obsta para que Branquinha prosiga su proceso de identificación («nosotros somos igualitas, tu padre te abandonó y el mío también; capto tu problema»). Japa descubre la música y los tenis, al mismo tiempo que la *favela* Rocinha por la ventana. El chico considera al Gringo un tonto porque cambió una mujer estadounidense por una brasileña. La fascinación de Japa por Estados Unidos, vehiculada por la televisión, resulta más sutil y ambivalente de lo que pareciera a primera vista. Su exhibición de danza funk es una revelación de autenticidad y uno de los raros momentos en que la edad no parece determinante. La tele le sirvió también de escuela para evitar ciertas trampas, como el arma escondida en el cofre o la oferta de «autoestop» y garantías de la Policía Federal.

Todas las polarizaciones son fluidas y se transforman. Ni los de la casa ni los ocupantes forman bloques homogéneos o solidarios. En el primer caso, aparte de la división social entre patrones y criados, está el desentendimiento constante entre Padre e Hija. La Doméstica tiene una actitud miedosa, opuesta al Chofer temerario. Así y todo, los dos empleados, más cercanos de los visitantes por sus orígenes, terminan compartiendo el destino fatal de los dos niños. En el momento del asedio, la presentación de la policía y el equipo de televisión tiene evidentes analogías. Además de usar las mismas frecuencias, telescopio, sofisticados aparatos de escucha y grabadora Nagra forman parte del arsenal represivo, sin que los unos y los otros, policías y periodistas, entiendan lo que está pasando. Las identidades postizas de los representantes de la embajada y una ONG aumentan la confusión de personalidades. Sin embargo, las identidades, comportamientos y lógicas están completamente perturbadas, incluso sobredeterminadas, por la carga de narcisismo inducida por la televisión, omnipresente del principio al final de la película. Cámaras, teléfonos, interfonos y otros chiches de la comunicación contemporánea aparecen vuelta y media en el cuadro. La periodista es a la vez un agente y un producto del sistema, que coloca la fascinación especu-

lar por encima de cualquier consideración. Ella queda deslumbrada por
la danza de Japa, pierde la disputa con la «Novela de las Siete» por un espacio en vivo y en directo, termina frustrada sin obtener la explicación
esperada después de la liberación de los norteamericanos. De la perplejidad fuera de campo de los alemanes al principio de la película, llega-
mos a la perplejidad en primer plano de la misma televisión nacional,
mediación ineludible entre los brasileños y la realidad.

La rivalidad latente entre Branquinha y Japa estalla justamente después que el noticiero de la televisión omitió la explicación de la primera
y destacó el show del segundo (invirtiendo la tendencia hasta entonces
prevaleciente, en que Japa busca salidas racionales y Branquinha cede a
impulsos instintivos). El artificio de la identificación se evidencia cuando
Branquinha pide a Julie que se quite la ropa y promete no hacer nada,
sólo «mirar». Enseguida llama a Japa para que vea: ambos amigos pretenden estar delante de un televisor y se sientan. El círculo del simulacro se
cierra sobre si mismo. La norteamericana no entiende la afectividad de
Branquinha y le escupe en la cara, provocando un deslocamiento y un
primer choque entre los dos chicos, con una bala perdida como saldo.
Después del susto, Japa sigue siendo el polo razonable del dúo: él arma
un plan de fuga en dirección a la Rocinha, mientras el coche distrae
la atención de la policía. En cambio Branquinha se pierde en consideraciones sentimentales sobre la Rocinha y se niega a abandonar a Maguila, herido y nuevamente desmayado. La presentación para la televisión
cumple su función dentro de la estratagema.

Después de elegir el vestido que mejor conviene a Julie, Branquinha
asiste a su maquillaje. Recostada en el espejo del cuarto de baño, la du-
plicación, el desdoblamiento de su imagen en la pantalla adquiere la si-
metría de hermanas gemelas siamesas, extasiadas frente a su modelo de
belleza. La contemplación entorpece sus reflejos. Al sacarse la camiseta
delante de Julie, le toca a Branquinha turbarse. No obstante, la norteamericana que temía una agresión sexual es quien aprovecha la distracción para atacar a la muchacha e intentar arrebatarle el arma. La lucha
provoca una inversión de papeles entre Julie y el Padre, que por primera
vez maldice a los chicos, como solía hacer la Hija. En una segunda evolución, la Doméstica deja su pasividad, alentada por el patrón. En la
confrontación con Japa, el Gringo apuesta a la personalidad conciliadora
del niño y cree que sea incapaz de matar. Pero Japa pierde justamente la

calma cuando tiene la sensación de que todo el mundo quiere «ayudar»: «parece mi madre», dice el chico, expresando la tensión familiar encubierta por su buen comportamiento. El desenlace implica un nuevo desdoblamiento, después de la muerte de la «Tía». La interferencia exterior es casi simultánea (policía y televisión), pero el drama resulta provocado por la exteriorización de conflictos íntimos: el noticiero despierta la rivalidad entre Branquinha y Japa, la valiente y el listo, la malandrina y el formal, que se tratan de «flojo» y «burro» y se matan con fuego cruzado.

Los créditos iniciales contienen apenas los nombres de los principales intérpretes, en una sucesión de cartones de distinto cromatismo. Los colores no se mezclan: intercalados de negro, desaparecen. Solamente al final aparece el título de la película, *Como nacen los ángeles*, que va desapareciendo de atrás hacia adelante, hasta dejar apenas la palabra *Como*. «Boa pergunta, taí», diría Japa. Pregunta lógica, que no tiene respuesta unívoca, de causa a efecto, como no sean las filigranas de la complejidad dramatúrgica. Si el mundo cambió, la mirada a veces también.

La periodista de *Como nascem os anjos* no llega a representar un personaje, sin por ello tener un papel secundario: ella encarna justamente la otra mirada, la otra cámara, la que no logra captar lo que está ocurriendo. La misma información televisiva está contaminada por la ficción seriada, el género predominante de la pantalla chica. Su inserción en el cuadro explicita la nueva dramaturgia dominante, tan incorporada, latente, en la visión del espectador. Treinta años antes, cuando el mundo parecía cambiar, figuras emblemáticas como Marcelo en *O desafio* (Paulo César Saraceni, Brasil, 1965) o Paulo Martins en *Terra em transe* (Glauber Rocha, Brasil, 1967) poseían el periodismo como profesión, pero hubieran podido ser arquitectos o abogados. Esos personajes eran intelectuales arquetípicos, sin que su condición de hombres de prensa tuviera como consecuencia cualquier discusión sobre los medios. Entonces, la estética hegemónica aun era Hollywood, la preocupación del *Cinema Novo* con el lenguaje era distinta. La diferencia resulta obvia entre esos títulos y *Doces poderes* (Lúcia Murat, Brasil, 1996), que debate efectivamente los dilemas profesionales y los mecanismos de comunicación en Brasil. Probablemente aun más significativo sea el papel desempeñado por la pantalla chica en películas brasileñas como *Terra estrangeira* (Walter Salles y Daniela Thomas, 1996) y sobre todo *Um céu de estrelas*

(Tata Amaral, 1997). Aparte de la interferencia insidiosa en la vida de los personajes, esa presencia exterioriza el conflicto de miradas y dramaturgias en juego en el cine contemporáneo, enfrentado al desafío de la complejidad. La irreverente *Cronicamente inviável* (Sérgio Bianchi, Brasil, 1999), sin duda la más contundente embestida contra la buena conciencia de la clase media, no olvida ni perdona siquiera los programas de debate de los canales estatales, un oasis de intercambio contradictorio en el universo codificado de la televisión comercial...

Durante el último cuarto del siglo XX, asistimos en América Latina a un cambio de hegemonía en el campo de la imagen y la narración. La posición antes ocupada por Hollywood ha sido progresivamente reemplazada por la ficción televisiva, las novelas producidas en Brasil y en México, así como en Colombia, Venezuela, Perú, Argentina y otros países latinoamericanos. Para captar el dominio ejercido por la nueva dramaturgia hegemónica, tal vez sea suficiente reflexionar sobre un dato: durante el apogeo hollywoodiense, los espectadores veían en promedio un programa doble por semana, o sea, una sesión que comprendía un largometraje y un mediometraje o dos largometrajes, así como noticiero y complementos, totalizando unas *cuatro horas de proyección semanal*. Con la salvedad de que tal costumbre estaba reservada exclusivamente a los consumidores urbanos, que disponían de salas en las cercanías (las zonas rurales no podían ver cine con tanta regularidad). En cambio, los latinoamericanos ven desde hace rato un promedio de *cuatro horas de televisión por día*, con la enorme diferencia de estar en casa y prácticamente todos, urbanos o rurales, al alcance de los canales abiertos, hertzianos. El consumo de todas las clases populares, de las modestas a las capas medias, privilegia en la programación la ficción seriada, donde la producción nacional o latinoamericana se impone netamente por encima de la importada de otras regiones. En ese sentido, la interiorización de la dramaturgia de la telenovela resulta una observación muchísimo más pertinente que hablar en iguales términos respecto al anterior modelo hollywoodiense, como se hizo en un pasado no tan remoto.

El desplazamiento del epicentro metropolitano, perceptible en los modelos de utopías urbanas representados sucesivamente por la Cinelandia y Brasilia, desemboca ahora en Miami. Con la Florida, el nuevo paradigma ya no es la fascinación de la industria del cine (Hollywood), ni siquiera la pujanza de la bolsa (Wall Street), sino la globalización de la economía y la tendencia a la formación de bloques regionales: Miami no aparece como una metrópoli extranjera, sino que pretende ser la capital de las Américas. La televisión y las nuevas tecnologías de la comunicación son uno de los principales motores y vectores de esa redoblada transnacionalización. En América Latina, grupos poderosos como Globo (Brasil) y Televisa (México), Cisneros (Venezuela) y Clarín (Argentina), sintonizados con la nueva coyuntura, han favorecido una inédita circulación regional de la producción audiovisual latinoamericana.

La mayor o menor autonomía en relación a las normas dominantes no debe seguir midiéndose entonces en comparación con el *mainstream* del cine norteamericano contemporáneo, sino con la ficción realmente existente en las mentes del público de hoy. La tensión entre la telenovela y el cine es incluso de una fuerza superior, porque el abanico de posibilidades –desde el mimetismo hasta las opciones de ruptura, pasando por el diálogo conflictivo o la parodia– ni se expresan en las mismas pantallas, ni representan invariablemente una alternativa nacional frente a un espectáculo foráneo. Al caracterizar el proceso colonial en Brasil, Paulo Emilio Salles Gomes había establecido una distinción dialéctica entre «el ocupado y el ocupante»:

> Nunca fuimos ocupados, en el sentido riguroso de la palabra. Cuando el ocupante llegó, el ocupado existente no le pareció adecuado y fue necesario crear otro. La importación masiva de reproductores, seguida de cruces variados, aseguró el éxito en la creación del ocupado, aunque la incompetencia del ocupante agravara las adversidades naturales. La peculiaridad del proceso, el hecho de que el ocupante haya creado al ocupado más o menos a su imagen y semejanza, hizo de este último, hasta cierto punto, su semejante. Psicológicamente, el ocupado y el ocupante no se sienten como tales: de hecho, el segundo también es nuestro y sería sociológicamente absurdo imaginar su expulsión así como los franceses fueron expulsados de Argelia.[2]

Al analizar a renglón seguido como «los norteamericanos barrieron a los competidores europeos y ocuparon el terreno de forma prácticamente exclusiva», Salles Gomes podía hablar efectivamente de la ocupación del mercado cinematográfico por el producto importado. La disputa de

---

2. Paulo Emilio Salles Gomes, *art. cit.*, pp. 23-24.

los productores brasileños por conquistar un espacio junto a su propio público ocurría en las mismas pantallas, las salas de cine. En cambio, en el caso de la telenovela, los cineastas enfrentan una competencia de idéntico origen o proveniente de una cultura vecina, que dispone de sus propias pantallas a domicilio. La televisión ha dado un nuevo sentido, casi profético, a las palabras de Salles Gomes: «La maraña social brasileña no esconde la presencia del ocupado y el ocupante en sus puestos respectivos, para quien se disponga a abrir los ojos». No obstante, advierte, el ocupante «también es nuestro».

Al deslizamiento en la naturaleza de la imagen hegemónica corresponde por lo tanto otro desplazamiento fundamental, el del orígen de las narraciones: las telenovelas no provienen de centros productores claramente identificados como exteriores, extranjeros, correspondientes a una sociedad desarrollada (Estados Unidos y Europa). La ficción dominante está ineludiblemente identificada con el universo cultural de los telespectadores, producida en el mismo país o en un país vecino. A lo largo del siglo XX, la cinematografía de algunos países (México y Argentina en la etapa industrial, Brasil y Cuba después de los sesenta), participó de las «narraciones fundacionales» de la nación, durante dos o tres décadas a lo sumo. Las narrativas que cumplían tales funciones en forma permanente, en el siglo XX como en el XIX, seguían siendo básicamente las literarias, limitadas por lo tanto a una elite ilustrada. Desde el último cuarto de siglo, la literatura ha sido superada en ese sentido por la ficción televisiva, con su altísima cuota de masificación. La circulación de telenovelas dentro del continente también ha sacado el referente América Latina del limbo de la retórica y le ha dado una nueva configuración de temas, personajes, paisajes, ritmos y sabores. Mientras en la era del radio y el surgimiento de la industria discográfica, el intercambio latinoamericano se producía esencialmente en el ámbito de la música, tal intercambio cuenta ahora con el respaldo de una economía mucho más sólida, sostenida y compartida. Además, la continuidad de la convivencia audiovisual está implícita en el mismo carácter seriado de la narración.

Salvo en los abundantísimos casos de subordinación o capitulación, el conflicto entre cine y ficción televisiva se traslada entonces a los mecanismos dramatúrgicos, exigiendo una participación mayor del espectador. Frente a la dilatación y la fragmentación, la dilución y la estereotipia, el maniqueísmo y la unidimensionalidad característicos de la novela, ciertos cineastas exploran una dramaturgia de la complejidad, capaz de revelar la intensidad de una situación y la densidad de los personajes. La búsqueda de matices implica a menudo un trabajo sobre el tiempo, que puede pasar por el recurso al plano-secuencia, así como un tratamiento visual que no descarte la polisemia y la ambigüedad, la mezcla e incluso la hibridación de tonos o géneros. Las opciones estéticas del mexicano Arturo Ripstein o del argentino Fernando Solanas representan bien esa reivindicación de la pantalla grande frente a la proliferante pantalla chica. Tal búsqueda vale para el cine argumental, como para el documental: la excepcional capacidad de escucha del documentalista brasileño Eduardo Coutinho (*Santa Marta: Duas semanas no morro*, 1987; *Boca de Lixo*, 1992; *Santo forte*, 1999; *Babilonia 2000*, 2000; *Edifício Master*, 2002) resulta de un dispositivo en que la duración y la frescura del encuentro con los entrevistados juegan un rol tan importante como el montaje o la concentración en una única locación. La presión de los formatos televisivos sobre el documental creativo no radica tanto en las limitaciones de los 26 o 52 minutos (o sus equivalentes, según los países), sino en la duración del plano, la unidad elemental de la narración fílmica: una toma de más de X segundos, indispensable al diálogo entablado por Coutinho con sus «personajes», transgride las normas vigentes, que exigen una fragmentación extrema del flujo audiovisual.

Entre el minimalismo, el ascetismo, el despojamiento y la nostalgia o ilusión de una cierta pureza de la imagen, de un lado, y la opción contraria, la acumulación barroca, hay una diversidad de experiencias y caminos por los que transitan los cineastas contemporáneos. A veces, la formalización estilística puede olvidar lo fundamental: la renovación pasa por la mirada, en última instancia es una cuestión de punto de vista. En la Argentina de los noventa, algo de neomanierismo disimula a veces una visión convencional y tópica: la sensibilidad social de *Mundo grúa* (Pablo Trapero, Argentina, 1999) o la densidad psicológica de *La Ciénaga* (Lucrecia Martel, Argentina, 2001), aparte de sus cualidades dramatúrgicas, son relativamente excepcionales. En ciertos casos, el diálogo conflictivo con la televisión está explícitamente asumido, por lo menos para el espectador dispuesto a un mínimo de concentración y atención, sin *zapping*.

El desafío deriva de la contradicción entre las necesidades de producción y las exigencias de expresión. En un universo audiovisual integrado y proliferante, el cine no puede prescindir de mínimas reglas del juego respecto a la televisión. Mientras en Europa las cinematografías vitales mantienen un matrimonio de conveniencia entre ambos medios, en América Latina predomina el divorcio. El indispensable acercamiento puede fagocitar a la parte frágil, transformar a los profesionales del cine en meros productores de telefilmes. Como el teatro ha dejado de ser un vivero y una escuela de intérpretes, el cine raramente puede obviar el recurso a caras conocidas o a figuras formadas en una experiencia de actuación incompatible con sus propios criterios. Si hasta cierto momento la pantalla grande podía abordar temáticas adultas vedadas a la televisión, la segmentación de la programación en función de los horarios para satisfacer a distintos públicos ha terminado con tal prerrogativa. La contradicción no se resuelve simplemente con darle la espalda a la problemática.

El nuevo siglo empieza con una película que demuestra magistralmente la amplia libertad de la que aun dispone el cine, *Lavoura arcaica* (Luiz Fernando Carvalho, Brasil, 2001). El texto original de Raduan Nassar –uno de los relatos que mejor encarnan el nudo tradición-modernidad en la literatura brasileña– ocupa un lugar central, tan importante como el de *Hiroshima mon amour* (Alain Resnais, Francia, 1959). No obstante, raramente se ha visto tanta invención visual, semejante trabajo sobre el sonido y la música, tanta adecuación entre todos los ingredientes del dispositivo audiovisual, una combinación tan feliz de rigor y emoción. El director de esta *opera prima* proviene de una experiencia de diez años en lo más sofisticado de TV Globo (novelas como *O Rei do Gado*, 1996-1997, miniseries como la adaptación de *Os Maias* de Eça de Queiroz, 2001). En relación a las anteriores, su generación tiene una mentalidad desprejuiciada y circula con fluidez entre el cine y la televisión (aparte de la publicidad, lo que ocurría hace rato). Para *Lavoura arcaica*, el cineasta se alejó de los estudios del Projac y transformó una finca en laboratorio de arte dramática y centro de creación colectiva con los intérpretes y colaboradores artísticos. No hay un sólo segmento que no rompa todos los tabúes de las convenciones vigentes en la pantalla chica. Con la tranquilidad de los inventores de lenguaje y creadores de formas, Luiz Fernando Carvalho vuelve a hacer del cine una alternativa a la expresión televisiva. El intenso drama familiar de *Lavoura arcaica* replantea el combate eterno, desigual, entre el hombre y Dios, el individuo y el poder patriarcal, la sabia tradición y la inevitable renovación, como si la prosaica lucha de clases perteneciera a siglos pasados…

Mientras en *Absolutamente certo!* (Anselmo Duarte, Brasil, 1957) el vecindario popular de São Paulo compartía el entusiasmo y las esperanzas despertadas por un único televisor, *Bye Bye Brasil* (Carlos Diegues, Brasil, 1979) ya descubría la multiplicación de antenas en recónditos rincones de la Amazonia. La caravana «Roliude» (corruptela de Hollywood) era desde entonces la sombra huidiza de viejas ilusiones, la reminiscencia de formas anteriores de espectáculo. Si bien la política de los cineastas brasileños ha ignorado temerariamente el divorcio con la televisión en los años Embrafilme, cuando disponían de mayor legitimidad y visibilidad, la dramaturgia no ha adoptado la misma actitud de avestruz. A su manera, con altos y bajos, con pasajeras revanchas e inconfesadas claudicaciones, la pantalla grande ha reflejado la guerra conyugal del audiovisual brasileño, incapaz de pactar una alianza. TV Globo –como Televisa en México– estaba en situación de virtual monopolio y el imperio de Roberto Marinho parecía inexpugnable aun a la combativa generación del *Cinema Novo*. Desde entonces, en Brasil como en México, la televisión tuvo que abrirse a una real competencia, representada al principio por Manchete y Azteca, respectivamente. Aunque los picos de audiencia de otros tiempos se vieran disminuidos, ni los Marinho ni los Azcárraga sufrieron con la apertura del mercado, porque sus empresas disponían de la dimensión necesaria para enfrentar los retos de la globalización.

La mundialización no es un fenómeno reciente. Desde el descubrimiento de América, las imágenes importadas de Europa ayudaron a aclimatar la cultura occidental en el Nuevo Mundo. Mecanismo complejo de adaptación o sobrevivencia, el mimetismo supuso todo un proceso de intercambio, mestizaje e hibridación. La pureza es un ideal totalitario, en el siglo XVI como en el siglo XX. Ni siquiera durante la colonia la elaboración en serie de pintura y escultura religiosas implicó una mera adopción pasiva[3]. Hollywood, la Meca del cine, constituyó no solamente la culminación de esa transculturación, sino el centro irradiador de una nueva civilización de la imagen. América Latina contribuyó a elaborar sus propios iconos, a través de relaciones complejas y pendulares con las

3. Serge Gruzinski, *La guerre des images, de Christophe Colomb à Blade Runner (1492-2019)*, op.cit.

dos Romas, el Viejo Continente y el naciente Imperio planetario. Tanto en la época del cine clásico como en las fases de renovación, la civilización icónica conquistó el corazón de los latinoamericanos. El imaginario de sus individuos y colectividades empezó incluso a recorrer el mundo, ancho y ajeno, aunque fuera en proporción menor. Los conceptos de tradición y modernidad adquirieron significados novedosos gracias al espectáculo por excelencia del siglo XX. El binomio nacionalismo-cosmopolitismo, fundamentado en la «revolución lexicográfica», fue trastocado por la revolución cinematográfica. No obstante, «el tiempo es versátil»[4]: la ecuménica religión del cine y el dios único de la proyección en el lugar del altar mayor, han sido destronados por la idolatría de las múltiples pantallas, que han alterado las divisiones entre esfera pública y privada, información y diversión, arte y comunicación, institución y sociedad, espectador y actor. Aunque los conversos vislumbren una era de prosperidad, democrática y pluralista, la última palabra la tiene el hombre de poca fe, el que duda, el que encara el presente sin olvidar el pasado, el marrano: el populismo o la modernización conservadora quizás no sean las mejores escuelas para la participación ciudadana. América Latina entra en el siglo XXI con los desafíos aún pendientes del siglo pasado.

---

4. Raduan Nassar, *Lavoura arcaica*, São Paulo, Companhia das Letras, 1999, p. 95 (la edición original es de 1975).

Agradecimientos

Las investigaciones, especulaciones, interpretaciones o variaciones de un historiador tienen un carácter cumulativo. Habría que citar rigurosamente a todos aquellos que nos brindaron estímulo o apoyo durante años de desplazamientos e interrogaciones. Como a la larga eso resultaría repetitivo y retórico, prefiero recordar en este caso el aporte específico de Julie Amiot, Xavier d'Arthuys, Michèle Aubert, José Carlos Avellar, Ricardo Bedoya, Gian Piero Brunetta, Lorenzo Codelli, Edgardo Cozarinsky, Marina Díaz López, Marvin D'Lugo, Alberto Elena, Leila El'Ghazi, Claudio España, Juan Carlos Gárate, Hernani Heffner, Clara Kriger, Isaac León Frías, Eric Le Roy, Ana M. López, Pilar López, Arturo Lozano Aguilar, Eduardo Jardim de Moraes, Jorge Nieto, Ana Pessoa, Laura Podalsky, Denis de la Roca, Jorge Ruffinelli, Vicente Sánchez-Biosca, Gilberto Santeiro, Jorge Schwartz, Teresa Toledo, Mirito Torreiro, Patricia Torres San Martín, Iván Trujillo Bolio, Julia Tuñón, Michael Henry Wilson, Ismail Xavier. Agradezco la paciencia de la John Simon Guggenheim Memorial Foundation y la colaboración de Argentina Sono Film, la Cinemateca Francesa, la Cinemateca del Museo de Arte Moderna de Río de Janeiro, Cinesul, el Festival de los Cines y Culturas de América Latina de Biarritz, la Filmoteca de la UNAM, la Filmoteca Española, Fundación Patrimonio Fílmico Colombiano, los Encuentros de Cine de América Latina de Toulouse, el Service des Archives du Film (CNC), así como la hospitalidad de las revistas *Studies in Latin American Popular Culture* (Arizona-Minnesota), *Archivos de la Filmoteca* (Valencia), *Cinemais* (Río de Janeiro), *La gran ilusión* (Lima), *Journal of Film Preservation* (Bruselas), *Nuevo Texto Crítico* (Stanford), *Revista Iberoamericana* (Pittsburgh).

Un recuerdo muy especial merecen Ana Maria Galano, Jesús Díaz, Emilio García Riera y Ruggiero Romano, *in memoriam*.

Índice onomástico

Perón, Juan Domingo, 121, 139, 140, 141,
  147, 151, 151n, 152, 158, 188, 193n, 208,
  209, 222, 229, 230, 231
Perroy, Lenita, 251
Person, Luiz Sérgio, 172, 234
Pessoa, Ana, 253n, 279
Philipe, Gérard, 115
Phillips, Alex, 111
Pina, Luís de, 140n
Pineda Barnet, Enrique, 171
Pinto, Edgar Roquette, 87, 228, 238
Pinto, Fabricia Alves, 252
Pinto, Mercedes, 259
Piñeiro, Gloria, 216n
Piñera, Walfredo, 171
Pines, Jim, 214n
Piñeyro, Marcelo, 262
Piporro (Eulalio González), 109
Pires, Roberto, 234
Pitanga, Antonio, 168
Pixinguinha, 63, 93, 95, 127
Plaza, Rodolfo, 216n
Plon, Michel, 129n
Podalsky, Laura, 279
Poliak, Ana, 255
Pontecorvo, Gillo, 187
Portela, Alejandra, 32n, 174n
Posada, Antonio José, 39
Posadas, Abel, 154n
Postiglione, Gustavo, 248
Pottier, Richard, 114
Prado, Décio de Almeida, 126, 132
Prado, Marisa, 164
Pranal, Marion, 34n
Prelorán, Jorge, 171
Preminger, Otto, 142
Presley, Elvis, 96
Prestes, Luiz Carlos, 96
Puenzo, Luis, 262
Pueyrredón, Prilidiano, 41
Pugliese, Osvaldo, 63
Puig, Manuel, 28, 175, 175n
Py, Eugenio, 36, 38, 85
Quaresma, Tânia, 251
Queiroz, Eça de, 276

Queiroz, Jussara, 251
Quiroga, Camila, 52
Quiroga, Héctor, 52
Ramírez Berg, Charles, 117n
Ramírez, Ariel, 189
Ramírez, Gabriel, 113n
Ramos, Fernão, 100n
Ramos, Graciliano, 239
Ramos, José Manuel, 44
Rassmussen, Eric, 160
Ray, Satyajit, 174
Rebolledo, Carlos, 172
Reed, John, 241
Regalado, Lorenzo, 216n
Rêgo, José Lins do, 122n, 123, 140n
Reichenbach, Carlos, 172
Reis, Luiz Thomaz, 36
Rejtman, Martín, 248
Remani, Ernesto, 130
Renán, Sergio, 262
Renoir, Jean, 15, 108, 114
Resnais, Alain, 203, 276
Restrepo, Félix R., 70
Restrepo, Patricia, 260
Revueltas, José, 241
Revueltas, Silvestre, 224
Rex Lustig, Rodolpho, 78
Rey, Florián, 93
Rey, Geraldo del, 168
Reyes, Aurelio de los, 32n, 35, 35n
Reyes, Lucha, 110
Riambau, Esteve, 21n
Riascos, Clara, 260
Ribeiro, João, 128, 128n
Ribeiro, Milton, 164
Richers, Herbert, 103, 103n
Río, Dolores del, 37, 108, 112, 115, 116,
  117, 120, 141
Ríos, Humberto, 172
Ripstein Jr., Alfredo, 119n, 255
Ripstein, Arturo, 172, 195, 262, 275
Ritter, Karl, 174
Rivera, Diego, 110
Rivero, Rafael, 179
Rivette, Jacques, 155n

Roa Bastos, Augusto, 172n, 190, 241
Robles Godoy, Armando, 172
Roca, Blas, 218
Roca, Denis de la, 279
Rocha, Eryk, 249
Rocha, Glauber, 15, 30, 61, 61n, 161,
    161n, 164, 170n, 172, 203, 209, 211,
    212, 213, 215, 232, 233n, 234, 235, 236,
    237, 239, 242, 250, 262, 263, 271
Rocha, Plinio Sussekind, 239
Rodrigué, Emilio, 129n
Rodrigues, Nelson, 77, 123, 239
Rodríguez Alemán, Mario, 218
Rodríguez Monegal, Emir, 128, 128n
Rodríguez, Ana, 257, 258
Rodríguez, Antonio, 216n
Rodríguez, Félix J., 43, 71, 72
Rodríguez, Ismael, 109, 111, 115, 116, 143n
Rodríguez, Marta, 258
Rodríguez, Roberto, 108
Rodríguez, Saturnino, 230n
Roffé, Alfredo, 92n
Roiz, Gentil, 47
Rojas, David, 85n
Rojas, Orlando, 216, 241
Roldán, Alberto, 171, 216, 216n
Roldán, Emma, 40
Romaguera, Joaquim, 21n
Romanato, Vittorio Spartaco, 184
Romano, Ruggiero, 12n, 279
Romero Rey, Sandro, 77n
Roncayolo, Malena, 258
Rondón, Mariana, 249, 258, 259
Rosa, Guimarães, 234
Rosado, Miguel Ángel, 100n
Rosário, Maria do, 251, 253
Rosas, Enrique, 35, 46
Roselli, Salvador, 248
Rossellini, Roberto, 173, 197
Rossi, Gilberto, 35
Rotberg, Dana, 254, 255
Roudinesco, Elisabeth, 129n
Rubinstein, 136
Ruffinelli, Jorge, 129n, 171n, 279
Ruiz, Jorge, 172

Ruiz, Raúl, 172, 175
Rulfo, Juan, 241
Ruschel, Alberto, 164
Ruy Sánchez, Alberto, 224n
Saad, Nicolás, 248
Sábato, Mario, 211
Sabines, Jaime, 241
Sabria, Jean-Charles, 115n
Saderman, Alejandro, 171
Sadoul, Georges, 10
Saer, Juan José, 241
Sahagún, Fray Bernardino de, 45
Saisó Piquer, V., 104
Salazar Bondy, Sebastián, 207
Salce, Luciano, 160
Saldanha, Maria Helena, 251
Salem, Helena, 179n
Salinas, Lucía, 259
Salles, Murilo, 264
Salles, Walter, 60, 196, 243, 271
Salomón, 153
Sambarino, Pedro, 38
Sampaio, Adélia, 251
San Pedro, Sergio, 216n
Sánchez García, José María, 113, 113n
Sánchez Sorondo, Matías G., 225
Sánchez Valenzuela, Elena, 253
Sánchez Vidal, Agustín, 195n
Sánchez, Diana, 258
Sánchez, Rodolfo, 130
Sánchez-Albornoz, Nicolás, 76n
Sánchez-Biosca, Vicente, 151n, 230n, 279
Sandoval, María Luisa, 176
Sandrini, Luis, 125n
Sanjinés, Jorge, 30, 60, 172
Santana, Alberto, 44
Santeiro, Gilberto, 141n, 279
Santiago, Hugo, 78, 172, 240
Santos, Carmen, 57, 58, 62, 101, 228, 251
Santos, Juana Elbein dos, 129n
Santos, Luiz Paulino dos, 235
Santos, Nelson Pereira dos, 30, 103n,
    164n, 170, 171, 179, 180, 182, 183, 184,
    186, 209, 212, 232, 233, 234, 236, 237,
    239, 248

Índice de películas

Índice general

Se terminó de imprimir este libro,
TRADICIÓN Y MODERNIDAD EN
EL CINE DE AMÉRICA LATINA,
el día 28 de mayo de 2003
en los talleres de Gráficas ORMAG,
Avda. Valdelaparra, 35.
28108 Alcobendas (Madrid)